ZAUBERHAFTES SAAROW

ZAUBERHAFTES
SAAROW

Ein Lesebuch

von früher und heute,
von bekannten Leuten,
von ihrem Werk
und vom liebreizenden Ort

herausgegeben von

HANS BENTZIEN

im Auftrag des Fremdenverkehrsvereins

SCHARMÜTZELSEE
STORKOWER SEE UND UMGEBUNG

im Westkreuz-Verlag GmbH Berlin/Bonn

Titelfoto:
Wilhelm Wagner „Sommer in Bad Saarow", 1959

Wir danken für die Unterstützung:

arani-Verlag GmbH, Berlin
(Karla Höcker, Die nie vergessenen Klänge)

Eulenspiegel-Verlag, Berlin
(John Erpenbeck, Aufschwung, 1996)

Rowohlt Verlag GmbH, Berlin
(Barbara Honigmann, Eine Liebe aus nichts, 1991)

Ullstein Buchverlage GmbH, Berlin
(Max Schmeling, Erinnerungen)

Die Deutsche Bibliothek – CIP-Einheitsaufnahme

Zauberhaftes Saarow : ein Lesebuch ; von früher und heute,
von bekannten Leuten, von ihrem Werk und vom liebreizenden Ort /
hrsg. von Hans Bentzien. Im Auftr. des Fremdenverkehrsvereins
Scharmützelsee, Storkower See und Umgebung. –
Bad Münstereifel : Westkreuz-Verl., 1999
ISBN 3-929 592-44-4

Herstellung: Westkreuz-Druckerei Ahrens KG Berlin/Bonn
12309 Berlin

Ein Gruß an die Leser

Dieser Ort läßt niemanden los, der einmal hier gewesen oder gar hier Hütten gebaut hat. Hier liegen Gedichte in der Luft, hat der kluge Verleger und Dichter Wieland Herzfelde als Grund dafür angegeben, daß er hier gewohnt und gearbeitet hat. Ja, Saarow ist nicht nur ein Bad mit heilkräftigem Wasser und Moor, mit erstaunlich intakter Natur, einem großen See, dem „Märkischen Meer", wie Theodor Fontane den Scharmützel nannte, waldreicher Umgebung und daher sauberer Luft, es besitzt ein geistiges Klima wie kein anderer Ort. In anderen Gemeinden der Mark Brandenburg bildet das Rittergut den natürlichen Mittelpunkt des Ortes, hier ist es die Siedlung der Künstler, der Schauspieler, der Industriellen und Sportler, die dem lieblichen Ort seit dem Anfang des Jahrhunderts das Gepräge gibt.

So liegt es für den Fremdenverkehrsverein Scharmützelsee nahe, unseren Gästen das geistige Saarow in Geschichte und Gegenwart vorzustellen. Bei aller Verschiedenheit der Persönlichkeiten, die Sie kennenlernen werden, haben alle eines gemeinsam – die Liebe zu Bad Saarow. Ich wünsche uns, daß auch Sie davon erfüllt werden wie der Dichter Johannes R. Becher:

> Der Himmel morgens Seide
> und abends wie aus Samt.
> Am Mittag sind sie beide
> zu einer Glut entflammt.

Ihre Renate Ullrich

Inhalt

Helmut Preißler

BAD SAAROW
DIE SCHÖNE MITTE DES ORTES

In meinem Ort
hat die Gemeinde
ein halbes Jahrhundert lang
Deutschlands Kriegsschuld
abgetragen:

Verloren
die schöne Mitte des Ortes,
der Kurpark mit Kurhaus und Villen,
die Solequelle, das heilsame Moor –
mit dichten Zäunen umgrenzt:
Zentrales Sanatorium der Sowjetarmee,
unbetretbar für die Bewohner.

In meinem Ort
hat die Gemeinde
nach dem Fall aller Mauern,
nach dem Öffnen der Wege,
nach mancherlei Irren und Wirren,
die schöne Mitte des Ortes
wiedergewonnen.

Der Kurpark belebt sich.
Die alten Häuser erfreun
mit erneuertem Charme.
Das einstige Moorbad,
verwandelt, lichtoffen,
wird Heimstatt der Musen.
Im Tempel der Therme
strömt belebendes Wasser
in Strudeln und Güssen
in weite Becken,
lockt Badegäste von ferne her.

In meinem Ort
weckt die schöne,
wiedergewonnene Mitte
die Hoffnung,
es könnte mein Land
von manchen Verletzungen
heißer und kalter Kriege
doch noch genesen.

1999

Erhard Bartsch

(1895–1960)

Ein wenig skeptisch blickten Heinz-Hellmuth Hoppe und seine charmante Frau Nora schon, als ich mich bei ihnen anmeldete, um über Dr. Erhard Bartsch, sein Leben und Werk, Einzelheiten zu erfahren. Herr Hoppe kannte Bartsch seit 1954, dort war er ihm in Kärnten auf dem Wurzerhof begegnet. Als er sich entschied, nach Marienhöhe zu gehen, wurde er von Dr. Bartsch dafür vorbereitet. Frau Hoppe war schon mit Bartsch vor sechzig Jahren bekannt geworden, als sie mit einer biologisch-dynamischen Wirtschaftsausbildung von der Schule aus Worpswede hierher als junge Gärtnerin kam. Wie oft waren beide schon interviewt, und wie oft waren sie vom heute vorherrschenden oberflächlichen Journalismus enttäuscht worden. Kurze, gestanzte Worthülsen statt aufklärerischer Berichte. Daher lehnten sie eine Tonbandaufzeichnung ab, und vielleicht wurde es gerade deshalb ein gutes, freies Gespräch. Sie gaben in der Rückschau ihres Lebens, das dem Gedeihen des Marienhofes gewidmet ist, einen Einblick in Zusammenhänge und Erkenntnisse der hier herrschenden, speziellen Wirtschaftsweise, die auch heute, besonders heute, wieder auf vielfältige Weise diskutiert und angewandt wird, und das in zunehmendem Maße.

Der Ausgangspunkt ihrer Lebens- und Weltanschauung ist die Ansicht Rudolf Steiners über den inneren Weg der Erkenntnis des Menschen, den er Anthroposophie nennt, eben ein „Erkenntnisweg, der das Geistige im Menschen zum Geistigen im Weltall führen möchte".

Nun war Dr. Rudolf Steiner (1861–1925) bei weitem kein Landwirt, sondern Philosoph und Literaturwissenschaftler. Während seiner Mitarbeit an der Weimarer Sophienausgabe der Goetheschen Werke befaßte er sich näher mit dessen Kosmogonie, was den Anstoß für die Entwicklung der ganzheitlichen Lehre gab. Diese Lehre von den Zusammenhängen der geistigen Grundlagen des Seins mit der menschlichen Praxis drängte geradezu, die Produktionsverfahren der Landwirtschaft neu zu betrachten. Eine Gruppe mit der üblichen Praxis unzufriedener Landwirte lehnte die Bearbeitung des Bodens mit überdimensionierten Dampfpflügen, immensen Kunstdüngergaben und chemischen Pflanzenschutzmitteln ab. Das alles führte (und führt) zur Verödung des Bodens und entzieht damit dem Landwirt die Existenzgrundlage. Fortschrittliche Männer sahen schon weiter, Ernst Stegemann und Franz Dreidax – auch ein Saarower – ergriffen die Initiative und baten den Gutsbesitzer Graf Keyserlingk, auf seinem Besitz bei Breslau eine Zusammenkunft zu veranstalten, auf der Dr. Steiner Gelegenheit bekommen sollte, seine Anschauungen darzulegen.

Zu Pfingsten 1924 trafen sich die interessierten Personen, darunter 70 praktizierende Landwirte, und dieses Ereignis, ein Jahr vor dem Tode Steiners, kann wohl als Initialzündung und Gründung der biologisch-dynamischen Wirtschaftsweise angesehen werden. Unter den Teilnehmern befand sich auch der Praktikant Erhard Bartsch. Der Sohn eines Pädagogen, des Rektors der Breslauer Behindertenschule, war begeistert in den Krieg gezogen, als Freiwilliger holte er sich bei den Fliegern seine Meriten, bestand so manchen Luftkampf und erhielt die hohe Auszeichnung des Hohenzollernordens mit Krone und Schwertern. Aber nach des Kaisers Niederlage war es aus mit der Fliegerei, und er wandte sich dem Studium der Landwirtschaft zu. Im Jahre 1926 wurde er an der Universität Breslau zum Dr. agrar. auf dem Gebiet der Tierzucht promoviert. Was nun, Herr Doktor?

Zwar hatte der junge Mann die Redaktion der Mitteilungen des Versuchsringes der anthroposophischen Landwirte inne, aber ein solcher Posten füllte ihn nicht aus. Über den Leiter des Christlichen Studentenwerkes in Bad Saarow, Exzellenz Michaelis, wurde er auf das Vorwerk Marienhöhe aufmerksam. Hier betrieb das Gut Saarow Schafhaltung, mehr gab der Boden nicht her. Ein Verwalter war dem anderen gefolgt, doch niemand hatte es bisher vermocht, den Betrieb wirtschaftlich zu gestalten. Die Pleite war perfekt.

Bartsch stand mittellos da. Mit einem kleinen Koffer kam er 1928 hier an. Mancher spottete und lachte, die Freunde aber, welche die Ernsthaftigkeit des jungen Mannes kannten, halfen selbstlos durch Spenden. So konnte der „Notkaten" bezogen werden. Die Zuwendungen waren, gemessen an der Aufgabe, gering, das Leben kärglich, die hygienischen Verhältnisse vorsintflutlich. Die Arbeiter konnten nur Pfenniglöhne erhalten. Die allgemeine Wirtschaftskrise kam erschwerend hinzu. Trotzdem: Aufbauarbeit tat not, er begann die Pionierarbeit im Alter von 33 Jahren.

Auf ihre Weise trug seine Frau Hemma Bartsch – sie kam vom Wurzerhof in Kärnten – ihren Teil. Sie vermittelte 14 Männer hierher, die Kärntnerbuam. Ein Jahr lang verzichteten sie auf die gewohnten Speck- und Käsebrote, statt dessen löffelten sie eine fade Roggenschrotsuppe, „eben typisch Demeter", wie sie klaglos kommentierten. Nora Hoppe erinnert sich, daß alle angehalten waren, nicht mit dem elektrischen Eisen zu bügeln, sondern das überwunden gewähnte, auf der Herdplatte erhitzte Bolzeneisen zu nehmen. Die Sparsamkeit auf allen Gebieten gehörte zum Konzept von Bartsch, der sofort begann zu kompostieren und gleichzeitig den armen Boden genau untersuchte. Bodenwertklassen zwischen 16 und 20 bedeuteten praktisch, daß es sich um einen Sandberg handelte. Der Wind fegte die Dünen zusammen, das Feld war oft unterwegs. Dagegen halfen nur Hecken, doch diese wuchsen nicht ohne weiteres an. Unter großen Mühen – die Bewässerung erfolgte mit dem Düngerfaß – wurde wieder und wieder gegossen, wenn das Tagwerk beendet war, also nach 19 Uhr. Bartsch hatte eine bewußte Gemeinschaft versammelt, die keine Mühen scheute. Und so ist es im Prinzip auch heute noch. Wer das nicht leisten will, zieht wieder weg.

Erhard Bartsch war von dem Steinerschen Erkenntnisweg ergriffen. Bis hin zur Meditation im Kuhstall richtete er sich nach den Richtlinien von Koberwitz bei Breslau zu Pfingsten 1924. Steiner hatte dort über die mikrokosmisch-makrokosmischen Verbindungen und Beziehungen gesprochen, über die Rhythmen, in die Menschen wie Tiere und Pflanzen gleichermaßen gestellt sind. Daraus leitete er genaue Anweisungen für die Bodenbearbeitung, die Anwendung von Kompost und Mist, die Behandlung von Unkraut und Schädlingen, Pflanzenkrankheiten und ähnliches ab. Nun wußten die Landwirte, wie sie Dünger zur Belebung der Erde selber herstellen konnten, und manchem fiel die Binde von den Augen. Das Mitdenken begann.

Steiner aber ging es nicht nur um Ratschläge, er hatte eine Vision, die ein Teilnehmer wie folgt notiert hat: „Um die Mitte des Jahrhunderts muß die geisteswissenschaftliche Erkenntnis Lebenspraxis geworden sein, um unsagbares Unheil an der Gesundheit der Natur und des Menschen zu verhindern."

Liest man diese Sätze heute, sieht man, daß die Arbeit von Erhard Bartsch genau diesem Programm gefolgt ist. Er arbeitete langfristig, und das zahlte sich in bescheidenem Maße aus. Der Boden verbesserte sich durch den eingebrachten Kompost und Mist, die Hecken, heute stattliche Biotope, trotzten zunehmend den Winden und gestalteten die Landschaft durch Untergliederung. Die zunehmende Fruchtbarkeit bestärkte Dr. Bartsch, die von der Kunstdüngerlobby vorgeschlagenen „Versuche", die Erfolge zu beschleunigen, abzulehnen. Er wußte, Kunstdünger bringt keine Lebendigkeit in den Kreislauf der Natur, ist an sich kalt, starr, tot, giftig.

Inzwischen wurde der Zweite Weltkrieg vorbereitet, zur Aufrüstung gehörte auch die „Ernährungsschlacht". Es sollten mehr Nahrungsmittel erzeugt werden, koste es, was es wolle. In der Krise um die Tschechoslowakei wurde der Hauptmann d. R. einberufen, als er entlassen wurde, stand ein a. D. in seinem Wehrpaß. So setzte er die gewohnte Arbeit fort, begann wieder die regelmäßigen Führungen über die Felder mit seinen werbenden Erläuterungen, die mit verständlichen Hinweisen gespickt waren: Hier fehlte eine Sitzstange für den Bussard, der die Mäuse jagen sollte, dort war eine Heckenpflanze nicht angewachsen. Am Feldrain wiederum entdeckte er eine seltene Pflanze. Nein, auf die von der IG Farben vorgeschlagenen Kunstdüngerexperimente ließ er sich nicht ein.

Im Gegenteil: Er ließ von Ludwig Dreidax untersuchen, wie segensreich die Regenwürmer arbeiten können und setzte sie dementsprechend bei der Bodenverbesserung ein. Inzwischen überzog das von ihm organisierte Netz von Beratungsstellen das ganze Land. Praktische Hinweise, wie die von den Regenwürmern, wurden verbreitet, auch durch das Monatsblatt „Demeter", dessen Redakteur er war. Hinzu kamen die Jahrestagungen im „Esplanade" zur Adventszeit mit wichtigen Vorträgen und kulturellen Veranstaltungen. Bad Saarow war zu einem namhaften Zentrum der Demeter-Bewegung ausgebaut worden und Dr. Bartsch ihr Motor. Inzwischen gab es wohl an die 50 dieser Höfe in Deutschland. Überall wurde am „Menschheitswert" gearbeitet. Für Bartsch gab es keinen Besitz, für ihn galt nur die Aufgabe. Dieses Motto lebte er seinen Mitarbeitern vor.

Die kleinen Freuden nahmen zu. Die ersten roten Johannisbeeren aus dem Hofgarten wurden bestaunt und als Raritäten in den Kuchen gebacken. Nach und nach wuchs auch der Kräutergarten, und so kann man bis hierher glauben, Marienhöhe wäre glimpflich durch die Nazizeit gekommen.

Immer wieder waren führende Nazis auf den Hof gekommen, um die Arbeit zu beurteilen. Darré, der Bauernführer und Landwirtschaftsminister, aber auch Robert Ley, der Führer der Arbeitsfront, der in Saarow ein Haus besaß. Auch Rosenberg mit seinem Adlatus Baeumler war hier. Sie wollten untersuchen, wie sich die Lehre von der biologisch-dynamischen Wirtschaftsweise mit der völkisch-mythischen Ideologie des Blutes und Bodens verbinden ließ.

Anscheinend waren die Nazis unentschieden, wie sie sich dazu verhalten sollten. Ein Teil nahm an, daß die spirituelle Grundlage Steiners sich mit dem Völkischen verbinden lasse. Immerhin, die Gesundheit der nordischen Rassemenschen war durch gesunde Nahrung zu sichern, und daher ließ man trotz des allgemeinen Drucks auf die Landwirte, mehr und mehr zu erzeugen, die Leute um Bartsch in Ruhe. Vielleicht hat eine alte Frontbekanntschaft von Bartsch mit Rudolf Heß, dem ersten Mann nach Hitler in der NSDAP, dazu beigetragen. Diese Vermutung wird dadurch verstärkt, daß nach dem bekannten Englandflug von Heß, im Mai 1941, alle Verbindungen, die dieser hatte, von der Gestapo abgeklärt wurden. Hitler verbreitete zwar das Märchen von der Unzurechnungsfähigkeit seines Stellvertreters, aber das glaubte sowieso niemand. Sicher hatte Heß die Mission übernommen, Churchill für ein Zusammengehen gegen Stalin zu gewinnen oder England zumindest neutral zu stellen. Doch Heß wurde als Kriegsgefangener behandelt. Verrückt war er nicht, denn wie kann ein Verwirrter mit einem Jagdflugzeug ein bestimmtes Ziel in England anfliegen und in der Nähe mit dem Fallschirm abspringen?

Die genauen Vorgänge sind im Nebel geblieben, Heß spielte auch auf der Anklagebank in Nürnberg den Beschränkten. Die Folgen seines Englandtrips waren für Dr. Bartsch jedoch beträchtlich. Gleich danach, es war die Zeit, wo der erste Salat geschnitten wurde, erinnert sich Nora Hoppe, verhaftete die Gestapo den Landwirt. Er befand sich gerade auf dem Wurzerhof und wurde in das Polizeigefängnis am Alex gebracht.

Die Familie erhielt keine Besuchserlaubnis, doch der jungen Gärtnerin gelang es unter dem Vorwand, sie brauche für ihre berufliche Weiterbildung ein Zeugnis von ihm, Einlaß zu bekommen. Da ihm in der Besucherzelle verboten war zu sitzen, stand auch sie, und so unterhielten sie sich eine kurze Zeit auch über den Hof. In der Adventszeit wurde er entlassen, eine Anklage erfolgte nicht, die Untersuchungen hatten nichts ergeben. Mit der Auflage eines „Hofarrestes" durfte er weiterarbeiten.

Im April 1945 wurde Saarow von der Roten Armee eingenommen, ein Trupp erschien auch in Marienhöhe, von Dr. Bartsch begrüßt. Doch die Einheit ging weiter, im nahen Neu Reichenwalde hatte sich eine Nachhut der Leibstandarte „Adolf Hitler" verschanzt. Es kam noch zu Kämpfen und Opfern. – Im Jahre 1942 war die Demeter-Organisation verboten worden, in der DDR wurde sie nicht wieder zugelassen. Da sich die biologisch-dynamische Wirtschaftsweise für eine erhebliche Mengenproduktion nicht eignete, wurde der Hof nicht gefördert, aber im wesentlichen in Ruhe gelassen. Der Absatz seiner Erzeugnisse war geregelt.

Dr. Bartsch verließ 1950 den Hof, um den verwaisten Wurzerhof in Kärnten zu übernehmen. Seine Frau Hemma blieb als Doppelstaatlerin ihrer Aufgabe in Marienhöhe treu. Noch zehn Jahre verblieben Erhard Bartsch, im Sinne der Demeter-Bewegung sein Werk weiterzuführen. Heinz-Hellmuth Hoppe berichtet, daß er dort etwas erreichen konnte, was in Marienhöhe nicht gelungen war, nämlich die Landwirtschaft als kulturelle Aufgabe zu gestalten. Zum Steinerschen Ganzheitskonzept gehörten Heilpädagogik für die besonders zu betreuenden Mitarbeiter, Tanz und Musik, Theaterspiel u.ä.

Noch einmal mußte der Hof eine Bewährungsprobe bestehen, in der politischen Wende 1989 brach der Absatz der Produkte zusammen. Inzwischen ist man aus dem Schneider, wenn auch nicht wunschlos zufrieden.

Menschen wie Erhard Bartsch, Nora und Heinz-Hellmuth Hoppe und ihre Mitstreiter bringen die Menschheit voran. Inzwischen ist durch den verbesserten Boden der Hof auch naturwissenschaftlich interessant geworden. Die sozialen Lebensverhältnisse haben sich verbessert und ermöglichen heute, daß die Rentner weiterhin auf dem Hof wohnen bleiben dürfen. Und das Erfreulichste: Die Kinderschar stellt bald die größte Einwohnergruppe auf Marienhöhe.

Die Hofgemeinschaft kann alle diejenigen beschämen, die am ach so schönen Weltschmerz leiden, ihre Resignation bis zum Zynismus pflegen. Aber wer heute den schönen Wanderweg nimmt und den Hof besucht, im Laden gutes Gemüse, Brot, Fleisch und Käse kauft, sollte ein wenig Zeit darauf verwenden, an diejenigen zu denken, die hier seit über 70 Jahren vorangehen.

* * *

Der Hof Marienhöhe umfaßt heute 112 ha Land, davon 46 ha Ackerland, 32 ha Wald, 26 ha Wiesen und Weiden und eine Gärtnerei von 1,5 ha.

Seit 1990 gehören Land und Inventar einem gemeinnützigen Verein, der den Hof an die hier lebende und arbeitende Gemeinschaft verpachtet hat. Zur Zeit besteht sie aus etwa 30 Menschen aller Generationen. Erfreulicherweise landet der Adebar in letzter Zeit häufiger.

Mit den Menschen leben hier 21 Milchkühe, ein Deckbulle und Nachzucht, etwa 40 Schweine, 2 Pferde, 4 Schafe, 1 Ziege, Bienen, Tauben, Hunde und Katzen. Die Tiere werden überwiegend mit selbstangebautem Futter versorgt. Die Milch wird in der hofeigenen Käserei vollständig als Rohmilch abgefüllt oder verarbeitet.

Die Gärtnerei versorgt Einwohner und Besucher mit reichlich Gemüse und Obst, Blumen und Kräutern.

Jeden letzten Samstag, von April bis Oktober, finden Hofführungen um 14.30 Uhr statt.

Johannes R. Becher

(1891–1958)

Zum großen Bachfest in Leipzig (1950) hatte ich meine erste Bekanntschaft mit dem Dichter. Nein, nicht persönlich, ein kleiner Student aus Jena, der als Auszeichnung zur Berichterstattung für die Universitätszeitung in die große Stadt geschickt wurde, konnte nicht die Hoffnung hegen, den großen Dichter zu treffen. Und doch, ich ging in die gesamtdeutsche Veranstaltung, wo er die Musiker, Wissenschaftler und Musikfreunde zu einer Konferenz geladen hatte, von der mir die beschwörenden Worte des leidenschaftlichen Redners heute noch im Ohr zu klingen scheinen. Die Spaltung war durch die einseitige Währungsumstellung in den drei Westzonen praktisch schon vollzogen, doch er und mit ihm viele andere wollten diese politische Tatsache mit ihren unübersehbaren Folgen nicht anerkennen. So dachten auch viele von uns Jungen, die aus dem Krieg mehr oder weniger glücklich heimgekehrt waren. Schon wieder Streit und Hader, schon wieder Kriegstrommeln, Haß und Militär? Nein: Das ganze Deutschland soll es sein!

Alle seine Reden aus dieser Zeit kreisen um die Einheit des deutschen Vaterlandes. Seine politische Grundüberzeugung war vom Ersten Weltkrieg geprägt. Wie viele Künstler seiner Zeit kam er über den Pazifismus, die Anklage des Krieges und der Kriegsgewinnler zur Begeisterung für das große Menschheitsprogramm der sozialistischen Oktoberrevolution in Rußland. Eines seiner Gedichte aus dem Jahre 1919 trägt den Titel des ersten Rufes Lenins an die Welt: „An Alle!". Die persönlichen Folgerungen zog er bald, wurde demzufolge Mitglied des Spartakusbundes und der KPD und deren Reichstagsabgeordneter. Schon 1926 machte ihm die Reaktion den Prozeß, und er stand vor den Schranken des Gerichtes wegen „Vorbereitung zum Hochverrat". In seinem Roman „Levisite oder Der einzig gerechte Krieg" hatte er eine aufpeitschende Phantasie über einen drohenden Gaskrieg geschrieben, heute würde man diesen Romanversuch in die Reihe der Arbeiten stellen, die einen Atomkrieg künstlerisch fassen wollen. So wirkte „Levisite" und so bildete sich um Becher ein internationales Komitee für seinen Schutz. Die Proteste von Maxim Gorki, Romain Rolland, Bertolt Brecht und vieler anderer wurden schließlich so stark, daß der Prozeß niedergeschlagen wurde. Eine anschließende Reise in die Sowjetunion verschaffte ihm tiefe Eindrücke in eine neue Welt, in sozialistische Fragestellungen und den praktischen Aufbau.

So war es folgerichtig, daß er 1933 über mehrere Länder in die Sowjetunion emigrierte und dort in verschiedenen Funktionen als Schriftsteller, Chefredakteur und Verleger tätig wurde. Doch das Thema der deutschen Nation ließ ihn nicht los. In wunderbaren Bildern zauberte er sich seine deutsche Heimat, die Ströme und Berge des Landes und seine historischen Gestalten, wie Luther und Riemenschneider, vor sein inneres Auge. Mit einem Grundzug der Trauer darüber, daß die Heimat nunmehr in den blutbefleckten Händen der Nazis schmachtete, nannte er seine Sammlung „Tränen des Vaterlandes Anno 1937".

Neben den Fragen an die eigene Nation taucht als zweites bedeutendes Thema die Sowjetunion auf. „Der große Plan" des Aufbaus und der Dank an die Helden des Krieges „Dank an Stalingrad" zeigen ihn als guten Freund des Landes, das die Kraft aufbrachte, den Moloch des faschistischen Krieges zu stoppen und zu zerschlagen. Nach seiner „Heimkehr" arbeitete er unermüdlich an der Sammlung der Intellektuellen im Kulturbund zur demokratischen Erneuerung Deutschlands, an der Gründung der Akademie der Künste und schuf die Nationalhymne der DDR „Auferstanden aus Ruinen und der Zukunft zugewandt..." Er schrieb sie übrigens auf die alte, wunderbare Melodie von Joseph Haydn, das mag jeder überprüfen, indem er seinen Text auf die Haydnsche Melodie singt. Als ein Chor zur Probe diese Fassung vortrug, waren alle Teilnehmer an der Uraufführung tief bewegt, wollten aber nicht glauben, daß nach dem mißbrauchten Text „Deutschland, Deutschland über alles" die Bevölkerung diese Lösung annehmen würde. So bekam Hanns Eisler den Auftrag, eine eigene Melodie zu schreiben. Übrigens hat auch Bertolt Brecht einen meisterhaften, bezaubernden Text auf die alte Melodie geschrieben „Anmut sparet nicht noch Mühe..." Es ist einer der Fehler in der deutschen Einigung, daß diese Lösung nicht zur Hymne des vereinten Deutschland angenommen wurde, obgleich die literarische Öffentlichkeit fast einhellig dafür war. Aber das ist ein anderes Kapitel.

Die große, unruhige Liebe Johannes R. Bechers galt der deutschen Jugend. Würde sie sich aus den Klammern der nazistischen Ideologie befreien? Würde sie auch geistig das braune Hemd der Marschierer ablegen? Die Angst der Russen vor dem Werwolf saß noch immer tief, und es mehrten sich die Zeichen, daß man in Moskau nicht glaubte, die Jugend sei für den Sozialismus zu gewinnen. Das erste Deutschland-Treffen zu Pfingsten 1950 in Berlin wurde von seinen „Neuen deutschen Volksliedern" mit der Musik von Hanns Eisler maßgebend geprägt. In wie vielen Veranstaltungen haben meine Freunde aus dem Jenaer Universitäts-Ensemble mit der Thüringer Jugend „Auf den Straßen, auf den Bahnen seht ihr Deutschlands Jugend zieh'n…" eingeübt und gesungen! Ein echter Ohrwurm! Und so zogen wir nach und durch Berlin, und das Telegramm Stalins mit dem Gruß an die jungen Erbauer eines einheitlichen, demokratischen Deutschland ist die eigentliche Geburtsurkunde der DDR. Übrigens tauchten hier zum ersten Mal, fest in der Tradition der deutschen Jugendbewegung, die nunmehr in der Farbe der deutschen Romantik, der Hoffnung, gefärbten Blauhemden der FDJ auf. Statt des Grau und des Braun nun das strahlende Blau: „Aus dem Blauen strahlt die Sonne…!" Es wird gesagt, daß in der Konzeption für das Treffen Becher seinen Einfluß und seine Beredsamkeit für diese geistige Grundausstattung der deutschen Jugend eingesetzt hat.

Als 1954 die Kulturpolitik der DDR wieder einmal festsaß und eine Krise zwischen den Künstlern, die mit großer Hoffnung aus der Emigration in die DDR gekommen waren, drohte, rettete Johannes R. Becher den Grundkonsens. Er löste die dogmatische Kunstkommission auf und gründete das Ministerium für Kultur, wurde sein erster Minister. Die gutwilligen und kenntnisreichen Mitarbeiter atmeten auf, nun kam Stil und Großzügigkeit in das Geschehen, wenigstens vorerst. Das Vermögen, in historischen Kategorien zu denken, legte die Grundsteine für eine anerkannte Erbepflege in allen Bereichen der Kultur. Sein Zusammentreffen mit Thomas Mann bei dessen erstem Deutschlandbesuch nach dem Zweiten Weltkrieg in Weimar gehörte ebenso dazu, wie die Herausgabe der nur 5 Mark teuren Bände der Bibliothek deutscher Klassiker im von ihm gegründeten Aufbau Verlag. Gewiß, auch er war in die Bedrängnisse und Nöte der Zeit eingebunden, hat Fehler gemacht und auch manch einen enttäuscht, ein Übermensch war er nicht.

Nach den bitteren Jahren des Exils kamen nun die Mühen der Ebenen, wie Brecht die Probleme des Aufbaus klug bezeichnet hatte. Die ewige Arbeitsanspannung war groß, der Körper muckerte und lief unrund, und so war Bad Saarow für ihn der erhoffte Jungbrunnen. In einem kleinen Häuschen fand er manchmal Ruhe und Geborgenheit und wenn er in seiner kleinen Jolle auf dem Scharmützelsee den geringen Wind auskostete. Man bewerte die in letzter Zeit von Kleingeistern behaupteten „Privilegien" eines bedeutenden Dichters und Kulturministers: Ein kleines Häuschen, das im wesentlichen aus zwei Räumen besteht, ein kleines Segelboot und ein Wartburg-Sportwagen. Am liebsten lief er mit leichtem Hemd und Segelhose herum.

Und so ist es eigentlich logisch, daß das einzige Becher-Denkmal in Bad Saarow steht. Ein ernster, nachdenklicher, gut sechzigjähriger Mann schlendert als Spaziergänger auf den geliebten See zu, den Blick nach vorn gerichtet. Wie es zu diesem Denkmal hier in Saarow kam, ist etwas unüblich. Seine Witwe Lilly Becher wohnte wie ich im Berliner Stadtteil Pankow. Bei einem Abendspaziergang im Schloßpark begegneten wir uns und gingen ein Stück des Weges zusammen. Dabei fragte sie unvermittelt, ob ich als sein Nachfolger etwas dagegen hätte, wenn sie sich um ein Denkmal „für Hans" kümmere. Ich sagte ihr, daß sie mich beschäme, denn eigentlich wäre es meine Aufgabe gewesen, die Sache in Gang zu setzen. Ich stimmte also zu, sagte ihr aber, daß nach den Beschlüssen über den Personenkult Ehrungen solch bedeutender Art vom Sekretariat des Zentralkomitees der SED beschlossen sein müßten. Aber das sei wohl keine Hürde, denn sie sei nach wie vor mit Lotte und Walter Ulbricht befreundet und hätte bestimmt schon über dieses Vorhaben mit ihnen gesprochen. „Wo denkst du hin", entgegnete sie, „das gerade habe ich nicht getan, denn ich mag diese Art von Beziehungen nicht." Ich hatte es bisher anders gewußt, aber es schien etwas nicht mehr in Ordnung zu sein zwischen den früher befreundeten Familien. Es liegt allerdings auch auf der Hand, daß, solange Becher einen gewissen kulturpolitischen Einfluß auf Ulbricht hatte, ganz grobe Fehler vermieden worden waren, denn er hörte auf Becher in einem gewissen Maße. Später umgab er sich mit Hofschranzen, die ihm zum Munde redeten. Dadurch wurde der Kurs gegen Schriftsteller und Künstler verschärft.

Im weiteren Gespräch versprach ich ihr, in den nächsten Tagen einen Auftrag auszulösen und wollte dazu auch ihren Vorschlag für einen Bildhauer hören. Sie teilte dazu etwas kleinlaut mit, daß Fritz Cremer bereits an einer Figur arbeite und schon recht weit damit sei. Am besten wäre es, wir träfen uns bald einmal in seinem Atelier. Gesagt, getan, und es stellte sich heraus, daß Fritz bereits eine Halbfigur fertig hatte, die der letzten Fassung in etwa entsprach. Ich sagte sofort: „Das Denkmal kann nur in Saarow stehen oder im Pankower Bürgerpark." Fritz kannte Saarow nicht und fuhr mit Lilly ein paar Tage später hin und suchte den Platz, auf dem das Denkmal heute steht, aus.

Die Einweihung zu seinem 73. Geburtstag verlief ohne die gebührende Aufmerksamkeit. Die Berliner Parteiprominenz fehlte. Sie ignorierte diese Ehrung, denn ich hatte keinen Beschluß herbeigeführt, die Cremersche Auffassung vom nachdenklichen Dichter – oder zweifelte er gar? – widersprach der erwarteten und damals häufig geförderten staatsmännischen Pose. Hier geht ein Mensch durch die Natur, der das Leben kennt, es in Höhen und Tiefen durchschritten hat und merkwürdig gelassen sich von der Hektik der Zeit befreit. Allerdings erhielt ich auch von keiner Seite, wie sonst üblich, irgendwelche Vorhaltungen. Auch in den Tagen vor der Einweihung waren keine Anfragen gekommen. Die Einladungen waren verschickt und nicht abgesagt worden. Und so hoffte ich noch während meiner kurzen Einweihungsrede und sogar noch beim anschließenden Kaffeetrinken darauf, daß noch jemand kam, der sich vielleicht verspätet hatte. Lilly meinte enttäuscht dazu: „So geht es in der Politik! Die Kleinmütigkeit bestimmt, der Spießer und sein Geschmack, da zerbrechen dann auch Freundschaften." Ich wußte damals nicht, daß sie die Auseinandersetzungen zwischen Ulbricht und Becher meinte, als der Prozeß gegen Walter Janka, der von Becher als Kurier zu Georg Lukacs geschickt werden sollte, das Warnsignal für die Intellektuellen, den ungarischen Weg nicht zu gehen, abgab, und von Becher verlangt wurde, den Verhandlungen beizuwohnen. Das hat er nicht verwunden, und sie sagte mir dann auf der Rückfahrt, daß er sich auch in Saarow nicht mehr im letzten Jahr, das ihm noch blieb, erfrischen konnte. Mehr und mehr vereinsamte er. Als er starb, war er 67 Jahre alt. Ein Grab auf dem Waldfriedhof hätte ihm, der den Weg vom wild um sich schlagenden, expressionistischen Bürgersohn zum sozialistischen Dichter gegangen war, vermutlich besser gefallen als ein pomphaftes Staatsbegräbnis.

Für unseren Kurort ist das Denkmal ein charakteristisches Zeichen. Wenn man jetzt noch sein Häuschen einem sinnvollen Zweck bestimmen könnte, wäre sein Andenken hier gut bewahrt. Ob Saarow ihm Heimat wurde, bleibt sein Geheimnis, das wir nicht mehr enthüllen können. Aber vielleicht deutet sein Gedicht darauf hin.

Der See – ein blaues Schauen
im grünen Hügelland,
wie eingewiegt im Blauen,
ein Traumglück – Saarow-Strand.

Oh Segel im Entgleiten,
oh Zeit, die uns entglitt,
in unermeßne Weiten
ziehn uns die Segel mit.

Wenn auch die Segel schwinden,
ihr Bild sich uns entrückt,
wir werden wiederfinden
die Zeit, die uns beglückt.

Helga Behnisch

(geb. 1934)

Jeder Saarower Einwohner kennt Helga Behnisch, so kann
man, ohne groß zu irren, behaupten. Heute lebt sie nicht mehr
im Mittelpunkt des Ortes, sondern hat sich aus dem Geschäfts-
leben zurückgezogen. Lange genug hat sie die Leute mit Droge-
rieartikeln versorgt, verstand es, auch außergewöhnliche Waren,
die sogenannte Bückware, zu besorgen, belieferte die Patienten
des russischen Sanatoriums mit begehrten Parfüms und tausch-
te dagegen ungarische Salami, die sie wiederum in das Großhan-
delskontor trug, um dafür die begehrte Bückware usw. in diesem Kreislauf. Sie hat das Herz und das Mundwerk auf dem
rechten Fleck, war politisch nicht besonders interessiert, indes
doch Mitglied der Bauernpartei, wo sie sich am falschen Ort
fühlte und wieder austrat. Wie alle meckerte sie über die Unzu-
länglichkeiten, wie alle hatte sie doch keine Hoffnung mehr auf
gründliche Änderung. Und doch wurde sie, wie sie scherzhaft
sagt, zur Bürgerbewegung ernannt. Und das kam so, wie sie berichtet:

„Die Ereignisse überschlugen sich in jenem Herbst 1989, und
gerade an diesem 9. November, als nachts die Mauer fiel, ver-
sammelten sich nichtsahnend auf dem Bahnhofsplatz eine Anzahl von Saarower Bürgern. Nicht, daß sie besonders revolutionär gestimmt gewesen wären, in Saarow hatten noch nie
Revolutionen stattgefunden, aber als Folge der Demonstrationen in Leipzig und anderswo wollten auch wir eine ‚Demo‘,
wie es hieß, veranstalten, mal so richtig aufmüpfig sein, das war
allerdings weder damals noch heute unsere Art.

Aber alle waren neugierig ob der Dinge, die da kommen sollten. Man hörte einige Reden und blieb gesittet zurückhaltend.
Es ging bei weitem nicht um die große Politik, sondern mehr um
die kleinen Mißstände im Ort. Allerdings hätte man sie noch
vor einigen Monaten nicht so deutlich beim Namen genannt.
Ein Hauptinteresse galt der Militär-Medizinischen Akademie.
Kaum einer der Einwohner hatte die Möglichkeit, in diesem
modernen Krankenhaus behandelt zu werden. Auf der Woge der

angeheizten Atmosphäre in der DDR versuchte so mancher, hier Zugeständnisse zu erreichen, und Herr Prof. Dr. Werner als leitender Mitarbeiter sagte auch zu, daß künftig Möglichkeiten zur Behandlung von Zivilisten geschaffen würden.

Die Diskussion ging hin und her, und mir fiel ein, daß es auch ganz schön wäre, wenn endlich die Tore des sowjetischen Sanatoriums geöffnet würden. Seit 1950 hatte man die Schotten dicht gemacht und die vier Straßenzufahrten mit Zäunen oder Toren geschlossen. Ich hatte als Geschäftsfrau zwar einen Propusk (Durchlaßschein) und durfte die Wache passieren, aber das war die Ausnahme. So kannte ich das saubere, gepflegte Gelände des Kurparks, und es tat mir leid, daß es der Öffentlichkeit vorenthalten wurde. In der Menge stehend, motzte ich darüber, aber das hatte zur Folge, daß mich die Umstehenden kritisierten, ich solle es doch nicht ihnen, sondern allen sagen, ans Mikrofon treten, und die Öffnung der Straße einfordern.

Um mich nicht vor meinen Bekannten zu blamieren, nahm ich allen meinen Mut zusammen, denn es war nicht gerade üblich, so ein brisantes Thema öffentlich anzupacken, und trat ans Mikrofon. Während des Sprechens schoß mir der Gedanke nach einer Unterschriftensammlung durch den Kopf. Ich kündigte an, daß in der Drogerie eine Liste ausgelegt würde. Noch während der Demo lief ich in den Laden, tippte einen dementsprechenden Text, schrieb ihn auf eine lange Papierrolle, und viele kamen, um zu unterschreiben. In etwa drei Wochen kamen 1100 Unterschriften zusammen, nur drei Personen verweigerten sich. Wohin aber nun mit der Pracht?

In einem Gespräch mit dem damaligen Bürgermeister, Herrn Schröder, überzeugte ich ihn davon, die Liste nach Wünsdorf zu bringen. Gemeinsam fuhren wir mit einer Dolmetscherin Ende November los und steuerten der Kommandozentrale der Weststreitkräfte der Sowjetarmee entgegen. Beim Wachtposten baten wir um Einlaß, und die Posten starrten uns an, als kämen wir als Delegation vom Mond. Eine ziemliche Telefoniererei begann, dauerte und dauerte, während wir in dieser Stunde bei eisiger Kälte vor dem Tor standen. Schließlich setzte sich ein gewehrbewaffneter Soldat in unser Auto, und los ging es durch dieses riesige Militärgelände.

Ich kann heute noch meine Gefühle schwer beschreiben. Es war wohl eine Mischung aus Neugier, Ängstlichkeit und Abenteuerlust. Wir schrieben ja noch 1989, und die Situation war mehr als ungewöhnlich, wohl auch für die russischen Militärs. Wenn wir in einen neuen Verantwortungsbereich kamen, mußten wir anhalten. Der Posten stieg aus und klärte die Weiterfahrt. Dann kamen wir ans Hauptgebäude. Im riesigen Vorsaal waren in Nischen Militärgegenstände ausgestellt, und in einer dieser Nischen stand regungslos ein Soldat, oder war es eine Puppe mit geschultertem Gewehr? Als ich vorbeiging, bewegte sich die Figur eine Winzigkeit. Darüber habe ich mich so erschrocken, daß ich laut schrie, um dann in den Chor der lachenden Soldaten einzustimmen. Durch lange Gänge, über mehrere Treppen kamen wir in einen großen Verhandlungsraum.

Die sowjetische Seite war zuerst zurückhaltend, bei aller Freundlichkeit. Schließlich war die Situation auch für sie neu, und man wollte im Umgang mit einer Bürgerbewegung keine Fehler machen. Ich bekam das Wort und redete frei von der Leber weg, was mir bekanntlich nicht schwerfällt. General Snetkow, ich glaube es war damals der Oberbefehlshaber, hörte zu und stellte ab und an ein paar Fragen. Nun kam mir ein wenig zugute, daß ich viel russische Kundschaft im Laden gehabt hatte und zu den meisten ein wirklich gutes Verhältnis bestand. Daher war mir die russische Mentalität vertraut und ich reagierte dementsprechend. Ich erklärte den Anlaß für die Unterschriftensammlung und fragte den General, wie er denken würde, wenn in seinem Heimatort die Mitte schon seit Jahrzehnten gesperrt sei. Alle müßten um sie herumlaufen, und dort geborene Kinder, die schon wieder selber Kinder haben, wüßten gar nicht, wie es in ihrem Heimatort hinter einem unsinnigen Zaun aussähe, der einen wunderschönen Park am See verdeckt. Es war bestimmt nicht berechnend, wenn mir einige Tränen die Wangen herunterliefen.

Der General zeigte menschliches Verständnis, obwohl er sicher zum ersten Mal vor einer solchen Frage stand. Er sagte aber herzlich eine umgehende Überprüfung durch seine Fachleute zu, und so fuhren wir erwartungsvoll nach Hause. Es dauerte nur ein paar Tage, bis es zu einer Besprechung kam. Kommandant

Tschernitschew, ein junger Arzt und Fliegeroffizier, war von Anfang an zu unserem Vorschlag positiv eingestellt, nur der Chefarzt, Herr Melnik, kämpfte entschlossen dagegen. Er hatte eine lange Liste mit medizinischen Indikationen, die hier in Frage kämen, aufgestellt, und verlangte absolute Ruhe im Sanatoriumsbereich, sonst könne er eine erfolgreiche Behandlung nicht garantieren. Das alles dauerte sehr lange, wurde noch länger übersetzt, und ich wurde schon müde. Da unterbrach ich ihn ungehörig: ‚Nun ist es genug. Sie stellen die Sowjetarmee ja als eine Truppe von Krüppeln dar.' Alle, auch seine Kollegen, schmunzelten, ich glaube, auch ein wenig schadenfroh, selbst die angereisten Offiziere aus Wünsdorf. Die ‚Bürgerinitiative', so wurde ich dauernd genannt, hatte gesiegt.

Einige Tage später öffneten sich die Tore nach einer sehr schönen und bewegenden Kulturveranstaltung der Russen. Musik, Tänze in reizenden Kostümen, überall fabelhafte Stimmung, und alles überfüllt. So mancher mußte leider wieder gehen, weil es selbst Stehplätze nicht mehr gab. Geschafft, ich war erleichtert. Besonders die Damenwelt war angetan vom jungen Kommandanten, denn er war sehr charmant und sah auch sehr gut aus. Die Presse schrieb eifrig, sogar Berliner Journalisten waren angereist.

Doch einige Wochen später schien der Erfolg wieder in Frage gestellt. Eines Nachts klopfte und klingelte es, und es wurde mir gesagt, ich solle öffnen, es sei sehr dringend. Der russische Offizier lud zu einer Besprechung. Der bekannte Rechtsanwalt Vogel habe im Auftrage der deutschen und sowjetischen Verwaltung nach einer Unterkunft für Erich Honecker gesucht und eine der Villen im Kurparkbereich vorgeschlagen. Das bedeutete für die sowjetische Seite, für seine Sicherheit zu sorgen. Das war auch sehr notwendig, denn überall sträubte man sich, ihn aufzunehmen. Schließlich hatte ein Pfarrer in Lobetal Quartier geboten, danach sei Honecker im sowjetischen Krankenhaus in Beelitz gelandet, aber dort könne er auch nicht bleiben, also sollten wir ihn aufnehmen.

Dagegen hatte ich nichts, wohl aber gegen die erneute Absperrung des Parks. Doch alles Weigern half nichts, die Überraschungszeit im Herbst war vorbei, die Bürgerinitiative hatte nichts mehr zu fordern. So wurden die Tore wieder geschlossen, doch die Bevölkerung wehrte sich gegen die Rücknahme der Zusagen. Immer wieder hingen Protestaufrufe an den Toren, der Volkszorn äußerte sich. Der auf unserer Seite stehende Kommandant schickte die Forderungen nach Öffnung der Tore umgehend nach Wünsdorf, wo man darüber beunruhigt war.

Inzwischen hatte ich eine Denkschrift verfaßt, die von allen Parteien unterschrieben wurde. Abermals fuhren wir nach Wünsdorf, am Steuer Herr Berger (SPD), daneben Frau Cremer (Bündnis) und im Fond die Dolmetscherin und ich. General Snetkow konnte uns nicht empfangen, da außer Haus, aber der Ortskommandant nahm uns die Petition ab und versprach, uns jemanden zu senden. Bald erschien in Saarow ein Luftwaffengeneral, der mit der Unterbringung Honeckers betraut war. Er erklärte noch einmal lang und breit die Verantwortung für Honeckers Sicherheit, und daraus ergäbe sich die Schließung der Straße. Da kam mir ein Einfall: ,Herr General, wie wollen Sie das bewerkstelligen? Bedenken Sie doch die lange Seeseite, wo nachts jederzeit ein Boot anlegen kann. Wie viele Soldaten müssen dort ständig Wache stehen?' Am nächsten Tag wurde die Straße wieder sang- und klanglos geöffnet. Honecker flog nach Moskau.

Es war die aufregendste Zeit meines Lebens. Plötzlich war ich in die Politik geraten, auf der kommunalen Ebene natürlich, aber auch das muß sein. In letzter Zeit bin ich Kreistagsabgeordnete. Hin und wieder gelingt es, eine Frage positiv zu klären, wenn auch der Aufwand in keinem richtigen Verhältnis zu den Mühen steht. Allerdings gelang es noch einmal, in der Nachwendezeit etwas zu bewegen. Mit viel Aufwand habe ich eine Rußland-Sammlung organisiert. Nun bewährten sich noch einmal meine Kontakte zu den russischen Fliegern. Es waren große Mengen an Sachspenden zusammengekommen, und ich war ratlos, wie sie nach Rußland zu transportieren seien. Die Sorgen wurden mit einem Schlag gelöst, nämlich mit einer Antonow, dem größten Transportflugzeug der Welt. Kurzerhand wurde sie aus Warschau herankommandiert, und alle unsere Spenden fanden in dem Riesenvogel ihren Platz.

Eine Woche habe ich in Moskau bei der Verteilung geholfen. Es kam der ,Tag des Sieges', der 9. Mai 1992, auf dem Roten

Platz. Amerikanische und englische Soldaten feierten mit den Russen, sangen und spielten. Überall Aufbruchstimmung. Das Fernsehen lud mich ein, und ich berichtete über unsere Bürgerinitiative. Heute bin ich traurig darüber, welche Probleme den Aufschwung in diesem Riesenland behindern, aber ich bewahre mir meine Erinnerung an die gute russische Seele."

Frank Beyer

(geb. 1932)

Wenn es der Zufall will, kann man zwischen Kolpin und Bad Saarow, auf dem Weg durch den Wald zum großen Kolpinsee, einen roten Schopf im Lauftempo durch die Büsche leuchten sehen. Ob Sommer oder Winter, fast täglich, wenn Frank Beyer in seinem kleinen, hübschen Häuschen weilt, rennt er bis an den See, um dann splitternackt reinzuhopsen. In der kalten Jahreszeit hat er manchmal ein Hackebeilchen dabei. Fürs Eis. Danach kommt die Sauna.

Er braucht wahrscheinlich diese Wechselbäder, die auch in seinem Berufsleben zur Regel gehörten. 1950, im frischen Alter von 18 Jahren, machte man ihn zum Kreissekretär des Kulturbundes in Altenburg. Es dauerte nicht lange, und die ersten Kontakte mit dem Theater ergaben sich. Von da war es nur ein Katzensprung zum Film, der ihm schon als Knabe im Kopf rumorte. Schon 1952 gelang es ihm, einen Studienplatz für Filmregie in Prag zu bekommen. Mit einigen Regieassistenzen und Mitarbeiten bei Kurt Maetzig, Hans Müller und Kurt Jung-Alsen, trat er dann als Regisseur bei der DEFA ein.

Der Film „Spur der Steine" (1966) brachte den ersten Knick in seiner Karriere. Die Hauptfigur mit ihren anarchistischen Zügen (als Balla, Manfred Krug) und der Parteisekretär (Eberhard Esche, auch kein Musterknabe) sorgten für Unruhe und Panik bei Partei und Zensur. Der Film wurde boykottiert, den Regisseur schickte man in die Wüste. Frank Beyer landete am Schauspielhaus Dresden und inszenierte Theaterstücke, bis er nach zwei Jahren beim Fernsehen angestellt wurde. Durch seine Teilnahme an der Protestaktion gegen die Ausweisung Wolf Biermanns schaffte er sich neuen Ärger, und sein Film „Geschlossene Gesellschaft" trieb die Parteileitung auf die Palme, und die daraus entstehenden Spannungen machten ihm das Leben recht sauer.

Eine Reihe von Filmen für Fernsehanstalten brachten ihn über die Zeit des Übergangs in die Marktwirtschaft, in der so mancher seiner Kollegen ins Abseits geriet. „Das letzte U-Boot",

„Nikolaikirche" und „Abgehauen" zeugen von seinen Steherqualitäten. Wer weiß, vielleicht sind sie seinen Wechselbädern im Saarower Revier zu verdanken.   Willy Moese

So locker Willy Moese, der bekannte und beliebte Karikaturist, als Freund des Hauses Frank Beyer beschreibt, ist dem großen Filmregisseur wohl nicht voll gerecht zu werden. Daher als Ergänzung eine Darstellung seiner Leistungen, die von seinen Werken ausgeht:

Beyers Verhältnis zu seiner Gesellschaft ist spannungsreich, seine Produktivität herausfordernd: „Zu diesem Beruf, das wird mir immer klarer, gehört eine gewisse Hartnäckigkeit im Verfolgen von bestimmten Zielen", heißt es einmal untertreibend. Beyers Werk ist uneinheitlich, nicht glatt, mit Brüchen, immer die Auseinandersetzung provozierend. Es kommt von einem antifaschistischen Ausgangspunkt her. Beyer ist verwickelt in seinen Gegenstand, grüblerisch, ohne zu langweilen.

Seine Arbeit „Fünf Patronenhülsen", einer der wenigen Filme, der den Spanischen Bürgerkrieg zum Thema hat, lebt vom Pathos breit exponierter Landschaftsaufnahmen, in die Walter Gorrish (Drehbuch) eine die Moralität des Kollektivs herausfordernde Geschichte einbettete. Der Film ist spannend erzählt, ohne Beschönigung. Wahrscheinlich haben sich auch deshalb viele junge Zuschauer den Film angesehen. Der nachfolgende Film „Königskinder" ist bis heute eine der sehenswertesten Arbeiten des Teams Beyer/Marcinkowsky (Kamera) geblieben. Die tragische Liebesgeschichte ist montiert aus Erinnerungsfetzen, die bis in die Kindheit von drei ehemaligen Freunden zurückreichen. Beyer beginnt balladesk mit offenen weiten Räumen; mit dem Fortgang der Handlung werden die Räume enger, verstellt, der Rhythmus der Schnitte dichter, beklemmender. Der leitmotivisch aufgebaute Film lebt von einer Fülle optischer Einfälle. „Königskinder" bedeutete für ihn den internationalen Durchbruch auf den Filmfestspielen in Karloy Vary.

Bruno Apitz' Buchenwald-Roman „Nackt unter Wölfen" war schon ein internationaler Erfolg, als Beyer den Auftrag übernahm, diese dramatische Episode aus dem KZ-Leben zu verfilmen: Darf, um eines höheren Zieles willen, nämlich der Tarnung der Widerstandsorganisation im Lager, ein Kind geopfert werden? Indem die Häftlinge, unter welchen Zerreißproben auch immer, diese Frage durch ihr Handeln verneinen, erhalten sie sich im Lager und für die Zeit danach ihre politisch-moralische Integrität. Nicht eine abstrakte Heroisierung der Widerstandskämpfer, nicht die Dämonisierung der SS-Wächter bestimmen den Film, sondern die Suche nach Schattierungen, Facettierungen des Kleinbürgers.

Mit Erwin Geschonneck, dem Darsteller der Hauptrolle, arbeitete Beyer auch bei seinem nächsten Film, der Komödie „Karbid und Sauerampfer", zusammen. Beyer betrat hier absolutes Neuland. Die unmittelbare Nachkriegszeit als Basis einer Komödie, eines komödiantischen Umgangs auch mit der eigenen Besatzungsmacht, das bedurfte schon historischer Distanz und politisch-ästhetischer Feinfühligkeit.

Nach der gesellschaftlichen Anerkennung seiner zuvor gedrehten Filme versprach die Verfilmung von Erich Neutschs Erfolgsroman „Spur der Steine", die Beyer zu Beginn des Jahres 1965 aufnahm, ein Selbstgänger zu werden. Der damals schon sehr populäre Manfred Krug in der für ihn maßgeschneiderten Rolle des sich zuerst anarchistisch gebärdenden Arbeiters Balla schien eine weitere Erfolgsgarantie zu sein. Ende des Jahres war die erste Fassung abgedreht. Erste Probleme deuteten sich nun an: der Film mußte neu geschnitten werden – Wirkungen der DEFA-Krise, die bedingt war durch die ideologische Abgrenzungskampagne gegen „Abweichungen", die das 11. Plenum des ZK der SED im Dezember 1965 inszenierte. Fast die ganze DEFA-Produktion des Jahres 1965 blieb unaufgeführt. „Spur der Steine" schien zunächst eine Ausnahme zu bleiben. Die Neufassung wurde Ende Mai 1966 vom Filmbeirat beim Ministerium für Kultur gutgeheißen, noch vor der Premiere wurde sie als Festspielbeitrag für Karlovy Vary nominiert. Die Premiere fand feierlich bei den Arbeiterfestspielen in Potsdam am 15. Juni 1966 statt. „Die Premierengäste dankten den Schöpfern des Films mit starkem Beifall", hieß es im ND.

Doch Tage nach der Premiere des Films in Berlin setzte – inszeniert von einigen hohen Parteifunktionären – eine regelrechte Kampagne gegen den Film ein. Er beleidige Parteimitglieder, sei unmoralisch, verzerre die sozialistische Wirklichkeit, rufe Empörung hervor. Der Film verschwand im Archiv. Der Regisseur wurde von der DEFA entlassen und arbeitete zwei Jahre am Dresdener Theater, bevor er beim Fernsehen wieder drehen konnte.

Aus dieser Zeit ist besonders „Jakob der Lügner" hervorzuheben. In einem osteuropäischen Ghetto schnappt der Bäcker Jakob in einer Gestapowache die Nachricht auf, die sowjetischen Truppen seien nicht mehr fern. Darüber baut er eine Geschichte auf. Er habe, so erklärt er seinen Freunden, ein Radio versteckt. Somit wird er zum Hoffnungsvermittler, muß ständig neue Nachrichten seines fiktiven Radios beibringen; weil seine Zuhörer wollen, müssen die sowjetischen Truppen immer näher kommen. Aus der Komödie, die er spielen muß, wird die Tragödie. Am Ende werden noch alle Bewohner des Ghettos in ein Vernichtungslager transportiert. Ein menschenfreundlicher Film, der seine liebevoll gezeichneten Figuren nie denunziert, mögen ihre Hoffnungen sich dem Zuschauer auch gleich als rührende Illusionen darbieten.

Der nach einem Buch von Klaus Poche gedrehte Film „Geschlossene Gesellschaft" (1978) ist ein Kammerspiel, in dem ein Ehepaar im Urlaub individuelle und gesellschaftliche Konflikte aufarbeitet, von Eifersüchten, Fehltritten, Karrieregelüsten, privaten und öffentlichen Verbarrikadierungen Mitteilung macht, in den Worten der männlichen Hauptperson (Armin Mueller-Stahl): „Ich überdachte ganz simpel mein Alter und sah wenig Chancen in einem wilden Aufbruch, wie er von euch Weibern aus falsch verstandener Emanzipation bevorzugt wird. Zumeist endet er doch nur hinter der Pulle oder vor der Röhre. Nein. Wer bei uns seine vier Wände verliert, der ist verflucht einsam. Es ist wenig los da draußen. Gehst du klingeln, dann klingelst du an Festungen. Die Zugbrücken sind eingeholt. Man hat ja so seine Erfahrungen."

Das illusionslose Spiel griff mit leisen Tönen die leere Propaganda von der sozialistischen Menschengemeinschaft frontal an. Es wurde spät abends gesendet, und dann sollte es vergessen werden.

Im Jahre 1982 greift Beyer wieder das antifaschistische Thema auf mit der filmischen Bearbeitung des Romans von Hermann Kant „Der Aufenthalt". Wieder ist es, wie in „Königskinder", eine Entscheidungssituation, in die hier die Hauptfigur hineingestellt wird; es ist die große Selbstbefragung des 19jährigen Wehrmachtsangehörigen Mark Niebuhr. Wir begegnen ihm zu einem Zeitpunkt, da er in polnische Gefangenschaft gerät, und verlassen ihn, als er einzusehen beginnt, daß er einen eigenen Anteil an der faschistischen Verwüstung Polens hat. Niebuhr, in dem die Polen zu Unrecht einen SS-Mann und Mörder zu erkennen glauben, muß sich am Ende eingestehen: „Ich habe begriffen, daß jeder Pole, dem wir etwas getan haben, denken kann, von mir denken kann, ich bin es gewesen." Der Film geriet in virulente Auseinandersetzungen um das Geschichtsverständnis von Deutschen und Polen, blieb aber unter diesem Gesichtspunkt zwischen Polen und der DDR in der Öffentlichkeit undiskutiert, auch unter dem des Mitläufertums. Dazu Beyer: „Das ist eine ewig aktuelle Problematik. Mich interessiert, daß jemand, der eigentlich unschuldig ist, doch verwickelt wird, doch beteiligt ist an Unternehmungen, die er nicht übersieht. Ich glaube, daß diese menschliche Parabelsituation nicht nur mit dem Krieg, sondern mit dem Leben überhaupt zu tun hat."   (gekürzt)

Manfred Behn

Am 6. Juni 1991 wird Frank Beyer der Deutsche Filmpreis verliehen in Gestalt des „Filmbandes in Gold". Er erhält die höchste deutsche Filmehrung für sein Gesamtwerk. Der Meisterregisseur bedankt sich mit nachstehender Rede:

Es hat keinen Sinn, die Wurzeln auszureißen

Meine Damen und Herren, Herr Minister!
Ich gehörte, wie Sie wissen, lange Zeit zu den sogenannten „Siegern der Geschichte". Inzwischen habe ich zwei unbewältigte Vergangenheiten, die ungefähr so alt sind wie ich selber, eine kürzere, zwölfjährige, die ich in Filmen reichlich abgearbeitet habe und eine längere, fünfundvierzigjährige, in der ich ziemlich

verwurzelt bin. Und ich zweifle daran, daß es einen Sinn macht, diese Wurzeln auszureißen. Deshalb las ich mit großem Interesse Ihre Bemerkungen, Herr Minister, über Kunst und Literatur der DDR. Ich hoffe, die „Berliner Zeitung" hat Sie richtig zitiert mit dem Satz, daß in der DDR-Literatur „Sichtweisen, Erfahrungen und Erkenntnisse verarbeitet sind, die etwas ganz Eigenes, Bewahrenswertes darstellen".

Ich finde Ihre Entscheidung, diesen Bundesfilmpreis einem Regisseur zu geben, dessen sämtliche Kinofilme im DEFA-Studio für Spielfilme in Potsdam-Babelsberg entstanden sind, sehr bemerkenswert. Weil doch, folgt man manchen Stimmen aus den alten Bundesländern, unter den Bedingungen der Kulturpolitik in der DDR künstlerische Filme dort gar nicht entstehen konnten. Mit Ihrer Entscheidung setzen Sie ein eindrucksvolles Zeichen gegen alle Tendenzen der Pauschalverurteilung von DDR-Kunst. Und eröffnen damit auch die Möglichkeit für die ebenfalls nötige sachliche Analyse. Denn es macht auf die Dauer keinen Sinn, sich nostalgischen Träumereien hinzugeben. Auf dem ehemaligen UFA-Gelände in Babelsberg wurden nicht nur „Metropolis" und der „Blaue Engel" produziert, sondern auch „Kolberg". Und auf dem gleichen Gelände, das dann DEFA hieß, sind auch nicht nur „Die Mörder sind unter uns" und „Das kalte Herz" entstanden.

Jedenfalls fühle ich mich durch diesen Preis ganz außerordentlich geehrt und danke Ihnen, auch im Namen langjähriger Mitarbeiter, die an diesen Spielfilmen beteiligt waren.

Karl Brandt

(1904–1948)

Als Hitlers Leibarzt kennt man den obskuren Dr. Morell, der wie einem Hitchcock-Krimi entsprungen schien. Aber der war vielleicht brauchbar für Unterhaltungen über Mystik und Sendungsbewußtsein in nächtlicher Runde, für Anabolika-Spritzen und die kleineren Gebrechen des alternden Hitler. Für die medizinpolitischen Ziele der Nazis war ein anderes Kaliber nötig, ein seriöser Arzt, der auf der Höhe der Medizin seiner Zeit stand, klar dachte und das erforderliche Organisationstalent besaß. Seit 1932 Mitglied der NSDAP und SA, wurde Dr. Karl Brandt nunmehr bald in die SS übernommen und schnell befördert. Er bildete eine Gruppe mit drei weiteren Ärzten bei Hitler, die er leitete und darauf achtete, daß in fachlicher Hinsicht alles ordentlich zuging.

Hitler war auf Brandt aufmerksam geworden, weil dieser zufällig an einem seiner Adjudanten eine Notoperation ausführen mußte, die sehr gut gelungen war. Dieser Autounfall war es, an dem die Laufbahn eines Chirurgen in die eines Verbrechers umschlug. Das Lob des Genesenden bedeutete, daß Brandt an die Berliner Charité geholt wurde und zum Begleitarzt Hitlers avancierte. Dadurch kam er dem Führer persönlich nahe und errang sein unbegrenztes Vertrauen. Es führte dazu, Karl Brandt mit der Euthanasie zu beauftragen.

In den heutigen Diskussionen um Sterbehilfe kommt dieser Begriff manchmal vor. Jedoch ist das Töten auf Verlangen des Patienten keineswegs gleichzusetzen mit dem von der Naziführung ausgearbeiteten Euthanasieprogramm. Bereits 1920 tauchte eine aufsehenerregende Schrift auf, die einen fordernden Titel hatte. „Die Freigabe der Vernichtung lebensunwerten Lebens" von Binding und Hoche. In einem der abendländischen Kultur verpflichteten Land, dem Land der Dichter und Denker, ging man nun seit 1939 daran, „unwertes Leben" systematisch zu vernichten. Kinder mit Gehirnmißbildungen und erwachsene Geisteskranke bildeten die Zielgruppe des Tötungsprogrammes. Sie wurden als „Ballastexistenzen" bezeichnet, als „leere Menschenhülsen". Eine Gruppe angeblich rassisch hochwertiger, auserkorener Führerpersönlichkeiten sah es als zwingend an, das „Problem" mit einer Tötungsmaschinerie in vier extra dafür präparierten psychiatrischen Anstalten zu lösen. Eine genaue Statistik liegt darüber nicht vor, doch die geschätzten Zahlen kommen der Gesamtzahl sicher nahe: Neben 100 000 erwachsenen Insassen der Kliniken wurden 5000 Kinder durch Spritzen und Gas umgebracht. Und das durch medizinisches Personal! Die organisatorische Leitung hatte Philipp Bouhler, der Kanzleichef Hitlers, in dessen Händen alle Geheimangelegenheiten lagen. Der medizinische Leiter war Karl Brandt. Seine Dienststelle hatte ihren Sitz in Bad Saarow.

Da ausländische Stimmen des Protestes laut wurden und im Lande die Kirchen den Abbruch der Tötungsaktion verlangten, wurde sie im August 1941 eingestellt. Bouhler setzte die gewonnenen Erfahrungen beim massenweisen Morden nunmehr in Polen und der Sowjetunion um. Und Karl Brandt war auch hier wieder dabei.

Das Euthanasieprogramm hatte ihm und seiner Karriere gutgetan. Hitler ernannte ihn zum Generalkommissar für das Sanitäts- und Gesundheitswesen. Dieser harmlos klingende Titel deutet zwar schon Machtfülle an, aber es war nicht auf den ersten Blick zu erkennen, daß es sich dabei um die Leitung aller medizinischen Angelegenheiten in den Konzentrationslagern handelte. Mit anderen Worten, Brandt koordinierte die dort vorgenommenen medizinischen Versuche an Menschen und beteiligte sich auch persönlich an diesen „Forschungsvorhaben" mit eigenen Experimenten. Wie sehr diese Medizin als richtungsgebend angesehen wurde, zeigt die von Hitler ein Jahr später, nämlich im September 1944, vorgenommene einzigartige Ernennung des Mediziners zum Leiter des gesamten medizinischen Vorrats- und Versorgungswesens und dazu noch in persona obersten Koordinator der Forschung in der Medizin. Hitler sah den gewissenlosen Mißbrauch der Medizin durch Männer im weißen Kittel als normal an und stellte Brandt an deren Spitze. Seine Behörde wurde dem Ministerium entzogen und Brandt als Reichsbeauftragter dem Führer persönlich unterstellt. Niemand sonst war über ihm, die Kontrolle seiner wahnwitzigen Umtriebe fand nicht statt. Gottgleich entschied er über die Gesundheit und das Leben von Menschen. So kletterte er noch weiter nach oben, erhielt eine Sonderdotation von 50 000 Mark und wurde zum Geburtstag Hitlers am 20. April 1944 zum SS-Gruppenführer und Generalleutnant der Waffen-SS befördert.

Doch so unverrückbar seine Position erschien, die Intrige stürzte ihn doch. Er und sein Mitarbeiter von Hasselbach wollten Hitler klarmachen, daß die vom dubiosen Leibarzt Dr. Morell verabreichten Antigas-Pillen dazu dienten, Hitler mit Strychnin ratenweise zu vergiften. Bormann, Hitlers Vertrauter, hinterbrachte jedoch die Absicht der beiden früher und erreichte, daß der mit gewaltiger Macht ausgestattete Dr. Brandt im Oktober 1944 entlassen wurde. Schließlich wurde er noch gegen Kriegsende verhaftet und zum Tode verurteilt, da er angeblich mit den Alliierten geheime Verbindungen geknüpft hätte. Himmler deckte ihn anscheinend und verzögerte die Hinrichtung. So ist es durchaus möglich, daß Himmler sich noch des Dr. Brandt bedient hatte, um sein eigenes Fell zu retten, denn auch ihm wurden Kontakte über Schweden nachgesagt. Hitler stieß seinen Mordbeauftragten und Geheimdienstchef sogar noch aus der NSDAP aus.

Als die Amerikaner einmarschierten, geriet Dr. Brandt in ihre Gefangenschaft. Nach und nach stellte sich heraus, mit wem sie es zu tun hatten. So wurde er im Nürnberger Ärzteprozeß angeklagt.

Hier sagte er aus, daß in der „zweiten Etappe der nationalsozialistischen Revolution" die Euthanasie von Anfang an nur eine der Maßnahmen der „Flurbereinigung zur Festigung des deutschen Volkstums" gewesen ist. Die Beseitigung „sozialer und krimineller Volksschädlinge" sei ein umfassendes System im sogenannten völkischen Krieg gewesen, gewissermaßen seine innenpolitische Komponente. Zuerst hatte Hitler in den Jahren 1933 bis 1935 erwogen, die Euthanasie gesetzlich zu regeln, wie es dann mit der Sterilisation bei Erbkrankheiten durch das Ehegesundheitsgesetz geschah. Da aber die Kirchen Widerstand leisteten, sei dieser Plan fallengelassen worden. Gegenüber dem NS-Ärzteführer Wagner habe Hitler dann geäußert, entsprechende Maßnahmen seien in einem Krieg „glatter und leichter" durch-

zuführen. So geschah es dann auch. Am 1. September 1939 erhielten Bouhler und Brandt ihre Aufträge zur Euthanasie.

Im sogenannten Ärzteprozeß erhielt er sein Todesurteil, und
am 2. Juni 1948 wurde der Verbrecher Prof. Dr. Karl Brandt in
Landsberg am Lech gehängt.

Eberhard Cohrs

(geb. 1921)

Jedermann, jedefrau kennt ihn. Wenn er im Supermarkt seinen Einkauf tätigt, wissen alle Bescheid: Eberhard Cohrs ist wieder im Lande, und das ist für Bad Saarow ein gutes Zeichen. Er ist aktiv, er arbeitet an neuen Auftritten. Er ist wohl der einzige prominente Sachse, den es hierher verschlagen hat. Vermutlich war die Nähe zur Hauptstadt ausschlaggebend für seinen Entschluß, sich hier anzusiedeln und natürlich der ewig schöne See. Leider kann man seine Wirkung auf das nach Millionen zählende Publikum schwer beschreiben. Schon wenn er auftrat, rauschten Lachsalven durch den Saal. Die merkwürdige, etwas zu kurz geratene Garderobe, der unmoderne Hut, eine sogenannte Kreissäge, die linkischen Bewegungen, die kurzen, flinken Drehungen – das alles wirkte umwerfend, bevor er noch ein Wort gesagt hatte.

Durch seine immer fragenden Sätze an seinen Partner, der lediglich die manchmal etwas plumpen Stichworte als Vorlagen lieferte, drehte er den Sinn in eine andere Richtung und erzielte dadurch verblüffende Wirkungen. Bei der Abteilung Nonsens, die er in jedem Programm hatte, mochte das alles zur reinen Komik geraten, aber das war nicht sein Anliegen. Mit pfiffigen, meistens ganz kurzen Wendungen gab er dem harmlos scheinenden Witz eine politische Richtung. Unvergessen ist eine Passage, wo über den Mangel an Südfrüchten parliert wurde und er mit dem Schlagertext antwortete: Ein Schiff wird kommen! Jedermann in der DDR verstand, daß es zwar Südfrüchte zu Weihnachten geben würde, aber für die 17 Millionen Einwohner nicht mehr, als in ein Schiff paßten. Nur dafür reichten die zusammengekratzten Devisen. Man mußte sich also wieder auf das Anstehen in langen Schlangen einrichten und vorsorglich die Verbindungen zu der Verkäuferin aus dem Nachbarhaus aufnehmen.

Es war beinahe naturgesetzlich, daß er bei jeder Art von Obrigkeit aneckte. Kreissekretäre beschwerten sich, daß er die komplizierte Lage nicht erkannte, die Abteilung Agitation wies Rundfunk und Fernsehen an, die Eskapaden des p.p. Cohrs mit der großen Gusche, wie er sich selbst nannte, zu beschneiden und auf keinen Fall zuzulassen, daß er in unerwünschte politische Richtungen zielte. Diese Beschwernisse teilte er mit anderen Kabarettisten, doch er ist ein sehr sensibler Mensch, der sich alles sehr zu Herzen nimmt, wenn er auch und gerade deswegen derbe Späße bevorzugte. Die Kunst, damit Feinheiten anzudeuten und beim Publikum Rührung zu wecken, verstand er wie kein anderer. Da in der DDR der sächsische Dialekt überall anzutreffen war (wir sind überall auf der Erde), verstand man ihn allerorten, und er füllte Säle und Hallen in seiner Geburtstadt Dresden wie in Rostock, wenn er rief „Jetzt kommt der bleede Heini".

Als die Bedrängnisse jedoch zu stark wurden, blieb er bei einem Gastspiel im Westen, seiner künstlerischen Wirkung sicher. Er würde gewiß überall ankommen. Das jedoch war eine Fehlrechnung. Seit 1977 mußte er sehen, daß im Westen sich niemand für Sächselei interessierte. Er fand keinen festen Partner wie Horst Feuerstein, und so waren seine kurzen Versuche im Fernsehen bei Rudi Carell ganz gemeine Flops. Der Funke sprang nicht ins Publikum. Sicher, er spielte in Possen und Schwänken für den Broterwerb, aber er war nicht mehr der Alte. Die Enttäuschung schlug Narben in sein Gemüt.

Er blühte wieder etwas auf, als die Mauer fiel und er den Weg zurück zu seinem Publikum fand, unsicher, wie es ihn aufnehmen würde, er war immerhin dreizehn Jahre unterwegs gewesen. Er ist reifer geworden, doch nach wie vor beliebt, und die Dresdener haben bestimmt auf ihn als Frosch in der Silvester-Fledermaus gewartet. Das wäre auch sein weiterer Weg: die Charakterrollen im Komikerfach, die so schwer mit guten Leuten zu besetzen sind.

Auch in der neuen gesellschaftlichen Wirklichkeit nach der Wende erfuhr er Ablehnung, zumal er bei einer Veranstaltung zu Ehren seiner Kollegin Helga Hahnemann seinen Spott auch dem Altbundeskanzler Kohl zudachte. Das aber macht man nicht, Herr Cohrs, das hat Folgen, darauf können Sie sich verlassen! Er schonte die Oberen niemals. Über seine Beziehungen zu Erich Honecker fand er das unvergessene Bild: „Was haben wir beide gemeinsam? Das wissen Sie nicht? Wir sind beide im Westen nichts geworden."

Der Saarower aus Sachsen ist privat sehr liebenswürdig. Jedermann, mit dem er zu tun hat, findet ein gutes Wort von ihm, wenn es auch manchmal in ernster Gestalt auf ihn zukommt. Ja, man muß nachdenken, wenn man ihn begreifen will. Zu aller Freude gibt es Fernsehsendungen, die alte Aufzeichnungen von ihm bringen. Neulich gab er einen ganzen Abend lang Kommentare und Anekdoten zum besten, alles mit scharfer Zunge, denn die ist ihm angeboren.

Brigitta Cremer

(geb. 1942)

Ich kenne sie schon einige Jahre, als mir die Physiotherapeutin mit ihrem Können sehr viel Erleichterung verschaffte. Seitdem haben wir uns einige Male gesprochen, aber ich wäre nicht
darauf gekommen, daß diese parteilose Frau eines Tages in die
Politik gehen würde. Sie gehört nicht zu denen, die nach der
Wende, die so mancher Segler in Bad Saarow eine Halse nennt,
ihre kritische Haltung zu den Verhältnissen in der DDR als eine
Art Widerstandskampf ummünzt und überall damit herumträgt.
Sie hat ihre berufliche Entwicklung mit der Militär-Medizinischen Akademie genommen, wenn sie konnte, ihre Kenntnisse
erweitert, Kurse besucht, aber die Distanz zu den Bevormun-
dungen und Befehlsstrukturen immer gewahrt. So ist es nur folgerichtig, wenn in ihrer Akte bei Herrn Gauck vermerkt wurde:
Wenn sie fachlich nicht so gut wäre, müßte man sie loswerden.
Das aber wollte sie eigentlich. Sie bewarb sich um die private
Zulassung einer Praxis, aber man wollte nicht auf ihre qualifi-
zierte Mitarbeit verzichten, und so konnte ihr Traum erst 1990
verwirklicht werden. Sie sprang ins kalte Wasser der neuen Verhältnisse, auf sich und ihr Können vertrauend, und die Patienten
dankten es ihr, wohl auch, weil sie immer ein frohes Wort auf
den Lippen hat und man ständig ihr Lachen hört, wenn sie die
Behandlungen und Ganzheitstherapien vornimmt. Für das Interview nahm sie sich nur am Sonntag etwas Zeit und nur, weil
sie mir nicht absagen wollte.

Hrsg.: Brigitta Cremer, Sie äußerten einmal, daß Sie nie in
eine Partei eintreten würden, und nun sind Sie sich selbst untreu
geworden und haben sogar eine gegründet?

Cremer: Halt, nicht so stürmisch, junger Mann. Das gilt nach
wie vor, denn die Sache verhält sich weitaus anders. In den letzten Jahren der DDR wurden die Lebensumstände immer kurio-
ser. Worte und Taten klafften immer mehr auseinander. Unser
Ort wurde als Kurort bezeichnet, aber einen Platz in einer Gaststätte zu bekommen war ein Abenteuer. Dies nur als Beispiel.
Das Landambulatorium hatte keinen ordentlichen PKW. Wir

beschlossen, nicht mehr nur zu meckern, sondern etwas Vernünftiges planmäßig zu unternehmen.

Hrsg.: Wer ist „wir"?

Cremer: Wir waren 20 Bürger, die eine unabhängige Initiative gegründet haben. Nicht ich als Einzelperson habe das getan, das könnte ich gar nicht, sondern eine Gruppe von Idealisten, Saarower Bürger, die ähnlich dachten wie ich. Und das ist mit einer Partei gar nicht zu vergleichen. Das Programm hieß „Für unseren Ort Bad Saarow", woraus der kommunale Aspekt eindeutig zu ersehen ist.

Hrsg.: Wann war der Zeitpunkt der Gründung?

Cremer: Wir sahen eine Chance darin, uns bis zu den Kommunalwahlen am 5. Mai 1989 Gehör zu verschaffen, ab 16. Januar 1989 war immerhin noch ein gutes Vierteljahr. Wir unterschieden nach Sofortmaßnahmen und langfristigen Entscheidungen.

Hrsg.: Mit 20 mutigen Leuten gegen einen festen Staatsapparat vorzugehen, war doch ziemlich aberwitzig.

Cremer: Wir wollten nicht gegen den Apparat, sondern ihn veranlassen, das Vernünftige zu tun, und zwar mit uns gemeinsam. Wir wußten, daß auch im Staatsapparat Angestellte so dachten wie wir oder so ähnlich. Und wer wollte denn gegen unsere Vorschläge ernsthaft etwas einwenden?

Hrsg.: Gegen welche Vorschläge?

Cremer: Da war als erster Punkt unser Hauptkapital als Urlaubs- und Kurort – der See! Sein Zustand konnte einen alten Hund jammern. Er drohte jederzeit zu kippen, die Rotalge wurde bereits gesichtet. Die Einleiter von ungeklärten Abwässern, die Besitzer von schadhaften, undichten Gruben sollten sofort zur Kasse gebeten werden. Kapazitäten für Baumaßnahmen wurden gebraucht. Wir bildeten eine Untersuchungsgruppe unter Leitung von Herrn Rattemeier und baten alle, sich mit Vorschlägen an uns zu wenden. Das ging bis zur Einrichtung der öffentlichen Toiletten u. ä.

Hrsg.: Das erste und wichtigste Anliegen, sicherlich. Fand es auch das erforderliche Echo?

Cremer: Alles diskutierte darüber, ich habe niemanden kennengelernt, der sich nicht um den See sorgte. Starke Unzufriedenheit herrschte auch darüber, daß eine große Anzahl von Einrichtungen, die sogenannten Gästehäuser, von Parteien und Organisationen, die einen langen Arm hatten, für die Öffentlichkeit nicht zugängig waren. Zwar hatte man das manchmal gesagt, aber in der Praxis blieben diese großen Häuser für das Publikum gesperrt. Es waren aber unsere Steuergelder, die darin steckten. Eine Kommission sollte die wahren Verhältnisse aufdecken und ändern. Wir wollten, daß die Häuser alle in kommunales Eigentum kommen, damit sie der Gemeinde und ihren Gästen zur Verfügung standen.

Hrsg.: Ein kurzes Programm mit Schlüsselfunktion.

Cremer: Es kam noch eine Gruppe für die HO-Gastronomie dazu, die man nur als katastrophal bezeichnen konnte.

Hrsg.: In ihrem Dokument vom Januar 1989 lese ich zum ersten Mal das Wort „Bürgerinitiative".

Cremer: Wir haben, als Bürger mit Initiative, für unseren Ort gefühlt und uns immer als Demokratiebewegung verstanden. Wir wollten mitreden und uns einbringen. Später ist dann der Begriff „Scharmützelseedemokratie" daraus geworden. Er ist ein wenig lang, aber faßt treffend unser Anliegen zusammen. Der See und die demokratischen Verhältnisse um den See.

Hrsg.: Was ist dann aus Ihrer Initiative geworden?

Cremer: Wir haben unser Programm erweitert. Zu den Initiatoren kamen dann die Vereine des Ortes, der Segler, der Motorbootfahrer, der Angler und die Bürgerinitiativen Saarow-Strand und See- und Ufernutzung. Unser Hauptanliegen war die Beseitigung des Abwassers, verkehrsberuhigte Zonen, der Ausbau der Umgehungsstraße, die Wiederherstellung eines alten Wanderweges rund um den See und die Regulierung des Motorbootverkehrs. Schließlich wollten wir, daß Stadtgas nach Saarow kommt. Mit diesem Programm gingen wir zum 3. Mai 1990 zur Kommunalwahl...

Hrsg.: ...und wurden Sie gewählt?

Cremer: Ja. Seitdem sind wir mit einer Fraktion in der Gemeindevertretung des Ortes präsent.

Hrsg.: Ihr Programm ist heute schon erledigt oder auf dem Wege zu einer guten Regelung.

Cremer: Das stimmt, doch die Aufgaben im Sinne der Demokratie verlangten noch weiteren Einsatz von uns. Als versucht wurde, mit kommunalem oder Volkseigentum irgendwelche undurchsichtigen Geschäfte zu machen, stellten wir einen Mißtrauensantrag gegen den beschuldigten Wende-Bürgermeister. Er hat heute seine Aktivitäten woandershin verlagert.

Hrsg.: Wenn ich aber alles zusammennehme, ist das doch handfeste Parteipolitik.

Cremer: Man kann auch ein politischer Mensch sein, ohne den Parteientrott mitzumachen. Wir vertreten Toleranz und akzeptieren die Leistungen und Überzeugungen anderer. Gegen eine alleinseligmachende Richtung wenden wir uns.

Hrsg.: Wie kann ich denn nur Ihre Haltung umreißen?

Cremer: Ich bin eine Helfende, das folgt schon aus meinem Beruf, den ich gern ausübe und als Berufung empfinde. Und weltanschaulich gesehen dürfen Sie mich durchaus als Pantheistin und, daraus folgernd, als Pazifistin und Humanistin bezeichnen. Wegen dieser Ideale lohnt es sich zu leben.

Hrsg.: Ich wünsche Ihnen, daß Sie weiterhin an der friedlichen Entwicklung des Ortes teilhaben können.

Fritz Cremer

(1906–1993)

Zu seinen Werken, die mitten im Leben der Hauptstadt stehen, dürfen wir die beiden „Aufbauhelfer" zählen. So hatte er sich Bildhauerkunst immer gedacht: Ein wesentliches Thema und nützlich für den Betrachter, auch den flüchtigen. In gleicher Absicht läßt er auch das wichtigste Kunstwerk, das wir in Bad Saarow haben, dort seinen Platz finden, wo Persönlichkeit und Anziehungskraft des Sees zusammengehören. „Hier gehört er hin", soll er zu Lilly Becher gesagt haben, als beide sich nach einem passenden Standort umsahen.

Er kommt aus einer grundsoliden Schule. Als Sechzehnjähriger beginnt er eine Steinbildhauerlehre in Essen. Nach einigen Jahren der Praxis wird er als Student von W. Gerstel an der Hochschule für freie und angewandte Kunst Berlin-Charlottenburg immatrikuliert, wo sein Talent fünf Jahre reifen kann. Danach geht er auf die Studienreise und sieht sich in Paris, London und in Italien (Florenz) um. In dieser Zeit und in den Kriegsjahren arbeitet der Kommunist in einer illegalen Gruppe mit und lernt den Antifaschismus als Kampf um Leben und Tod kennen. Aus dieser Zeit stammt sein tiefer Respekt vor der Selbstlosigkeit einfacher Menschen, deren innere Schönheit er sein ganzes Leben lang erschließen will. Die unmittelbare Nachkriegszeit sieht ihn als Professor an der Akademie für angewandte Kunst in Wien, bis er 1950 in die DDR übersiedelt.

Hier nun beginnt sein großer, öffentlicher Einfluß auf die Gestaltung der Straßen, Plätze und Erinnerungsstätten. Seine Arbeitskraft ist gelöst worden, er sieht ein freies Feld für die Gestaltung neuer, freier Lebensräume. Und in diesem Sinne wirkt er unaufhörlich, seine Plastiken sind immer in Verbindung mit einem bestimmten Ort und Anlaß, eben dem „Sinn und Zweck" konzipiert. Er würde über die „Diskussion" über ein Denkmal an den Massen- und Völkermord, der in deutschem Namen begangen wurde, nur zornig-bitter auflachen und die Diskutanten an die Hand nehmen und sie an das Grab von Moses Mendelssohn in der Großen Hamburger Straße führen, an das älteste

Zeugnis des Berliner jüdischen Gemeindelebens, wo sich die zum Tode Bestellten sammeln mußten, und wo heute schon eine Gruppenplastik steht. Gewiß hätte er, ganz im Sinne Schinkels, eine Lösung ausgearbeitet, wie die ganze ehemalige Friedhofsfläche in das Gedenken einbezogen werden kann, ohne Monumentalismus und daher mit tieferer seelischer Wirkung auf den Betrachter. Auch die neonazistischen Schmierereien, die immer wieder gerade an dieser Stelle auftauchen, hätte er als Zeitdokumente wirken lassen, als Zeugnisse fehlender Bewältigung der ungeheuren Vorkommnisse, verursacht von Deutschen jeden Alters und Berufs. Er war immer für Klarheit in den Köpfen und Befreiung in den Seelen.

In diesem Sinne war er nicht nur Antifaschist, sondern ebenso leidenschaftlicher Antistalinist. Seine unablässigen Fragen an die Parteiführung in den internen und in den öffentlichen Versammlungen galten der unzureichenden, verschleiernden Haltung gegenüber den Verbrechen in der Stalinzeit. In diesem Sinne war er Internationalist und fragte seine Partei nach dem Schicksal seiner Genossen, denn er anerkannte nicht die Ausrede, die Aufklärung dieser Schandtaten sei ausschließlich eine Angelegenheit der Sowjetunion. Da er immer wieder standhaft auf seiner Meinung beharrte, war er der Parteiführung ein ewiger Dorn im Auge, da er aber politisch und ebenso künstlerisch unangreifbar war, blieb der Zustand permanent gespannt.

Ende März 1964 fand in Berlin ein Kongreß des Verbandes Bildender Künstler statt. Da nicht zu erwarten war, daß er besonders aufregend verlaufen würde, hatte ich mich entschuldigt und mich zurückgezogen, denn vier Wochen später mußte ich das Referat auf der zweiten Bitterfelder Konferenz halten, und es war vieles in Ruhe zu bedenken. Plötzlich störte mich ein Anruf von Lea Grundig, der Präsidentin des Verbandes. Sie teilte mir mit, daß Fritz Cremer in einer leidenschaftlichen Rede die Defizite unserer Ästhetik benannt und sie auf die politischen Gründe dafür zurückgeführt hatte. Kunst müsse aufklären, nicht aber mit Pathos verkleistern. Alle schwierigen Felder der Politik hätte er berührt, den 17. Juni 1953 ebenso wie den falschen Anspruch an die Kunst, nur Illustration der aktuellen Thesen zu sein. Ich möge doch unbedingt kommen und antworten.

Also fuhr ich los und ließ mir am Tagungsort das Tonband vorspielen. Hier einige Sätze aus seiner Polemik: „Wir brauchen eine
Art XX. oder XXII. Parteitag auf dem Gebiet der Kultur... Wir
brauchen keine Verhaltensweisen, die jeder kleinsten Regung von
irgend etwas Neuem, Unbekanntem mit politischen Verdächtigungen begegnen. Wir brauchen wahrhaftig und tatsächlich die
Abschaffung dieses dogmatischen Teufels... Wir brauchen eine
Kunst, die die Menschen zum Denken veranlaßt, und wir brauchen keine Kunst, die ihnen das Denken abnimmt... Wenn wir
von der Notwendigkeit des Realismus in der Kunst sprechen, so
wird die schöpferische Kraft des einen oder anderen Künstlers
die Ufer übertreten, ganz gleich, ob wir nun diese Übertretung
genehmigt haben oder nicht. Warum haben wir nur so eine furcht-
bare Angst vor uns selbst?"

Es ist hier jetzt nicht wichtig, welche Argumente im einzelnen zur Sprache kamen, aber ich hatte mir vorgenommen, ihm
in seiner unerbittlichen Haltung Recht zu geben und trat für
eine rückhaltlose Diskussion über alle, besonders aber die schwierigen Fragen unserer Entwicklung ein, dazu gehörte die Partei-
geschichte ebenso wie die Kunstpraxis. Der Saal hörte gespannt
zu. Er hatte Fritz Cremer laut und anhaltend applaudiert, würde er mich auspfeifen? Anscheinend hatte ich meine Meinung so
klar ausgesprochen, daß die Künstler den Eindruck hatten, ich
meinte es ehrlich, einen Diskussionenprozeß – endlich – zu beginnen. So war ich erleichtert, als auch mir Beifall, und nicht zu
knapp, gespendet wurde. Nach der Pause meldete sich Fritz
Cremer noch einmal zu Wort und sagte den Satz: „Ich habe den
Eindruck, daß die Diskussion jetzt begonnen hat!" Der Kongreß
setzte seine Arbeit nunmehr entspannt fort, aber alle Diskutanten bezogen sich auf Cremer und meine Antwort.

Den Hintergrund seiner Skepsis bildeten nicht nur allgemeine Probleme. Er hatte seine Erfahrungen mit den Dogmatikern
gemacht. In einer Veranstaltung des Kulturbundes stellte ein
Schwätzer Ernst Barlach und Käthe Kollwitz, die Cremer als
seine Vorbilder betrachtete, als Formalisten hin, welche die sozialistische Kunst auf einen Irrweg führten. In diesem Moment
sprang Fritz Cremer über die Tische und ging dem Mann am
Rednerpult mit seinen kräftigen Armen an die Gurgel. Wäre

Becher nicht dazwischengegangen, hätte es ein Unglück gegeben.

Seine Überzeugung, daß ein Künstler auch politisch denken müsse, brachte er auch seinen Schülern bei. Sein Meisteratelier der Akademie der Künste lag direkt neben dem Brandenburger Tor, wo heute das Hotel „Adlon" steht, damals noch im Grenzstreifen, direkt hinter der Mauer. So hatte er sein ständiges Anschauungsmaterial, wenn er aus dem Fenster schaute. Bei passender Gelegenheit machte er seine Witze: „Bei mir ist noch nie eingebrochen worden."

Viele Menschen kennen seine Monumentalplastiken. Die Gruppe der Buchenwaldhäftlinge hoch über Weimar auf dem Ettersberg ist von ihm als Gegensatz zum Goethe-Schiller-Denkmal vor dem Nationaltheater konzipiert. Die heutigen Nazis spüren das und greifen seine Figuren an. Oft gab er seinen Figuren die Züge bekannter, befreundeter Personen. So erkennt man auf dem Denkmal der Spanienkämpfer im Berliner Friedrichshain den Schauspieler und Sänger Ernst Busch, der einen ähnlichen Charakter wie er besaß. Weit gefehlt aber, wenn man glaubte, er hätte sich nur mit monumentalen Denkmälern beschäftigt, er war nur einer der wenigen, die eine große Form beherrschten.

Von schlichter Zartheit sind seine Mädchengestalten, keine puppenhaften Geschöpfe, durchaus nicht mit vollkommenen Maßen, aber mit einer Grazie und inneren Schönheit, die sich dem Betrachter aus dem Stein oder Erz mitteilt. Porträtbüsten und Kleinplastiken, eine große Anzahl von Grafiken, deren Qualität die üblichen Bildhauerzeichnungen bei weitem übertrifft. Das Becher-Denkmal in Bad Saarow gehört in die reife Spätperiode des Meisters. Vergleicht man die Figur mit sonst üblichen Dichtergestalten, wie sie aus der Klassik und Neoklassik überkommen sind, dann fällt auf, daß Joh. R. Becher nicht als Geistesheroe aufgefaßt wurde, sondern als ein Mensch, der durch alle Höhen und Tiefen unseres Jahrhunderts gegangen ist. Der Hölle knapp entronnen, körperlich und seelisch lädiert, von unbändiger Hoffnung, wie er hier glaubt, neue Kraft aus der ewigen, schönen Natur schöpfen zu können. So schreitet er auf den See zu, im „Schritt der Jahrhundertmitte".

Es gibt übrigens eine Frauengestalt von Cremer, die auf ähnliche Weise berührt, ja erschüttert. Gemeint ist „O Deutschland bleiche Mutter", angeregt durch das Gedicht von Bertolt Brecht. Die bleiche Mutter sitzt auf einem Marterstuhl in der Gedenkstätte des KZ Mauthausen bei Wien.

Er ist einer der Großen in der Bildhauerkunst dieses Jahrhunderts. Im Brockhaus steht er erst seit kurzem. Bad Saarow hat ein Geschenk von ihm. Seine theoretischen Äußerungen sind von großer Aktualität angesichts der Sinnentleerung heutiger Kunst:

„Ein neuer Inhalt bedingt eine neue Form, sagt man. Damit ist meiner Ansicht nach nicht viel gesagt. Die sogenannten neuen Formen der sogenannten Moderne beweisen, daß es nicht auf irgendeinen neuen Inhalt ankommt, sondern auf einen ganz bestimmten. Große Kunst entstand immer in Beziehung zu den Menschen und war früher oder später von diesen kontrollierbar und erlebbar.

Zeitlose Kunst hat es nie gegeben. Je tiefer die Kunst in den Geist der Zeit eindrang, um so größer und bedeutender ist sie für alle Zeiten."

Joseph (Sepp) Dietrich
(1892–1966)

Dieser enge Vertraute Hitlers und Mann für das Grobe fand sich bereits 1934 in Bad Saarow ein. Als Wachbegleiter Hitlers und ab 1933 Kommandeur der „Leibstandarte Adolf Hitler", die in Berlin-Lichterfelde stationiert war, übernahm er ein Seegrundstück, in dem er sich von seinen Taten zu erholen hoffte. Gerade war er als Leiter des Mordkommandos aus München zurückgekehrt, er hatte beim sogenannten Röhm-Putsch die alten SA-Führer und auch nicht wenige seiner Freunde aus der „Kampfzeit" umgebracht.

Solche Aktionen waren für den bayerischen Fleischer, der es zum Wachtmeister im Heer und nach dem Krieg in der Landespolizei gebracht hatte, geradezu wie auf den Leib gepaßt. „Ich habe ihn immer dahin geschickt, wo es ganz kritisch war. Er ist eine Mischung aus Schlauheit und von Rücksichtslosigkeit und Härte… Er ist ein bayerischer Wrangel, gar nicht zu ersetzen, ein Begriff im deutschen Volk. Nun kommt bei mir noch hinzu, daß er einer meiner ältesten Mitkämpfer ist", sagte Hitler von ihm Anfang des Jahres 1942.

Zu dieser Zeit war Dietrich bereits an den Fronten in Polen und Rußland bewährt, und wenn die Wehrmacht schon nicht imstande war, Moskau einzunehmen, war wenigstens auf diesen Mann Verlaß. Er hatte zwar keine Ausbildung an der Militärakademie erhalten, jedoch machte er diesen Mangel durch Rücksichtslosigkeit bei der Verfolgung seiner Ziele wett. Er vermochte es, seine Soldaten zu begeistern, und bald setzte die Legendenbildung ein. Er wurde zum Propagandabild des Frontschweins, das auch als General die Härte des Krieges kannte und sich persönlich einsetzte, ein Vorbild für die Mannschaften. Dabei ging er keinem Greuel aus dem Wege, weder an der Ostfront noch in Griechenland oder Frankreich.

Doch auch seine Bäume wuchsen nicht in den Himmel. Erfolglos blieb er in der Normandie, wo er den alliierten Brückkenkopf liquidieren, ebenso wie in den Ardennen, wo er die vorrückenden Amerikaner und Engländer umgehen und vom

Nachschub abschneiden sollte. Doch dem vielgelobten General-
oberst gelang das nicht, dafür aber eine der größten Schandtaten
deutscher Truppen. Ende des Jahres 1944 ließ er 100 wehrlose
amerikanische Gefangene einfach erschießen. Die 6. Panzerar-
mee hatte sich befleckt.

Kurz danach fand sich dieser Held noch einmal in den Mauern unseres Ortes ein. Es wurde ernsthaft erwogen, ob Bad Saarow für Hitler nach dem Verlust der Wolfschanze in Ostpreußen als Hauptquartier in Frage käme. Dietrich scheint mit der
Klärung dieses Problems betraut worden zu sein, denn auch die
Leibstandarte nahm für eine gewisse Zeit hier und in Reichenwalde Quartier. Doch Hitler ging direkt in die Reichskanzlei
nach Berlin, so mußte Dietrich hier abziehen und wieder an die
Front.

Die Nazis hofften, den Vormarsch der Roten Armee an der
Oder und an der Donau zu stoppen, und so wurde die 6. Panzer-
armee in den letzten Monaten in Ungarn und Österreich eingesetzt. Die Hoffnungen Hitlers auf seinen alten Kampfgenossen
erfüllten sich nicht, Wien wurde erorbert, und nun wollte Dietrich noch in die als Phantom aufgebaute Alpenfestung zurück-
weichen, doch die Kapitulation vor der 7. US-Armee war nicht
mehr aufzuhalten.

Im Jahre 1946 stand er vor Gericht. Er wurde zu lebenslanger
Haft wegen des Massakers in Malmedy verurteilt. Aber es ging
ihm wie anderen Kriegsverbrechern auch, schon 1950 wurde die
Strafe auf 25 Jahre Haft herabgemindert, und 1955 konnte er die
Anstalt in Landsberg am Lech in aller Stille verlassen. Eine „Gna-
denkommission", gemischt aus deutschen und amerikanischen
Vertretern, hatte angesichts des Aufbaus der Bundeswehr mit
den alten Kadern es für richtig gehalten, die Werbung von ehemaligen SS-Leuten nicht damit zu belasten, daß ihr Idol Dietrich hinter schwedischen Gardinen schmoren mußte.

Noch einmal mußte er einsitzen, diesmal klagte man ihn an,
bei der Mordaktion gegen Röhm und andere Beihilfe geleistet
zu haben. Dafür erhielt er eine 18monatige Haftstrafe, wurde
aber wieder entlassen, weil seine Gesundheit „stark angegriffen"
war. Immerhin lebte er noch manches Jahr und starb in seinem
Bett.

Käthe Dorsch

(1890–1957)

Von allen Schauspielern, die sich an den Ufern des Scharmützelsees niederließen, hier ihre Rollen lernten oder Erholung suchten, war Käthe Dorsch sicher die bekannteste und vielleicht auch beliebteste. Aber wer hat sie noch gesehen? Sie muß eine Diva, ein Star, wie man heute sagt, gewesen sein. Nach dem Beginn ihrer Bühnenarbeit in Nürnberg, sie war erst 16 Jahre alt, startete sie schon bald in Mainz auf der Operettenbühne und entzückte durch ihren natürlichen Charme und ihre sinnliche Vitalität, wie ihre Verehrer übereinstimmend berichten. Bald war sie in Berlin, wo sie an allen großen Bühnen spielte, am Neuen Operettentheater, am Residenztheater, am Schauspielhaus am Gendarmenmarkt und am Deutschen Theater in der Reinhardtstraße, und das in wechselnder Folge, den großen Regisseuren und den bedeutenden oder auch nur leichten, reizvollen Rollen folgend. Im Jahre 1939 wechselte sie an das Wiener Burgtheater, ein sicheres Zeichen dafür, daß sie zu den ganz großen deutschsprachigen Schauspielerinnen gehörte.

Doch Berlin rief nach dem Kriege erneut, und so begrüßten sie die Berliner wieder am Schiller- und am Schloßparktheater. Vielen Besuchern schien es, als ob sie von gleicher Gestaltungskraft geblieben war, nur noch reifer und überzeugender, wenn eine Steigerung noch möglich gewesen wäre. Dabei sah man sie nicht nur in den Paraderollen, die der Traum einer jeden Schauspielerin sind, gewiß, sie war das Gretchen, die Rose Bernd, die Frau John und die Orsina, aber sie trällerte ebenso erfolgreich durch belanglose Boulevardstücke und Operetten. Immer die große Dame, das kleinbürgerliche Mädel, die tragische Muttergestalt, die durchtriebene Dirne oder das unschuldige Opfer einer Intrige oder der unglücklichen Umstände dieses Lebens.

In Pieskow, wo sie mit ihrem ersten Mann, dem Schauspieler Harry Liedtke, ein Haus bezog, mag sich so manche Liebelei und Eifersuchtsszene abgespielt haben, wie die Einwohner tratschten, doch das alles ist nicht wesentlich. Warum sollen Schauspieler andere Probleme haben als Menschen, die einem anderen Beruf nachgehen? Wer es fertigbekommt, sich an einem bestimmten Tag zu einer bestimmten Stunde in eine Figur zu verwandeln, mit der er im üblichen Leben wohl keine Beziehungen gewünscht hätte, und dieser Kunstfigur starkes Leben einhauchen kann, braucht wohl als Ausgleich die Ruhe der schönen Natur und die Beziehungen zu Menschen, denen es ebenso geht, die jeden Abend, in jeder Rolle mit der menschlichen Wahrheit ringen müssen.

Die Dorsch darf man sich aber nicht nur als schöngeistige Frau vorstellen, der die Welt egal war. Sie setzte sich auch mit handgreiflichen Beweisen ihrer Überlegenheit durch. Die Ohrfeigen, die sie an Harry Liedtke verschwendete, den sie trotz vieler seiner kränkenden Seitensprünge immer noch liebte, waren nicht die einzigen, die man ihr nachsagt. Sie hat auch wegen einer Kritik, die ihre Leistung nicht ausgewogen würdigte, sondern ihrer Meinung nach nicht gerecht wurde, dem jungen Literaten und Kritiker der „Täglichen Rundschau", Wolfgang Harich, in der Öffentlichkeit eine schallende Ohrfeige verpaßt.

Wenn heute ein Café den Namen „Dorsch" trägt, dann ist es auch eine begrüßenswerte Erinnerung an eine Mimin, der bekanntlich die Nachwelt keine Kränze mehr flicht, hat aber mit ihr nichts zu tun.

Eine bekannte, beliebte, ja berühmte Künstlerin ist auch immer eine Persönlichkeit, die im politischen Leben steht und von den politischen Kräften vereinnahmt werden kann. Die Dorsch wollte mit ihrer Kunst neutral sein, sich keiner politischen Kraft anschließen oder für sie sprechen müssen. Wie umworben sie gewesen sein mag, kann eine frühe Kritik ahnen lassen. Sie trat in einem Stück von einem gewissen Hans Müller auf, „Die Flamme", das zwar im Lessing-Theater gespielt wurde, vom berühmten Kritiker Alfred Kerr jedoch als „äußerster Kitsch" bezeichnet wurde.

Kerr schwärmt geradezu von Käthe Dorsch: „Deutschlands Bühne hat einen Menschen mehr. Eine Kraft mehr. Eine Wucht mehr. Eine Pflanze mehr. Eine dufte Nummer mehr. Eine Seele mehr... Ich sah sie zum ersten Mal. Sie scheint aus der Erde gewachsen. Eine Volksgestalt. Von der Tiefe kommt sie. Kennt keine Furcht vor der Roheit; keinen Mangel an Blut; keine Not an Leiblichem und Wildem und Mädelstarkem. Sie hat Schrei und ein Antlitz... Die Schauspielerin gibt hier ein blond-blutjunges, herrliches, springsaftiges Ungeheuer. Mit aller frischen Arglosigkeit im Dreck. Mit Dirnengeschrei; mit Ausbruchshysterie. Auch mit Weibrufen; und mit Menschenblicken. Wunderbar. Wir sind nicht arm, wenn so was nachwächst...

Die Grüning, Pröckl, Götz fanden eine Menge Beifall. Der Autor kam – das Haus rief: „Dorsch –!"

Das war im Jahre 1920. Auch die Sprache Kerrs steht ganz unter dem Einfluß des Expressionismus, aber seine Schwärmerei – für Kritiker höchst ungewöhnlich – finden wir auch sieben Jahre später in der Rezension des „Schinderhannes" von Carl Zuckmayer: „Die Dorsch... Julche! Julche!" – Sie hat nicht viel zu reden (Weibsbilder geraten Dichter allemal am innigsten, wo nicht viel reden; dies ist nämlich der Anfang von der Überlegenheit des Kinos über das gesprochene Drama; denn sobald sie weniger sprechen, reißt es einen seltener aus der Stimmung).

Auch der Betrachterich kann hier nicht viel sprechen. Er empfindet etwas, wie man kurzweg einen sehr geliebten Menschen empfindet – und das namenlose Glück seiner Nähe. Wo noch Einfallsreichen kaum anderes einfallen wird als etwa der blöde Ruf „Süße!" oder so ähnlich.

Wenn die Dorschen, Käthe, hier im Ährenfeld ein Kind gezeitigt hat; und hält es im Tuch; und man sieht's nicht; und sieht nur ihr Antlitz... Was? Wie schaut sie aus? Nein! Umgekehrt: die Madonnen könnten froh sein. – Oder wenn sie ein Glas hoch hebt, vor dem Moribundus, dem zur Hinrichtung Verurteilten, und (wie es in einem Gedicht an den bereits toten Schriftsteller Poppenberg heißt: „Sollst leben! – hätt ich gern geschrien")... wenn sie dazu ihm gleichfalls versehentlich sagt: „Sollst leben" – und aufblickt – „Süße!"

Dann lobt der Kritiker noch den Schauspieler Eugen Klöpfer und beider Zusammenspiel und findet höchstes Lob im Begriff „Volksgestalten", die nichts mehr von Theater an sich haben. „Nicht, daß ein Rampenbrett quietschte, wenn sie reden oder stocken. Kein Theater mehr... Und mein Zuckmayer kann tun, was er will, sogar den äußersten Kitsch bringen: Er kommt gegen die zwei nicht auf."

Hier ist alles gesagt, was man Gutes über Schauspieler sagen kann, und nicht nur die Leistung des einzelnen, sondern das gemeinsame Spiel steht in der höchsten Kritik und Gunst.

So konnte es nicht ausbleiben, daß trotz ihrer zurückhaltenden Neutralität die Nazis versuchten, sie vor ihren Karren zu spannen, so wie sie es mit anderen taten, bei denen es ihnen gelang. Die UFA, der Propagandabetrieb des Goebbels, verführte sie, die Rolle der Neuberin zu übernehmen in dem Streifen „Kömödianten“. Doch auch die Dorsch konnte die monoton und langweilig erzählte Biographie der Begründerin des deutschen Theaters kein Leben einhauchen. Statt dessen tat sie, was sie konnte, sie spielte Theater. Aber im Film hat das keinen Platz, er kennt andere Gesetze, und so wurde, selbst nach Eingeständnis seines Regisseurs G. W. Papst, dieser Film kein Erfolg. Die Caroline Neuber geriet der Dorsch eher unfilmisch, und daran änderte sich auch nichts, als Goebbels den Streifen in einer Rede vor den Filmschaffenden im Jahre 1942 als vorbildlich hinstellte, als einen Film, der für Deutschland einen Siegeszug der Filmkunst im Weltmaßstab beginnen sollte.

Käthe Dorsch war mit diesen Ausflügen in das Filmgeschäft nicht gedient. Es war nicht ihr Metier, Triumphe konnte sie nur auf der Bühne feiern. Am Ende ihrer Laufbahn war sie ein zweites Mal die Maria Stuart neben Paula Wessely als Elisabeth, spielte die Frau Warren und war in Dürrenmatts „Der Besuch der alten Dame“ großartig als Cläre Zachanassian. In all den Jahren blieb sie, trotz vieler künstlerischer Ausflüge, mit Wien verbunden, doch ihre Ruhestätte wollte sie in Pieskow wissen. Sie liegt neben ihrer Mutter und ihrem ersten Mann an der Pieskower Kirche begraben.

Horst Drinda

(geb. 1927)

Gerade noch in die letzten Zuckungen des Krieges gezogen, hatte der gelernte Flugzeugmotorenbauer aus Köthen mit einem Studium als technischer Offizier begonnen. Nach einer Verwundung bewarb er sich an der Schauspielschule des Deutschen Theaters und erhielt bald ein Engagement nach seinem Debüt „Wir heißen euch hoffen". Über Halle ging sein Weg dann wieder an das Deutsche Theater, und ab 1971 wurde er Mitglied des Schauspielensembles beim DFF. In klassischen Rollen, so als Hamlet, wie in populären, unvergessen sein Kapitän in der Serie „Zur See", wurde er zu einem Publikumsliebling. Man wußte, dieser Schauspieler besitzt solides Können, noch erworben bei Gerda Müller und Horst Caspar. Der Vielbeschäftigte zog sich in den freien Tagen gern an den See und in sein Haus in Wendisch-Rietz zurück, wo er heute seinen Feierabend verbringt.

Mit Verehrung und doch ohne Scheu berichtet er von den problematischen Beziehungen zu seinem Förderer Wolfgang Langhoff, dem unvergessenen Schauspieler, Regisseur und Intendanten des Deutschen Theaters:

Mein Regisseur

Es war in der Zeit, als Wolfgang Langhoff Schillers „Kabale und Liebe" inszenierte. Ich sollte den Wurm spielen. Die Proben machten großen Spaß. Wir hatten uns eine für damalige Zeiten neue Konzeption für diese Rolle ausgeguckt, wollten die Seite des Liebhabers viel stärker und ernsthafter betonen. Die Folge war, daß die Motive und gesellschaftlichen Zwänge und Grenzen der Figur durchsichtiger und verständlicher wurden.

Aber ein Umstand bei unserer Arbeit fing an, mich zu beunruhigen. Langhoff sollte den Präsidenten selber spielen. Die wichtigen Szenen, die ich im Stück mit ihm hatte, wurden immer noch nicht probiert. Der Zeitpunkt der Premiere rückte unerbittlich näher.

Eines Tages, Langhoffs Sekretärin brachte gerade das obligatorische Tablett mit dem Mokka, das den Beginn der kurzen Probenpause anzeigte, faßte ich mir ein Herz. Ich ging zu meinem Regisseur und fragte ihn, wann denn unsere gemeinsamen Bilder probiert würden. Langhoff nickte auf seine typische Art mehrmals stumm mit dem Kopf und sagte dann: „Ja, ja, Horst! Weißt du? Es ist im Moment wieder einmal ein bißchen viel."

Ich wußte. Wir alle wußten, daß wir unseren Chef teilen mußten. Alles galt ihm ernst und wichtig, und die Zeiten waren schwierig. Der Regisseur und Schauspieler Wolfgang Langhoff nahm sich oft einen Teil der Nacht, um zu arbeiten. An so manchem Morgen zeugten die entzündeten Augen, daß er nachts wieder einmal zu lange gelesen hatte. Mal waren es neue Stücke, Schriften der neuen Literatur oder Sekundärliteratur für seine Inszenierungen. Gerade die Proben, die solchen Studien folgten, waren von ihm besonders intensiv und kreativ und gaben mancher Szene erst den richtigen Schub.

Ich verstand das alles gut, fragte nicht weiter und suchte meine Unruhe zu verbergen.

Am Abend desselben Tages hatte ich frei. Ich war zu Hause, als das Telefon klingelte. Langhoff war am Apparat; ob es nicht zuviel verlangt wäre, wenn er mich bäte, mit ihm unsere Szenen durchzugehen. Er hätte noch eine halbe Stunde im Büro zu tun und schlug vor, daß wir uns anschließend dort träfen. Natürlich war ich einverstanden.

Dort angekommen, wartete er schon auf mich. Zögernd gingen wir an den Text. Langhoff konnte ihn noch nicht wörtlich. Wie in einem Gespräch plauderten wir ihn durch. Langhoff fügte zu verschiedenen Abschnitten ungemein bildhafte, sinnfällige Vergleiche ein, erwähnte Beispiele aus der bildenden Kunst, aus der Geschichte, aus der Politik, verlor aber nie den Faden und kam immer präzise auf die Texte zurück.

Mir kam später das Bild eines Baumes, der seine Wurzeln ausstreckt und den Saft aus der ihn umgebenden Erde in seine Blätter und Früchte gibt. So ließ Langhoff den gedanklichen Hintergrund der Szenen entstehen, am Tisch sitzend, auf die abendliche Schumannstraße hinunterblickend, konzentriert und intensiv sprechend.

Dann begannen wir mit der wörtlichen Genauigkeit der Texte. Langhoff beachtete jeden Punkt, jedes Komma, jedes Ausdruckszeichen. Wie herrlich, was er dabei zu entdecken imstande war. Wie er den Reichtum eines Dichters aufgriff, fortsetzte und szenisch entfaltete, wie er dann arbeitete, um die schönste Einfachheit für das Ganze zu finden. Wir gingen an dem Abend auseinander, als die Besucher der Vorstellung auf die Straße drängten.

Ich konnte noch lange nicht schlafen in dieser Nacht. Einzelne Passagen des Gespräches gingen mir noch einmal durch den Kopf.

Es war eine der schönen und unvergessenen Arbeitsproben mit Wolfgang Langhoff, bei der wir eigentlich am Tisch saßen, Kaffee tranken und uns Geschichten erzählten.

Mein Intendant

Ich möchte hier nicht von den großen Impulsen sprechen, die Wolfgang Langhoff dem deutschen Theater im allgemeinen und dem Deutschen Theater im besonderen verliehen hat. Ich möchte vielmehr eine Geschichte erzählen, in der von meiner Schande die Rede ist. Heute, an seinem Geburtstag, möchte ich sie, um ihn zu ehren, der Öffentlichkeit preisgeben. Ich habe in meinem Leben als Schauspieler drei Vorstellungen versäumt, und das gleich innerhalb von vierzehn Tagen. Die Rollen waren klein, und die Vorstellungen fielen nicht aus. Beim ersten Mal wurde ich ins Betriebsbüro zu der damaligen Leiterin Frau Pape bestellt, bekam einen fürchterlichen Rüffel und gelobte Besserung. Aber schon ein paar Tage später stand ich wegen desselben Delikts wieder vor ihr. Sie schickte mich ohne Kommentar in das Büro unseres neuen Intendanten Wolfgang Langhoff.

Ich muß sagen, mir war sehr elend zumute. Langhoff empfing mich, er sah mich lange stumm an, aber anstelle des erwarteten Donnerwetters begann er plötzlich von seiner Anfängerzeit zu erzählen, von gewerkschaftlichen Kämpfen um die Sicherheit in unserem Beruf – und dann gab er mir den Rat, immer einen Spielplan bei mir zu tragen und mich auch täglich im Theater zu versichern, ob dieser Spielplan nicht geändert worden war. Es war ein sehr realistischer Rat, denn 1947 waren die Gesundheit der Schauspieler, die Verkehrsverbindungen und auch die Spielpläne noch anfällig und veränderlich. Ich gelobte Besserung, versprach, seine Ratschläge zu befolgen, und bedankte mich ausdrücklich für seine Güte. In meinem Inneren aber verwandelte sich seit dieser Unterredung meine große Verehrung für Wolfgang Langhoff in eine zarte Liebe.

Zwei Tage danach schreckte ich abends zu Hause auf, ich rannte und fuhr so schnell es ging ins Theater – ich hatte meine dritte Vorstellung versäumt. Im Betriebsbüro würdigte man mich keines Blickes. An diesem Abend lief ich nach Hause. Der Spielplan in meiner Tasche hatte nichts genützt, der Spielplan über meinem Bett hatte nicht geholfen, und um ehrlich zu sein – auch der, der im Klo hing und gar nicht zu übersehen war, hatte seinen Zweck verfehlt.

Die Nacht verging schlaflos, und am nächsten Morgen ganz früh wartete ich im Vorzimmer von Wolfgang Langhoff, ich hatte mich fest entschlossen, dem Theater zu entsagen. Als Langhoff kam, wußte er noch nichts von meinem neuen Malheur. Ich mußte berichten, Langhoff hörte mit wieder still zu, nickte nur hin und wieder mit dem Kopf, danach entnahm er seiner Brieftasche Essenbons, mit denen man im Bühnenklub ein Mittagessen bekam, dazu gab er mir Geld, damit ich das Essen bezahlen konnte.

Ich konnte mich nicht bedanken. Ich brachte überhaupt kein Wort heraus – ich fing ganz schlicht und einfach an zu heulen. Langhoff sagte mir, daß er mir diese Essenbons sowieso zugedacht hätte und daß er mit seinem Arzt über mich gesprochen hätte, und ich müßte mich mal eine Weile richtig satt essen. –

Ich erzähle diese Geschichte nur, weil ich auch heute noch finde, daß die Größe von großen Leuten eigentlich im Kleinen beginnt, sonst ist sie nämlich gar nicht wahr.

Horst Drinda

Slatan Dudow

(1903–1963)

Slatan Dudow war ein schwerer, breitschultriger Mann, er ging auf starken Beinen und großen Füßen. In meinen Augen ist er in der Zeit, in der ich ihn näher kannte, seit der Mitte der fünfziger Jahre, nicht älter geworden. Vielleicht beweisen die Fotografien das Gegenteil. Ich meine auch etwas anderes: Er hat seine Haltung nicht geändert und seinen Einsatz nicht verringert. Er war ein Mann voller Sarkasmus, der keinen Streit vermied. Aber hinter seiner Ironie verbarg sich ein niemals in Frage gestelltes starkes und einfaches Gefühl für die Leute, die darangegangen sind, die Welt zu ändern: die kleinen Leute. Er zeigte, daß die kleinen Leute groß sind, und er verschwieg nicht, wenn er sie kleinlich fand. Immer ging es ihm um die Moral der Geschichte.

Er hat, glaube ich, nicht zur Selbstverständigung gearbeitet. Selbstverständnis und daraus folgend Weltverständnis muß er sich früh erworben haben, spätestens wohl, als er seinen Film „Kuhle Wampe" drehte, in gemeinsamer Arbeit mit Brecht und Eisler, inmitten großer Klassenkämpfe, Hitler schon am Horizont. Als ich ihn kannte, ging er an seine Filme mit der Ambition eines Moralisten. Er suchte vor allem nach dem Komischen, das sich einstellt, wenn man sich über eine Sache erhebt. Er wollte sein Publikum durch Heiterkeit urteilsfähig machen.

Er war von seinem Stoff, was Ausgangspunkt und Ziel betraf, immer überzeugt und war zu Debatten jeder Lautstärke bereit, seine Ansicht durchzusetzen. Bei Einzelheiten war er weniger sicher. Er fragte Freunde und Kollegen nach ihrer Meinung, vor allem jüngere. Aber da er schwer schrieb, änderte er nicht leicht etwas, das er einmal geschrieben hatte. Besessen und zugleich gelassen betrieb er seine Projekte vom ersten Entwurf über die verschiedenen Stufen des Manuskripts bis zur Realisierung des Films mit Schauspielern, Kameramann, Architekt, Kostümbildner, Tonmeister, Maskenbildner, Requisiteur. Denn er kümmerte sich um alles, auch um Dinge, die ihn nach Meinung anderer nicht kümmern mußten. Man erzählt, daß er bei einem angeklebten Bart, der ihm nicht gefiel, die Haare nachzählte und empört befand, daß es zuwenig waren. In einer anderen Szene, in der ein kaltes Büfett stand, zählte er die Brötchen und überprüfte den Aufschnitt. Und behauptete, daß man, um Barthaare und gekochten Schinken zu sparen, die Glaubwürdigkeit seines Films gefährde. Es gibt mehr solcher Geschichten, und nach ein paar Jahren ist schwer zu sagen, ob sie wahr sind. Aber wahr ist, daß Dudow nicht nachgab, nicht im großen, nicht im kleinen und auch dann nicht, wenn es lächerlich wirkt. Und vielleicht ist das mit ein Grund dafür, daß ein Film, den er machte, seine Identität behielt, von dem Augenblick an, wo er zum ersten Mal von ihm sprach, bis zur Premiere.

Er arbeitete langsam, er machte wenig Filme, und die waren nicht billig. Das warf man ihm häufig vor, man nannte ihn den teuersten Regisseur der DEFA. Er grinste und sagte: „Im Gegenteil, ich bin der billigste. Jeder Film, der gemacht wird, und man weiß vorher, daß niemand reingeht, kostet doch Millionen. Die helfe ich sparen, indem ich keinen mache."

Jeder, der ihn kannte, weiß, wie gern er lachte. Ironie hielt er für eine Möglichkeit, Distanz von den Dingen zu gewinnen, nicht um sich von ihnen zu entfernen, sondern um sie besser betrachten und letztlich handhaben zu können. Einmal brachte er einen Artikel mit, in dem von der Verzehnfachung des menschlichen Wissens in kurzer Zeit die Rede war. Er sagte: „Gut. Und wie wird es mit der Dummheit?"

Die Dummheit war das ernsteste Ziel seines Spottes. Er gab sich selten mit einer Sache ab, ohne auch ihre allgemeinen, philosophischen Aspekte zu erörtern. Aber vor allem beschäftigte ihn eine bestimmte, historisch konkrete Dummheit: die kleinbürgerliche. Deutschland, in dem er von 1922 bis 1933 lebte, bot genug Stoff zu diesem Thema. Und als er nach dem Krieg wiederkam, saßen Millionen geistiger Kleinbürger – und wie viele Arbeiter unter ihnen – nicht nur in wirklichen Trümmern, sondern auch in den Ruinen ihrer Denk- und Fühlklischees und fragten sich, noch immer redlich, wie so viel beflissene Redlichkeit sie so ins Elend hatte bringen können. Doch da machte Dudow mit „Unser täglich Brot" keinen bitteren Film, sondern einen behutsamen: die Geschichte des Neuanfangs einer Fabrik. Er zeigte die neuen Eigentümer und ihre ersten Schritte in eine

Wirklichkeit, die Urteil verlangte, nicht mehr Vorurteil.

Dudow hat über sich selbst wenig gesprochen. Vielleicht gehörte auch das zu seinem Stil, die Welt nicht zu erklären, indem er sich selbst erklärte. Wenn man etwas aus seinem Leben wissen wollte, mußte man ihn fragen. Auch über seine Arbeit mit Brecht hat er nicht viel geredet, auch nicht, als es Mode wurde, Begegnungen mit Brecht, und wären sie noch so flüchtig gewesen, als Ausweis eigener Bedeutung vorzuzeigen.

Dudow hat manchmal Brecht zitiert, vor allem zu Problemen der Fabel und des Genres. Er sprach gern darüber, daß die richtige Wahl des Genres für die Darstellung eines Sachverhaltes von größter Bedeutung sei und daß man dazu nicht etwa eine glückliche Hand, sondern historische Analyse brauche. Und dann führte er Beispiele an, etwa daß Leute Komödienstoffe als Tragödien erzählen, weil sie den geschichtlichen Prozeß oder die Dialektik des Tragischen und des Komischen oder beides nicht verstünden. Er fühlte sich Brecht in diesen Gedanken sehr verpflichtet.

Dudow, der in solchen Fragestellungen modern war, war nicht modisch. Das gilt für seine Filme, aber auch für Dinge, die ganz privat sind. Er trug, scheint mir, jahrein, jahraus dieselben Anzüge, im Winter dunkel, im Sommer beige, und falls es andere waren, wurden sie nach dem Modell der Vorgänger gemacht. Es war eine unauffällige, vor allem bequeme Kleidung, Jacken und Hosen, in denen er Platz hatte. Es gibt ein altes Foto aus der Zeit der Arbeit an „Kuhle Wampe" oder an der „Mutter": Brecht Zigarre rauchend. Eisler daneben und Dudow, der mit einem Zeigestock auf eine Tafel weist. Wenn ich es ansehe, denke ich, daß er den Schnitt seiner Hose schon damals gewählt hatte, ein für allemal. Seine Entscheidungen waren haltbar.

Als ich ihn kannte, wohnte er mit seiner Familie ohne Aufwand in der Wolfshagener Straße in Pankow. Im Sommer, wenn er nicht drehte, lebte er in Saarow, wo er sich ein kleines Haus gemietet hatte, eher eine stabile Laube, mit einem Zimmer, einer Küche und einer Terrasse. Er kochte selbst, eine Frau aus der Nachbarschaft kaufte für ihn ein, vor allem Gemüse und Obst. Gemüse und Salat aß er in doppelten Portionen, dazu trank er Apfelsaft. Dicht hinter seinem Zaun begann ein Zeltplatz zu wachsen. Er sah es erschrocken, aber auch gespannt: Die Zeit von „Kuhle Wampe" fiel ihm ein, und er war neugierig auf die Zeltplatzbewohner von jetzt.

Neugierig war er überhaupt. Für eine Geschichte hatte er immer Zeit. Er verschmähte auch keinen Klatsch. Er lachte mit zusammengekniffenen Augen und sagte einen stereotypen Satz: „Das ist ja wunderbar..." Und dann versuchte er meist sofort, die Geschichte zu verbessern. Wir haben stundenlang auf der Straße gestanden und erzählt, immer auf dem Sprung zu gehen, und immer fiel jemand noch etwas ein. Natürlich ist das nichts Besonderes, aber ich erwähne es hier, weil er da immerhin fast sechzig war.

Wir waren damals in der DEFA in einer Produktionsgruppe: Dudow, Klein, Carow, die Küchenmeisters, Wischnewski. Befragt, warum er so selten einen Kollegen im Atelier besuche, sagte Dudow: „Weil ich vorher weiß, daß er alles falsch macht." Dabei war er eigentlich immer bereit, die Logik eines anderen mitzudenken. Er mußte nur die Idee einer Sache für tragfähig halten, und da war er anspruchsvoll. Er verlangte unbedingt jenes Besondere im Allgemeinen, das einen überhaupt aufmerksam werden läßt. Er sah sich selbst und uns alle in der Rolle des Erzählers in alten Zeiten, der auf dem Platz sitzt und seine Geschichte so vortragen muß, daß jemand stehenbleibt und zuhört. Oder er sagte zugespitzt: „Ein Film muß für die Gesellschaft werben und nicht die Gesellschaft für den Film."

Wenn wir mit ihm über unsere Filme redeten, so ärgerten ihn vor allem Denkfehler. Er meinte, daß jede neue Arbeit durchaus eine Summe möglicher Irrtümer enthalte, aber es müßten eben neue sein und keine alten. Er sagte oft: „Bestimmte Dinge kann ich am Tisch ausrechnen, dazu muß ich nicht ins Atelier gehen."

Er konnte es wirklich. Die Entwürfe zu seinen Filmen sind groß, klar und poetisch. Wenn er dann mit den Schauspielern begann, entstand eine weitere Dimension seines Vorhabens, minutiös gearbeitet, frei von Zufall. Dennoch hat er, glaube ich, seine exakt geplanten Szenerien nicht in jedem Fall so belebt, wie er gewollt hat. Mir schien damals, daß er im voraus sogar die Details so genau fixiert hatte, daß ihm dann im Moment des Drehens, wenn sich alles entschied, manchmal die Frische der Erfindung fehlte.

Bestimmte Schwierigkeiten aber bereitete er sich vorsätzlich. Seine letzten Filme handeln von jungen Leuten in unseren Tagen. Der Weg zu diesem Thema war für ihn weiter als für uns, die wir gerade halb so alt waren wie er, ausgerüstet nicht mit Beobachtungen, sondern mit alltäglicher Erfahrung. Manchmal behandelte er Dinge, die uns bekannt waren und kaum mitteilenswert erschienen, wie Entdeckungen. Und manchmal entdeckte er etwas Wertvolles, wo wir schon nicht mehr hinsahen. Nähe kann den Blick so hindern wie Entfernung. Ich erinnere mich an vieles Reden über diesen Punkt: Wo ist die wünschenswerte Mitte zwischen Nähe und Distanz?

Dudow besaß einen blauen Mercedes. Aber er fuhr nicht selbst, er hatte einen Fahrer. Ein Mercedes und ein Chauffeur: Das brachte ihm immer mal wieder von Leuten, die ihn nicht kannten, oder auch von solchen, die sich das Bild eines Mannes gern simpel malen, den Vorwurf unangemessener Lebensführung ein. Er ärgerte sich manchmal darüber und rechnete vor, was es kosten würde, wenn er einen Dienstwagen beanspruchen würde. Eine Zeitlang bezahlte das Studio den Chauffeur, dann tat es Dudow selbst. Und dann beschloß er plötzlich, doch noch fahren zu lernen. Es machte ihm großen Spaß. Ein paar Wochen lang besprach er mit jedem, der dazu geeignet schien, seine Fahrschulerlebnisse, fasziniert wie ein Achtzehnjähriger von der Fertigkeiten, die er erwarb.

In einer Winternacht mit glatten Straßen fuhr er in Berlin gegen einen Sandkasten. Ich kenne den Hergang aus seiner Schilderung. Er fuhr auf eine Kreuzung zu, und bei dem Gedanken, daß aus der anderen Richtung auch jemand kommen könne, bremste er, begann zu rutschen und prallte, nicht sehr heftig, gegen den Kasten. Es kam aber niemand. Dudow beschäftigte die Komik der Sache: Jemand erleidet ein reales Malheur, weil er ein nur gedachtes vermeiden will. Wir lachten, und nichts war uns ferner als die Vorstellung eines brutalen, irreparablen Moments, der einen, der mit uns am Tisch saß, für immer hinwegnehmen würde.

Wenn man sich Dudow nur schwer alt denken konnte, ohne Vitalität, ohne Streitlust, um so weniger war zu glauben, daß er nicht mehr dasein sollte. Der Tod hat sich hinter einen Baum gestellt, um ihn zu erwarten. Am 12. Juli 1963, gegen Morgen, als er von seinem Drehort in der Nähe von Fürstenwalde nach Saarow fahren wollte, ist er am Lenkrad eingeschlafen und verunglückt.

Statt eines Anrufs von ihm kam die Nachricht, die man nicht wahrhaben wollte. Statt eines Termins, der vereinbart war, kam ein anderer, letzter, an einem traurigen Sommertag auf dem Dorotheenstädtischen Friedhof.

Slatan Dudow ist 1903 in Bulgarien geboren worden, als Sohn eines Eisenbahners. Als er von der Oktoberrevolution hörte, war er vierzehn Jahre alt. Er hat den bulgarischen Soldatenaufstand scheitern sehen und den großen Eisenbahnerstreik erlebt, der fünfundfünfzig Tage dauerte. Er kam nach Berlin und studierte nicht nur Theaterwissenschaft und Schauspiel, sondern auch Marxismus und, in den Vierteln der Arbeiter, die Gesetze der Geschichte in ihrer Alltäglichkeit. Auch er wurde verjagt. Er ging nach Paris und in die Schweiz. Und er kam wieder, um der Vernunft zu helfen, gerade hier, gerade in Deutschland. In seinem Film „Kuhle Wampe" gibt es eine Sentenz: „Und wer soll sie ändern, die Welt? Die, denen sie nicht gefällt." Zu denen hat er gehört.

Wenn ein großes Wort verlangt wird, kann man es aussprechen: Er ist der Begründer des sozialistischen deutschen Films. Aber er ist kein Mann für ein Postament. So weit ist er nicht weg. Die ihn kannten, fragen oft, wenn sie vor einem Problem stehen oder einer Schwierigkeit: „Was, meint ihr, würde Slatan machen?"   (1969)

Wolfgang Kohlhaase

Eibenhof, 3. Oktober 1990

Elfriede Brüning (geb. 1910) lernte ich kennen, als ich 1961 nach Berlin zog und sie meine Wohnungsnachbarin im selben Haus war. Gleich bekamen wir Zank miteinander, ich glaube, es ging um das Nutzungsrecht einer alten Waschküche, die ich zur Garage meines Trabi umbaute. Sie sah darin das Privileg eines Ministers. Als ich sie fragte, warum sie es nicht schon längst getan hätte, meinte sie lakonisch, sie hätte gar kein Auto. Diese Lappalie ist ein wenig bezeichnend für ihre Streitbarkeit, oder sagt man besser Streitlust? Etwas davon findet man auch in den nachstehenden Betrachtungen in der Todesstunde der DDR.

Brüning hat mit ihren Erzählungen und Romanen, Kinderbüchern und Reportagen an der geistigen Befindlichkeit der Bürger ihres Staates gearbeitet. Sie kam aus kleinen Verhältnissen, der Vater war Tischler, sie gelernte Büroangestellte und arbeitete danach als Sekretärin in einer Redaktion. Folgerichtig waren ihre ersten Arbeiten für Tageszeitungen bestimmt. Die Verhältnisse in der Weltwirtschaftskrise führten sie 1930 in die KPD und kurz vor dem Beginn der faschistischen Herrschaft in den Bund proletarisch-revolutionärer Schriftsteller. Einige Haftzeit mußte sie im Frauengefängnis Barnimstraße absitzen, schlug sich danach in verschiedenen Büros durch und half ihrem Mann, dem Schriftsteller Joachim Barckhausen.

Selbstverständlich finden wir sie nach 1945 in der Pressearbeit wieder, bis sie sich 1950 selbständig macht. Ihr Bericht aus dem Eibenhof ist sehr aufschlußreich und wirft ein Licht auf die Besucher jener Jahre, als er zum Erholungsheim des Kulturbundes diente. Obwohl in manchen Urteilen über die agierenden Personen manchmal ungerecht, fängt sie doch die Atmosphäre der Gesellschaft ein, die, meistens aus dem Exil heimgekehrt, voll in die ersten Arbeiten des Wiederaufbaus eingespannt, hier ein paar Stunden der Erholung suchte.

„Heute werden wir die DDR zu Grabe tragen. Wir wollen den Tag nicht in Berlin erleben. Wollen allen denen entgehen, die die Vereinigung bejubeln werden. Ich hatte sie erlebt, meine Landsleute, in den ersten Tagen nach der Grenzöffnung, als sie sich der freien weiten Welt taumelnd entgegenwarfen; wie sie gierig, als hätten sie seit Jahren nichts Ähnliches genießen können, den Kaffeetopf an sich rissen, den ihnen ihre westlichen Brüder und Schwestern entgegenstreckten, als rettende Gabe für scheinbar Verdurstende; wie sie das ihnen kostenlos offerierte Revolverblatt vom Straßenrand pflückten und sich sensationslüstern darein versenkten; wie sie sich von dem Büchsenbier vollaufen ließen. Waren das noch dieselben, die vor Jahresfrist so selbstbewußt riefen: ‚Wir sind das Volk'? Auch heute werden sie wieder Raketen loslassen. Freudenraketen. Uns steht nicht der Sinn danach. Uns ist eher nach Trauer. Trauer um den Verlust der Illusion, die wir für lange werden begraben müssen. Zusammen mit der DDR.

Es war nicht einfach, Quartier für uns alle zu finden. Der Kreis unserer Freunde, die wie wir eine Nische suchten, ist von Tag zu Tag größer geworden. Schließlich erinnert sich einer an den Eibenhof. Jemand rief an, und wirklich, dort war noch Platz, wenn auch nicht im Haupthaus, das von einer Rentnergruppe aus Frankfurt/Oder belegt sei. Aber einige Bungalows stünden noch frei. Ja, sie seien beheizbar. Wir ließen drei Bungalows für uns reservieren.

Für mich hat der Eibenhof eine besondere Bedeutung. Alle anderen von uns sind jünger als ich; für sie ist der Eibenhof allenfalls ein besonders begehrter Ferienplatz, der bis zuletzt nur durch Beziehungen zu ergattern war. Aber ich habe dort, wo wir jetzt die DDR begraben werden, vor einigen Jahrzehnten ihre Geburt gefeiert. Auch sonst verbinden sich mir mit dem Eibenhof viele Erinnerungen an die ersten sogenannten Aufbaujahre. Der „Kulturbund zur demokratischen Erneuerung Deutschlands" hatte bald nach seiner Gründung den Scharmützelsee, einstiges Dorado prominenter Künstler und Filmstars, die vor den Russen geflüchtet waren, für sich entdeckt und eines der schönsten Seegrundstücke, auf einer Halbinsel gelegen, für seine Mitglieder ausgewählt. War es ein fairer Kauf? Oder eine Enteignung? Merkwürdig, daß wir damals nie danach fragten. Wir wußten nur und hielten es für gerecht, daß Kriegsverbrecher und Nazigrößen enteignet wurden. Aber dieses Objekt war bisher ein Sanatorium gewesen, eines für die gehobene Klasse. Die Rasenflächen waren gepflegt, die Bäume und Sträucher beschnitten. Der Gründer des Sanatoriums, Chefarzt Dr. Grabley, lebte nicht mehr. Kaum denkbar, daß er am Kriege verdient oder Menschen geschunden hat wie die SS. Woran ist er gestorben? War er schon alt? Oder hat er vielleicht, wie so viele damals, freiwillig seinem Leben ein Ende gesetzt? Wir wußten es nicht und wollten es wohl nicht wissen, wie wir auch jeden Kontakt mit seiner Witwe vermieden, einer siebzigjährigen alten Dame, der man zuweilen auf dem Flur begegnen konnte oder auf einem der Gartenwege, wo sie ihre drei weißen Hündchen spazieren führte. Sie bewohnte noch ein Zimmerchen im Parterre, das ihr vertraglich gesichert war. Warum suchten wir nicht ihre nähere Bekanntschaft? Warum ging auch sie uns nach Möglichkeit aus dem Weg? Spürte sie, daß uns Welten trennten? Für uns war sie damals ‚die Kapitalistin‘, und wir waren für sie wohl ‚der Plebs‘. So verheerend können Ideologien wirken.

Die Bungalows, die wir heute beziehen werden, gab es damals noch nicht. Seinerzeit befand sich auf dem Gelände, gegenüber vom Haupthaus, der Obst- und Gemüsegarten, der die Gäste mit lebenswichtigen Vitaminen versorgte. Die Zimmer im ehemaligen Kurhaus waren eher bescheiden, an eingebaute Sanitärzellen war noch nicht zu denken, für die Körperpflege gab es ein Waschbecken, Duschen und Toiletten befanden sich zu beiden Enden des Flurs. Die Verpflegung war mäßig, doch gemessen an den Nachkriegsrationen geradezu fürstlich; Grund genug für die einfachen Kulturbund-Mitglieder, bei denen sich das rasch herumsprach, sich um die Plätze zu reißen. Doch die Vorsitzenden der verschiedenen Ortsgruppen hatten Vortritt, und sie mußten wiederum an hohen Festtagen, zum weihnachtlichen Gänsebraten oder zum Silvesterkarpfen, zurücktreten zugunsten der leitenden Funktionäre oder von Künstlern und Literaten, die der besonderen Fürsorge des Kulturbundes teilhaftig waren, und die sich oft, gewitzt, schon im Januar als Gast für das Jahresende hatten vormerken lassen. Durch einen glücklichen Zufall war auch ich in diesen Kreis geraten. Ich war damals frisch geschieden und seit kurzem mit einem verheirateten Mann liiert, der alle seine Freizeit mit mir verbrachte, als sei ich die rechtmäßige Ehefrau. Zusammen mit ihm und meiner fünfjährigen Tochter bezog ich also Quartier, Silvester 1947 und viele Silvester danach, in zwei getrennten Zimmern natürlich, wie es der sozialistischen Moral entsprach; anders wäre es unter den Augen von Alexander Abusch und Heinz Willmann, die beide in Begleitung der Ehefrauen waren, gar nicht möglich gewesen. Sowieso betrachteten sie uns mit Argwohn. Mich, weil ich die zwölf Hitlerjahre im Reich verbracht hatte und dennoch hatte überleben können, und meinen Freund, weil er aus englischer Emigration nicht sofort in unseren Teil Berlins zurückgekehrt war, sondern sich von den Amerikanern hatte anheuern lassen; sie hatten den früheren Ullstein-Redakteur an ihre Zeitung geholt. Daß Bruno später zu uns übergesiedelt war, wobei er den Russen sogar wichtige Unterlagen hatte übergeben können, bewahrte ihn nicht davor, daß er denen, die auf dem Kultursektor das Sagen hatten, suspekt erschien, so daß sie ihn durch seinen Fahrer bespitzeln ließen.

Auch wurde er nie seinen Fähigkeiten entsprechend eingesetzt, sondern mußte sich mit dem Posten des Stellvertreters begnügen, der keinerlei Macht besaß, da man ihm als Chefredakteur von ‚Deutschlands Stimme‘, der Zeitung der ‚Nationalen Front‘, den Altkommunisten Albert Norden vor die Nase setzte. Und als einige Jahre später die Hetze gegen die West-Emigranten einsetzte, denen man vorwarf, mit dem angeblichen amerikanischen Spion Field konspiriert zu haben, setzte man ihn Knall auf Fall vor die Tür, ohne sich darum zu kümmern, wie er, mit dem Makel der fristlosen Entlassung behaftet, weiterhin sein Leben würde fristen können. Er hatte nicht nur für seine Frau zu sorgen, eine gebürtige Ungarin, die in ihren Ansprüchen alles andere als bescheiden war, sondern auch für einen schon bejahrten, aber völlig hilflosen, debilen Sohn, dessen Existenz ihn übrigens auch davon abhielt, sich scheiden zu lassen, was er zu Anfang unserer Bekanntschaft ernstlich erwogen hatte.

Auch Abuschs, die zur Silvesterrunde gehörten, hatten ein debiles Kind, ein Mädchen, das ein oder zwei Jahre älter war als meine Tochter. Hilde Abusch, die oft, wenn sie sich unbeobachtet glaubte, scheinbar gedankenlos vor sich hin starrte, war im

Umgang mit ihrem Kind äußerst unduldsam. Freilich trug sie auch die Last: Sie mußte das große dicke Geschöpf noch mehrmals täglich windeln und manchmal auch füttern, wenn es anders nicht zum Essen zu bewegen war. Oft ließ sie sich dazu hinreißen, das Kind zu schlagen, wenn ihre Geduld erschöpft war, und der Vater war es dann, der Marielou wieder beruhigte, indem er sie in seine Arme nahm.

Vater und Tochter liebten einander zärtlich. Ich habe es oft erlebt, daß Alexander Abusch seine Tochter auf den Knien wiegte, daß er ihr flüsternd Geschichten erzählte, während sie nur dümmlich mit seinen Knöpfen spielte. Was mochte in ihm vorgehen in solchen Augenblicken? Hat er es als unverdiente Strafe empfunden, mit einem Kind wie diesem geschlagen zu sein, dem er nie ein vernunftgemäßes Wort würde entringen können? Abusch war ein Mann von hohem Intellekt, ein Adlatus Bechers, dem er wie ein gut dressiertes Hündchen überallhin folgte, obwohl er sich gut auf die eigene Spürnase hätte verlassen können. Sein Buch ,Der Irrweg einer Nation' gehörte zur Pflichtlektüre der oberen Schulklassen und sicherte ihm auf Jahre hinaus hohe Honorare, außerdem war er neben Becher und Klaus Gysi im Kulturbund tätig; später übertrug man ihm Funktionen im Staatsapparat. Seine Karriere ging steil bergauf, einige Jahre war er sogar, nach Bechers Tod, Kulturminister.

Johannes R. Becher kam nur selten in den Eibenhof. Er hatte in der Nähe sein Sommerhaus und vor allem sein Boot. Er war ein leidenschaftlicher Segler und Schwimmer. Bei uns tauchte er nur ganz kurz auf wie ein Komet und gleich wieder unter, nachdem er einen der Gäste als Mitsegler gewonnen hatte. Bei Wind und Wetter mußte der mit. Meist fiel die Wahl auf Peter Kast, den ehemaligen Matrosen, dessen seemännische Gaben er offenbar höher schätzte als seine Bücher. Auch Peter war aus der Emigration gekommen. Seine Frau Helga hatte er nach seiner Rückkehr nach Deutschland kennengelernt. Sie war die Witwe eines einflußreichen Nazis, der noch in den letzten Kriegstagen gefallen war. An dieser Vergangenheit litt sie schwer, und um ihren Fehltritt zu kompensieren, verfaßte sie neuerdings, unter dem Einfluß von Peter, gesinnungsfromme Gedichte, mit denen sie jeden traktierte, den sie zu fassen bekam. Unmöglich, ihr beizubringen, daß ihre Reimereien nichts taugten. Aber in den Frauenversammlungen, wo sie die Gedichte vortrug, hätte sie doch solch großen Erfolg, meinte sie naiv. Unermüdlich kämpfte sie um ihre Anerkennung, bewarb sich um die Mitgliedschaft im Schriftstellerverband, die ihr jedoch lange verwehrt wurde, hauptsächlich auf Betreiben Berta Waterstradts, die der Aufnahmekommission angehörte und die einen Rochus auf Helga hatte, sicher wegen ihrer nazistischen Vergangenheit.

Auch Berta gehörte zu den Eibenhofern. Und aus englischer Emigration kamen die beiden Jans, Jan Koplowitz und Jan Petersen, der vor seiner Emigration Hans Schwalm geheißen und die Berliner Gruppe vom ‚Bund proletarisch-revolutionärer Schriftsteller‘ geleitet hatte. Berta und ich kannten Hans, der er für uns blieb, schon aus jener Zeit. Damals war er ein literarischer Anfänger. Inzwischen hatte er mit seinem Buch ‚Unsere Straße‘, das er, illegal lebend, in Nazi-Deutschland geschrieben und im Ausland hatte veröffentlichen können, internationale Erfolge errungen. Er sei sogar Mitglied im PEN-Klub, erzählte er stolz. Koplo war mit Kuba (Kurt Barthel) befreundet, dem neuen Stern am Dichterhimmel. So viele Namen schwirrten uns um die Ohren: Eduard Claudius, Bodo Uhse, Michael Tschesno-Hell – sie alle hatten in westlichen Ländern in England, Frankreich, der Schweiz oder, wie Anna Seghers, in Mexiko gelebt und dort ihre Bücher veröffentlichen können, die wir nicht kannten. Und aus der Sowjetunion kamen, außer Becher und Willmann, Willi Bredel, Hedda Zinner mit ihrem Mann Fritz Erpenbeck, und die Wangenheims. Sie alle warfen ihre Bücher jetzt auf den Markt, wo die Bewohner der Ostzone, in Ermangelung anderer Waren, gierig danach griffen. Eine besondere Bibliothek antifaschistischer Literatur wurde gegründet, die die Bücher der Emigranten in großer Auflage herausgab. Unter denen, die die zwölf Hitlerjahre in Deutschland gelebt hatten, wurde Bernhard Kellermann besonders hervorgehoben. Kellermann wurde in der Sowjetunion wegen seines Romans „Der Tunnel" hoch geschätzt, was für unsere Literaturpäpste, Becher und Abusch, Grund genug war, ihn ebenfalls in den höchsten Tönen zu loben. Auch Hans Fallada war ein Hätschelkind Bechers. Becher bewunderte Falladas Erzählkunst und hätte ihm nur zu gern nachgeeifert. Er hat immer den großen Gesellschaftsroman schreiben wollen.

Genug davon, das alles ist Schnee aus vergangenen Jahren. Wer kümmert sich heute noch darum, ob es einem Schriftsteller schlecht geht? Es geht uns allen schlecht… Unsere Bücher, darunter viele bisherige ,Bückware‘, sind über Nacht aus den Regalen verschwunden. Mein PKW Lada ist plötzlich nur noch einen Pappenstiel wert. Dennoch bin ich froh, ihn behalten zu haben; so bin ich nicht auf die Bahn angewiesen, um nach Bad Saarow zu kommen. Unsere Stimmung ist gedrückt, und das nicht nur wegen des hanebüchenen Zustandes der Autobahn, die uns zwingt, hinter Storkow auf die Straße auszuweichen, die zwar enger ist, aber wenigstens eine glatte Fahrbahn aufweist. Wolfgang steuert das Auto. Seine Frau Erika und sie siebzigjährige Else, meine früheren Grundstücksnachbarn, sitzen im Fond. Alle drei wollen ebenso wie ich ihrer gewohnten Umgebung entgehen. Wolfgang erzählt mir gerade, daß sein Gartennachbar, mit dem er sich vorher im besten Einvernehmen wähnte, heute früh quer über den Dachfirst seines Hauses ein Tuch gespannt hat, auf dem, weithin sichtbar, die Worte stehen: SED und Stasi raus! – Kein Zweifel für ihn, daß die Worte auf ihn gemünzt seien. Wolfgang, der seit einem Jahr Rentner ist, hat in seinem Berufsleben als Finanzexperte viele Auslandsreisen gemacht und muß jetzt für seine angeblichen Privilegien büßen. Und Else, die zusammen mit ihrem Mann nach 1945 unter großen Entbehrungen ihr kleines Haus gebaut hat, leider nur auf Pachtland, bangt um ihren Besitz, da der Eigentümer bereits seine Rechte angemahnt hat. –

Zu Silvester war es unter uns zur Gewohnheit geworden, den dreiviertelstündigen Fußmarsch nach Saarow zu unternehmen und uns dort in einer Gaststätte durch einige Glas Grog in die nötige Silvesterstimmung zu versetzen. Dann mußten wir schon eilig den Heimweg antreten, um zur Übertragung der Neunten im Eibenhof zurechtzukommen. Fernsehen gab es noch nicht. Erst nach dem Konzert wurde der Karpfen serviert, und danach versuchten wir uns durch allerlei alberne Spielchen, wie bei Kindergeburtstagen, die vier oder fünf Stunden bis Mitternacht wachzuhalten, um mit Sekt auf das neue Jahr anzustoßen, in dem wir uns dem humanistischen, demokratischen, sozialistischen Staat, den wir aufbauen wollten, wiederum ein gutes Stück zu nähern hofften. Einmal veranstalteten wir auch ein Bleigießen. Initiatorin dazu war Anna-Maria Jokl, eine Österreicherin, die ich schon aus der Zeit vor 1933 kannte; sie gehörte zu den jungen Autoren vom ,Bund', wohnte damals noch bei ihren Eltern in der Tiergartenstraße, und ich hatte sie oft auf unserem gemeinsamen Heimweg bis vor die Tür begleitet. Ich glaube, diesmal hatte sie Jan Petersen (Hans Schwalm) mitgeschleppt. In wallende Schleier gehüllt, die ihr tiefschwarzes Haar und das ebenmäßige, hellhäutige Gesicht halb verbargen, glich sie wirklich einer Pythia, die aus den bizarren Gebilden, die wir ans Licht zogen, unsere nahe Zukunft enträtselte. Doch es war das erste und letzte Mal, daß uns Anna-Maria mit ihrer Gegenwart beglücken konnte. Kurz darauf wurde sie aus der DDR ausgewiesen. Wir kannten die Gründe nicht, und es ist bezeichnend für die stalinistisch gefärbten fünfziger Jahre, daß wir gar nicht nach den Gründen ihrer Ausweisung fragten oder zu fragen wagten.

Zurück in die Gegenwart. Meine Angehörigen und ihre Freunde haben uns für den Abend in ihren Bungalow eingeladen; sie wollen die DDR mit Wein abfeiern. Da bis dahin noch viel Zeit ist, raffen wir uns zu einem Spaziergang auf. Ich zeige meinen Begleitern den Weg, den wir früher so oft gegangen sind, dicht am See entlang, vorbei an den Wochenendhäusern, neuerdings Datschen genannt, die den Blicken Vorübergehender allerdings meist durch dicht bewachsene Hecken entzogen sind. Hier am See ein Stückchen Land oder sogar ein Haus erwerben zu können, galt immer als besonderer Glücksfall, und heute wie damals bewundere ich das Geschick vieler meiner Kollegen, mit dem sie es verstanden, sich eine dieser begehrten Immobilien zu sichern. Übrigens stehen die meisten dieser Häuser auf Pachtland, auf ,volkseigenem Boden', der ihnen von der Gemeinde für 99 Jahre überlassen wurde, also, wie man damals glaubte, für die Ewigkeit. Ich bin, während wir weitergehen, immer stiller geworden, fühle mich seltsam bedrückt. Bin ich enttäuscht, weil ich nirgends mehr ein bekanntes Gesicht entdecke? Dann aber geht mir auf, daß von denen, die damals begannen, sich hier ein Refugium zu schaffen, kaum noch jemand unter uns ist. In ihren

Häusern haben sich längst die Enkel niedergelassen, junge Leute in Jeans und mit ruppigem Schopf, die man hier und da in den Gärten herumhuschen sieht. Soll ich die Toten bedauern oder sie eher beneiden, weil sie den heutigen Tag nicht mehr erleben können? Was ist aus unseren Hoffnungen von damals geworden? Waren wir doch bloß Phantasten? Realitätsferne Idealisten? Oder gar Karrieristen, die ihre Chance gekommen sahen? Von einem Leiter des Kulturbundes wird erzählt, daß er einen Kollegen, der noch zögerte, ein ihm zugedachtes Privileg anzunehmen, mit den Worten ermunterte: ‚Aber, was willst du? Greif zu! Jetzt sind wir an der Reihe, um abzusahnen!‘ Ein anderer, der zwei Funktionen bekleidete, die als Verlagsleiter und als Chefredakteur einer Zeitschrift, nahm bedenkenlos zwei ‚Pajoks‘ in Empfang, die Sonderzuteilung, die die Russen an bestimmte Kulturschaffende vergaben. Auch wir anderen ließen uns korrumpieren. Wir wollten Gerechtigkeit für alle, aber wir nahmen es hin, daß Ladenbesitzern selbst die kleinste Karte IV gestrichen wurde, während wir uns durch zusätzliche Rationen belohnen ließen. Jeder werde nach seinen Leistungen eingestuft, erklärten uns die sowjetischen Kulturoffiziere, und damit gaben wir uns zufrieden, beschwichtigten Bedenken, die in uns hochkommen wollten. Damals, so scheint es mir heute, begann schon das Unrecht, für das wir jetzt mit dem Untergang unserer Illusionen bezahlen müssen.

Als wir abends die Jungen besuchen, ist dort die Party schon in vollem Gange. Um den Tisch herum sind alle Plätze vergeben, und Wolfgang muß ein paar Hocker aus dem Haupthaus holen. Auf dem Tisch stehen Kerzen. Der Fernseher schweigt; über den Bildschirm hat jemand herausfordernd die DDR-Fahne geworfen. Auch das Fensterbrett ist mit Emblemen aus der DDR-Vergangenheit übersät. Jonas, mein Urenkel, kriecht zwischen Stuhl- und Menschenbeinen herum, während das Kubaner-Baby selig in seinem Wagen schläft. Eine der Frauen füllt Wein nach, und jemand fängt an zu singen: ‚Venceremos‘ und ‚Bella schau, schau, schau‘. Die anderen fallen ein, dennoch will eine rechte Stimmung nicht aufkommen. Dorothee, die mit einem Araber verheiratet ist, und Mia, die Frau des Kubaners, bemühen sich, nicht von ihren Zukunftssorgen zu reden und erzählen statt dessen Witze. Doch die Beifallssalven, die sonst jeder Pointe folgten, geraten diesmal dünn. Keinem ist zum Lachen zumute, auch Mario nicht, dem Brasilianer, der in der DDR Zuflucht gesucht und gefunden hat. Plötzlich wagt er nicht mehr, bei uns auf die Straße zu gehen, und er weiß nicht, wie lange und ob er noch bleiben darf.

Wir Älteren ziehen uns zurück, obwohl noch lange nicht Mitternacht ist. Bevor wir in unseren Bungalow gehen, treten wir noch einmal hinaus auf den Bootssteg, blicken auf den See, auf dessen leicht bewegter Oberfläche ein paar Sterne tanzen. Aber es ist kühl, wir frösteln, und wir gehen hinein, um uns schlafen zu legen. Als wir am nächsten Morgen erwachen, sind wir Bundesbürger."

Elfriede Brüning

John Erpenbeck
(geb. 1942)

Der junge John Erpenbeck erhielt eine Ausbildung als Physiker und Biophysiker, arbeitete an der Akademie der Wissenschaften und heute an der Max-Planck-Gesellschaft. Der mit zahlreichen wissenschaftlichen Arbeiten in der Fachwelt anerkannte Naturwissenschaftler und Wissenschaftstheoretiker hat aber immer, seit seiner Jugend, als Erzähler, Lyriker und Essayist gearbeitet. So nimmt es nicht wunder, daß seine schöngeistige Literatur sich oft mit der Verbindung von Wissenschaft, Leben und Kunst beschäftigt. Er ist schlecht in eine Schublade zu stecken, das beweist auch sein jüngster Roman „Aufschwung", der das Leben eines Wissenschaftlers, in der Wende abgewickelt, von allen Schwierigkeiten im Umgang mit dem anderen Geschlecht gepeinigt, behandelt. Aus dieser im Eulenspiegel Verlag Berlin erschienenen Arbeit sollen ein paar Seiten seine Verbindung zu Bad Saarow, wo er mit seinen Eltern, den Schriftstellern Fritz Erpenbeck und Hedda Zinner, so manchen Ferientag verlebte, zeigen. In einem Gespräch mit einer jungen Dame berichtet der Protagonist seines Buches, Professor Rothenburg, von seiner neuerlichen Entdeckung der Chiromantie, des Handlesens. Dabei berichtet er über eine merkwürdige Beziehung zu Catharina Kohlhoff, der Namensgeberin der hiesigen Thermalquelle. Den Kennern des Ortes sei zugestanden, daß sie einige Details anders kennen, aber das haben literarische Arbeiten oft an sich.

„Erzähl'", bettelte sie und nahm, wie nebenbei, seine Hände in die ihren. „Ich wüßte zu gern, wie ein Professor für Historischen Materialismus, wie das bekannte Akademiemitglied Professor Rothenburg zum Handlinienlesen kam."

„Wo fang ich an? Ich bin in Radlow, einem kleinen Dorf im Märkischen aufgewachsen. Vater war im Krieg geblieben, Mutter arbeitete als Hilfsköchin. Du kannst dir vorstellen, wie unser Leben aussah. Mit sechzehn wurde ich Holzfäller – Facharbeiter für Holz- und Waldwirtschaft lautete der vornehme Ausdruck dafür. Ich liebte die Natur, den Scharmützelsee, die Wälder ringsum. Ich arbeitete gern im Freien draußen. Außerdem gab es die Schwerstarbeiterzulage und Lebensmittelkarten der höchsten Kategorie. So konnte ich meine Mutter und die beiden jüngeren Brüder unterstützen. Der Knochenarbeit war ich gewachsen, ja, sie machte mir Spaß. Noch heute verausgabe ich mich gern bis zur Grenze, beim Tennis, beim Skifahren."

Er genoß Gerdas bewundernden Blick auf seinen durchtrainierten Körper, auf seine Bizeps, die sich unter dem knapp sitzenden Sporthemd abzeichneten. Dann korrigierte er, seufzend: „Bis neunundachtzig natürlich; heute nicht mehr. Da muß ich mit dem Rudergerät im Keller vorliebnehmen. Es war einmal; tempi passati… Was mir mehr zu schaffen machte, waren der Stumpfsinn der Arbeit, die Stupidität der meisten Kollegen, die Geistlosigkeit unserer Gespräche. Damals verstand ich wirklich etwas von der Arbeiterklasse."

„Uns hast du in deinen Vorlesungen andauernd die führende Rolle der Arbeiterklasse gepredigt?"

„Ideal und Wirklichkeit… Hat uns die Arbeiterklasse nicht in die Vereinigung geführt?"

„Zyniker."

„Zynismus ist die Kehrseite des Glaubens."

Wie gut sich Edgar an die kleine, dunkelhaarige, knabenhaft wirkende Studentin erinnerte, die bei seinen Gastvorlesungen in der Hochschule für Ökonomie stets in der ersten Reihe saß, ihn mit ihren großen, braunen Augen anhimmelte und hinterher stets blieb, um belanglose Fragen zu stellen. Schon damals fühlten sie sich heftig voneinander angezogen. Ab und zu gingen sie nach den Vorlesungen ins Café, um noch einige gemeinsame Augenblicke zu haben. Um miteinander sprechen, sich unter verschiedensten Vorwänden berühren und innige Abschiedsküsse geben zu können, die sie beide noch heute, nach zehn Jahren, nicht vergessen hatten.

Es war genau in diesem Café nahe der einstigen Akademie gewesen, in dem sie sich nun wiedergetroffen hatten und schon seit zwei Stunden einen Espresso nach dem anderen bestellten.

Damals hatte Edgar gerade zum zweiten Mal geheiratet, nachdem sich Amy endlich von ihrem reichen Kürschnersgatten getrennt hatte und zu ihm, dem reichen Roten, übergelaufen war.

Außerdem war sie mit Michael, dem Sohn, schwanger. Da blieb für Liebeleien kaum Raum. Ruth, seine erste Frau, hatte von absoluter Treue und Ehrlichkeit geträumt und sofort nach seinem ersten Seitensprung die Scheidung eingereicht. Eine abenteuerreiche, liebesarme Zeitspanne von fast zehn Jahren folgte. Amy hatte er auf der Saunaparty eines befreundeten Ehepaares kennengelernt. Sie hatte ihm vor allem durch ihre Lüsternheit imponiert. Daß sie auch eine treusorgende Hausfrau und Mutter sein konnte, ließ ihn lange glauben, er führe eine ebenso tolerante wie ideale Ehe. Zu spät begriff er, wie engstirnig sie war. Zu spät gewahrte er, wie schnell sie sich von einer freizügigen Frau zum eifersüchtigen Frauchen gewandelt hatte. Daß sie gern und viel trank, wußte er, daß sie eine Trinkerin war, hatte er sich erst in den letzten drei, vier Jahren eingestanden.

Gerda fühlte sich damals viel zu jung, ein ernstes Verhältnis einzugehen, ernsthaft um einen solchen Mann zu kämpfen. Ihr genügte, daß seine Aufmerksamkeit ihr Selbstwertgefühl und das Ansehen bei den Freundinnen steigerte. Doch hatte sie danach nie mehr eine so reine, tiefe Zuneigung empfunden. Auch nicht zu Lars, den sie beinahe geheiratet hätte. Den sie vor drei Wochen erst endgültig verlassen hatte.

Nun saßen sie hier, wärmten alte Erinnerungen und Gefühle auf, hatten viel zu erzählen und viel Zeit: arbeitslose Akademiker, vom Schicksal gleichgehobelt.

„Wie wurdest du vom Holzfäller zum Handlinienleser? Damals hast du mir nie davon erzählt."

„Wie hätte ich das tun können, ohne mein Renommee zu gefährden?"

„Ach, du lieber Augustin, nun kannst du reden – alles ist hin."

„Vielleicht wäre auch ich in Stumpfsinn und Stupidität versackt, hätte es nicht die Partei – und die Moorhexe gegeben. Hört sich merkwürdig an, wie? Genossen meines Forstbetriebes entdeckten, daß ich mehr als Sägespäne im Kopf hatte. Sie zwangen mich, das Abitur nachzumachen. Sie delegierten mich zum Studium. Zuerst wollte ich Geschichte studieren. Sie überzeugten mich, daß ich nur als Philosoph, als historischer Materialist begreifen könnte, was die wirklichen Triebkräfte der Geschichte sind. Eine neue, nein: die Welt tat sich für mich auf. Was wurde und war, verdanke ich der Partei."

„Und einer Moorhexe?"

„Ja, einer alten, eigentümlichen Frau. Sie wohnte in einem niedrigen Haus am See, das ringsum völlig mit Brombeersträuchern zugewachsen war. Ein Hexenhaus, wirklich! Die Leute erzählten, sie sei nicht ganz richtig im Kopf. Früher hätte sie verrückte Bilder gemalt, auf denen man nichts erkannte, und sei nachts – nackt! – auf einem Schimmel um den See geritten. Ihr ganzes Haus wäre mit jahrhundertealten Möbeln und verrückten, aber angeblich wertvollen Bildern von Malerfreunden vollgestopft. Nun, gebrechlich, halbblind und schwerhörig, hätte sie sich aufs Handlinienlesen verlegt: ‚Was die voraussieht und voraussagt, trifft fast hundertprozentig ein!' Kaum jemand kannte ihren Namen, jeder kannte sie als Moorhexe. Die meisten Radlower hatten sich schon die Zukunft weissagen lassen.

Auch meine Mutter wollte es wissen. Nicht für sich – für uns, ihre Jungens. Verrückterweise ist eingetroffen, was die Alte vorhersagte. Bei meinen Brüdern, bei mir. Einem prophezeite sie frühen Tod, er starb in den fünfziger Jahren. Dem anderen Glück in der Ferne, er lebt heute als Fliesenleger in Australien. Mir sagte sie Aufstieg, Fall und Wiedergeburt voraus, einen Aufstieg in höchste Ämter und Ehren, einen Fall in tiefste Tiefen. So war's, von der Wiedergeburt mal abgesehen…

Vielleicht fand die Frau Gefallen an mir, vielleicht brauchte sie auch nur eine ehrliche, billige Hilfskraft für Handreichungen, fürs Einkaufen und Holzhacken. Jedenfalls fragte sie, ob ich nicht ein-, zweimal in der Woche zu ihr kommen könnte. So radelte ich dienstags und freitags nach der Arbeit hinüber. Ihre Möbel waren tatsächlich teils aus dem Rokoko, teils aus dem Biedermeier; sie wußte wunderbar von den alten Zeiten zu erzählen. Sie zeigte mir ihre Bücher, ihre Bilder, darunter welche von Pechstein, Kohlhoff und Nolde. Das mußt du dir einmal vorstellen: kostenlose Kunstgeschichtslektionen! – Bald merkte ich, daß sie besser hörte und sah, als sie vorgab. Ich beobachtete, wie sie heimlich Zwanzig- und Fünfzigmarkscheine zugesteckt bekam; natürlich waren im Land unserer ‚wissenschaftlichen Weltanschauung' Handlinienlesen, Kartenlegen, Astrologie und dergleichen, zumal privat honoriert, streng verboten. Bald bekam ich mit, daß sie sich über allzu gläubige Kunden lustig machte. Sie sprach mit mir ziemlich offen, und einmal gestand sie spitzbübisch, sie wisse selbst nicht, ob das Handlinienlesen mehr als Aberglaube sei. Das müßte ich schon selbst herausfinden. Sie lieh mir das Buch, aus dem sie alle ihre Weisheiten bezog. Was ich mache, das mache ich gründlich: Ich las es, schrieb es seitenweise ab und merkte mir das meiste."

„Obwohl du nicht daran geglaubt hast?"

„Ach weißt du, nicht daran geglaubt… das wäre gelogen. Man sieht sich einen Menschen genau an. Seine Kleidung, seinen Gang, seine Gesten, sein Minenspiel. Man hört ihm aufmerksam zu, fragt ihn vorsichtig aus, läßt sich unmerklich Vermutungen bestätigen. So wie ich es eben bei dir gemacht habe. Schaut man dann in die Hände, kann man viel darin lesen."

Gerda zog ihre Hände zurück, rückte von ihm ab, er war sich nicht sicher, ob der Ärger nur Spiel war: „Du Kömödiant! Du sagst mir meinen Tod voraus, dann erklärst du: alles nur Humbug… Es gibt also gar keine wissenschaftliche Grundlage für die ganze Handlinienleserei?"

„Wohl kaum – abgesehen davon, daß sich Handlinien, im Gegensatz zu den Fingerlinien, unter starken Gefühlseindrücken formen und verändern. Es gibt keine wirkliche Grundlage, aber einen wichtigen Grund, weshalb sich das Handlinienlesen bis heute gehalten hat."

„Der wäre?" Neugier verdrängte den aufgekommenen Ärger.

„Möchten wir nicht alle ein Stückchen Zukunft schauen? Früher einmal orientierten sich die Menschen an überlieferten Werten und Traditionen. Heute zählt nur noch die Zukunft. Aber wer sagt sie voraus? Der Historische Materialismus ist tot – es leben die okkulten Wissenschaften! Nie waren sie so wertvoll, so notwendig wie heute."

„Wieder einer deiner Zynismen?"

„Nein, das meine ich völlig ernst. Ich habe lange darüber nachgedacht, sogar darüber geschrieben."

„Du hast das Handlinienlesen also, wenn nicht als Wissenschaft, doch aus wissenschaftlichen Gründen betrieben?"

„Ach, Unsinn. Ich war jung, und es machte mir Spaß, damit

Eindruck zu schinden. Außerdem, sieh mal, hat es damit seine besondere Bewandtnis."

Er nahm wieder ihre Hand, und sie überließ sie ihm zögernd. „Du sitzt in einem Kreis von vier, fünf jungen Leuten, das Mädchen deiner Träume dir genau gegenüber." Er versuchte, den eindringlichsten seiner oft trainierten Hypnoseblicke zu aktivieren und ihr tief in die Augen zu schauen. „Wie fängst du es an, ihre Aufmerksamkeit auf dich zu ziehen und mit ihr in Kontakt zu kommen? Sag, du kannst Handlinien lesen, und schon überläßt sie dir willig ihre Hand. Beginne ganz sachlich deine Deutung, und nach ein paar Minuten hört auch der Letzte, der am lautesten ‚Quatsch!' und ‚Köhlerglaube!' gerufen hat, auf zu witzeln und wird vollkommen ernst. Streichle ihre Handfläche mit den Fingerspitzen, ganz behutsam, ganz sanft, ganz sinnlich…"

Weich, nachgiebig lag ihre Hand in seiner. Sie genoß seine endlich ungetarnten Liebkosungen, schmiegte sich an ihn, umarmte ihn, wollte ihn küssen wie damals.

„Nicht doch. Nicht doch hier. Wenn mich jemand kennt…"

„Mensch, Edgar, begreif doch endlich: Du bist nur noch du selbst. Nicht Akademiemitglied, nicht Nationalpreisträger, nicht Institutsdirektor, nicht Professor. Nicht einmal mehr Ehemann. Es kann dir scheißegal sein, ob dich jemand kennt."

„Stimmt. Ich bin niemand. Ein Niemand… Trotzdem ist es mir nicht egal, wenn uns Leute beobachten… Immerhin, ich könnte dein Vater sein."

„Und ob! Stört's dich?"

„Nein… aber dich?"

„Nee. Ich find's geil."

Er zuckte zusammen. Dieses Tabuwort, das die heutige Jugend so leicht dahinsprach … Gerdas Unbekümmertheit um Urteile und Vorurteile, die ihn schon damals geängstigt und angezogen hatte…

Er hatte manche Erfahrungen mit Frauen, solchen, die in tausenderlei Tabus gefangen waren, und solchen, die sich über alle Tabus hinwegsetzten. Gerda schien einfach keine zu kennen.

Damals war sie wenig über zwanzig gewesen, wirkte wie siebzehn, kindlich, unberührt. Jedesmal, wenn er sie zum Abschied umarmt hatte, überkam ihn einen Augenblick lang das Gefühl, etwas Verbotenes zu tun. Dann war er – stets neu – überwältigt von der Begierde, mit der sie den Kuß orgiastisch in die Länge zog, sein Gesicht, seinen Hals aufreizend streichelte und ihren Schoß gegen den seinen preßte. Dabei war es ihr völlig gleichgültig, ob sie allein und im Dunkeln oder bei vollem Tageslicht von Passanten beobachtet werden konnten. Seine Angst, erkannt zu werden, schien ihre Lust anzufachen. Am Semesterende war er erleichtert, daß der harmlos-aufreizende Flirt ein Ende hatte. Dennoch erinnerte er sich an die wenigen erotischen Minuten öfter und intensiver als an die Saunapartys, die Ende der siebziger Jahre in seinem Bekanntenkreis Mode wurden und die er zuletzt mit Amy gemeinsam besucht hatte.

Erinnerungen neutralisierten jetzt sein Mißbehagen. Auch waren die vorletzten Gäste schon fort. Die Serviererin hatte sich taktvoll zurückgezogen. Nach einem – ja, doch: erleichterten – Rundblick erwiderte er Gerdas Küsse, ihre frechen Liebkosungen. Fand mit ihr und durch sie, vielleicht erstmals nach seinem jähen Fall, wieder zu sich selbst und genoß es. Selbst als sich die Serviererin mit einem Schlüsselbund klappernd ankündigte, kassierte und mitteilte, das Café würde nun geschlossen, war er nur mäßig verlegen.

Draußen war es noch hell, ein schöner Sommerabend. Zum letzten Mal küßten sie sich, leidenschaftlich wie damals.

„Wann sehen wir uns wieder, und wo?" Ihre Frage klang fordernd.

„Wann du willst. Wo du magst. Ich bin an keine Zeit, keinen Ort, durch keine Aufgabe mehr gebunden."

„Das kann sich schnell ändern", sagte sie.

Dann schrieb sie ihm ihre Adresse auf.

John Erpenbeck

Theodor Fontane

(1819–1898)

Der bedeutende Dichter und Romancier hat den ersten Bericht von Saarow und Pieskow geschrieben. Seine Landfahrt in den Kreis Beeskow-Storkow begann er in Fürstenwalde. Als sein Wagen, gelenkt vom Kutscher Moll, in Fürstenwalde aufbrach, nahm er seinen Weg über Rauen. Seine Enttäuschung über die Markgrafensteine wurde von der schönen Aussicht wieder wettgemacht, die Fontane wie folgt beschreibt:

„Der Wagenplatz, auf dem ich saß, war höher als das Steinmobiliar und gönnte mir einen freieren Umblick. Alles in der Welt aber hat sein Gesetz, und wer auf der ‚Schönen Aussicht‘ ist, hat nun mal die Pflicht, sich auf den Steintisch zu stellen, und von ihm aus und nur von ihm aus die Landschaft zu mustern. Und so tat ich denn wie mir geboten und genoß auch von diesem niedrigen Standpunkt aus, eines immer noch entzückenden Rundblicks, ein weitgespanntes Panorama. Die Dürftigkeiten verschwanden, alles Hübsche drängte sich zusammen, und nach Westen hin traten die Türme Berlins aus einem Nebelschleier hervor.“

In der Nähe sah er Rauen, Markgrafpieske, Pfaffendorf, Sauen und eine Kolonistensiedlung namens Schweinebraten. Und vor ihm lag der Scharmützelsee, den man damals freilich noch Schermützel nannte. Da es aber zwei Seen gleichen Namens gab, behielt der See in der Märkischen Schweiz bei Buckow das E im Namen, und der bei Bad Saarow bekam ein A. Fontane hoffte auf reichliche historische Funde in Gräbern, vielleicht ein paar eingemauerte Nonnen oder auch Türkenglocken, Denkmäler und Inschriften, und so fuhr er frohen Mutes über Reichenwalde dem Scharmützelsee zu:

„Nur von dem höchsten Punkt der ‚Schönen Aussicht‘ aus hatten wir den See vor Augen gehabt, als wir nun aber, am Hügelabhange hin, ihm direkt zufuhren, verschwand er wieder und überließ mich auf eine halbe Stunde nicht nur dem mahlenden Sande, sondern auch allerhand philosophischen Betrachtungen, in denen Moll so stark war. Er sprach unter anderem eingehend über das Glücksrad und den Wechsel aller Dinge, wovon auch der Schermützel, übrigens zu seinem und der Anwohner Vorteil ein Lied zu singen wisse. Jetzt bringe er zum Beispiel 2000 Taler Pacht und werd' es bald noch höher bringen. Um die Zeit aber, als die Franzosen im Lande gewesen seien, sei der ganze See, der damals dem Fiskus gehörte, um die Summe von 2000 Taler an einen Meistbietenden verkauft worden. Und noch dazu wie? Der Meistbietende sei nämlich ein Herr von Löschebrand auf Saarow gewesen (nicht der alte Rittmeister, der jetzt auf dem Reichenwalder Kirchhof liege, sondern sein Vater oder Großvater), ein pfiffiger alter Junker, der sich denn auch einen richtigen Junkerspaß gemacht und die ganzen 2000 Taler in lauter ihm selbst aufgezwungene Bons und Lieferungsscheine ausgezahlt habe. (Die Bons und Lieferungsscheine sind eine Art Anleihe in den Befreiungskriegen gewesen, die aber später nicht eingelöst wurden.) Natürlich seien die Scheine von dem Beamten untersucht und nachgezählt worden, und als sich bei der Gelegenheit ergeben hat, daß es nur 1998 Taler seien, habe der alte Saarowsche mit einem Gesicht, als ob es ihm nicht darauf ankomme, noch zwei blanke Taler dazugelegt und dabei herzlich gelacht. Und so sei denn der ganze See damals für zwei Taler oder den tausendsten Teil von dem, was er jetzt Pacht bringe, verkauft worden.

Unter solchem Geplauder waren wir, immer noch am Hügelabhange, bis an ein halb pavillon-, halb tempelartiges und zugleich völlig einsames Gebäude gekommen, das zwischen Kiefern und Laubholz hindurch auf den hier plötzlich wieder sichtbar werdenden See sah. Ich erfuhr, daß ein Herr von Bonseri dies Mausoleum (denn ein solches war es) errichtet habe, war aber unaufmerksam auf alles Weitere, weil die Schönheit des Schermützel und seiner Dörfer mich ausschließlich zu fesseln begann. Das nach rechts hin gelegene mußte Saarow sein. Ich erkannte deutlich das hohe rote Hausherrendach, das über die Wirtschaftsgebäude wegragte, während ihm gegenüber, allen Pappelgestrüpps ungeachtet, der kleine Pieskower Kirchturm immer deutlicher hervortrat.

Beide Dörfer lockten mich, das eine wie das andere, da das Fuhrwerk aber geschont werden mußte, so beriet ich mit Moll und proponierte, daß er mit den Pferden unmittelbar auf das an unserer eigentlichen Reiselinie gelegene Pieskow fahren solle, während ich meinerseits erst nach Saarow marschieren und von dort aus mit einem kleinen ‚Seelenverkäufer‘ über den See hinüberkommen wolle. Das fand dann auch seine Zustimmung, wie jede den Weg kürzende Proposition, und während er sofort auf einem Schlängelweg bergab und auf die linke Schermützelseite zufuhr, hielt ich mich rechts, um auf einem am See hinlaufenden Wiesenpfade bis an den Fahrdamm und demnächst auf die große Saarower Dorfstraße zu kommen.

Es war ein wundervoller Weg; über dem blauen Wasser wölbte sich der blauere Himmel und zwischen den spärlichen Binsen, die das Ufer hier einfaßten, hing ein ebenso spärlicher Schaum, der in dem scharfen Ostwinde beständig hin und her zitterte. Holz und Borkenstücke lagen über den Weg hin zerstreut, andere dagegen tanzten noch auf dem flimmernden See, der im übrigen, all diesem Flimmern und Schimmern zum Trotz, einen tiefen Ernst und nur Einsamkeit und Stille zeigte. Nirgends ein Fischerboot, das Netze zog oder Reusen steckte, ja kaum ein Vogel, der über die Fläche hinflog. Oft hielt ich an, um zu horchen, aber die Stille blieb und ich hörte nichts als den Windzug in den Binsen und das leise Klatschen der Wellen.

Und endlich auch die Schläge, die vom Pieskower Turm her zu mir herüberklangen. Ich zählte zwölf, es war also Mittag, und ehe der letzte noch ausgesummt hatte, war ich auch schon bis an die Stelle heran, wo mein Fußweg in die vorerwähnte Saarower Dorfgasse mündete.

Dicht am Eingang saß ein Mütterchen auf einem Strauch- und Reisigbündel, das sie auf der Heide geholt, und grüßte mich. Alte Weiber sollen kein Glück bringen, aber wenn sie freundlich sind und einen Guten Tag bieten, so hat es mit der ganzen Jägerweisheit nicht viel auf sich."

Von der alten Frau erfährt Fontane in aller Kürze das Wichtigste aus dem Ort, daß hier keine Kirche existiert, man muß nach Reichenwalde, auch die Kinder gehen dort in die Schule, und man wird dort auch begraben. „Viel ist hier nicht in Saarow", meint sie, dafür aber wohl drüben, in Pieskow, und Fontane läßt sich von zwei Kindern, die nicht schwimmen können, wie er mitten auf dem See erfährt, nach Pieskow rudern. Rund um den grasbewachsenen Dorfplatz stehen die wenigen Häuser, die Kirche und ein preußisches Schulhaus, „in seiner eigentümlichen Mischung von Backsteinsauberkeit und Stiljammer." Auch in der Kirche kam er nicht zu den erwarteten Funden.

Als er Moll wiedertraf, stellte dieser fest, daß es keinen Pferdestall am Krug gab, so daß er nicht ausspannen konnte. Hier hatten die Leute nur eine Ziege oder höchstens eine Kuh, einen Pferdestall brauchten sie nicht. Und die Bedienung im Krug war der Besuch gleichgültig. Und so bewahrheitete sich das weise Wort von Kutscher Moll: „In Saarow ist nichts, das kenn ich, und hier in Pieskow ist gar nichts."

Gustav Fröhlich

(1902–1987)

Den gutaussehenden, bis dahin aber weithin unbekannten jungen Mann, der da 1927 plötzlich im Rampenlicht der Öffentlichkeit erschien, würde man heute einen Shooting-Star nennen. Sein erster Film, in dem er eine Hauptrolle spielte, wird allgemein als Krönung und zugleich Ende des großen deutschen Films nach dem Ersten Weltkrieg bezeichnet. Es war der legendäre Monumental-Film „Metropolis" von Fritz Lang. Der Aufwand für seine Produktion drückt sich in schwindelerregenden Zahlen aus: 620 000 Filmmeter wurden in 360 reinen Drehtagen produziert, neben vielen bekannten Schauspielern wurden 36 000 Statisten beschäftigt. Das ganze Filmwerk kostete 5 Millionen Reichsmark. Die UFA stand vor einem finanziellen Fiasko, weil dieser Film trotz seiner herausragenden künstlerischen Qualität kein Publikums- und damit kein Kassenerfolg wurde.

Der Filmneuling, dessen Name nun in Riesenlettern neben Heinrich George und Brigitte Helm auf Filmplakaten und in Zeitungen erschien, hieß Gustav Fröhlich. Und sein Debüt wurde zum Start in eine unaufhaltsame erfolgreiche Karriere als Schauspieler.

In Hannover, als Sohn eines Ingenieurs geboren, schrieb er als Gymnasiast in Wiesbaden Abenteuergeschichten und übte sich dann als Volontär eines Lokalblatts in Celle in der Kunst des Artikelschreibens. Das freundliche Echo seiner ersten Leser bestärkte ihn offenbar in seinem sehnlichsten Wunsch, Schriftsteller zu werden. Aber die vagen Aussichten, damit seinen Lebensunterhalt zu bestreiten und die Besinnung auf sein schauspielerisches Talent entschieden über seinen weiteren Lebensweg, als Erklärer im Stummfilm-Kino, als Schauspieler eines Wandertheaters und ab 1921 auf kleinen Berliner Bühnen.

Der Vorteil, von dem großen Regisseur Fritz Lang entdeckt worden zu sein und neben Heinrich George und Brigitte Helm in einem aufsehenerregenden Film erfolgreich zu debütieren, öffnete ihm den Weg zu einer glänzenden Karriere als Filmschauspieler. Film auf Film folgte, insgesamt wurden es 130 in seiner

Laufbahn, und Gustav Fröhlich wurde zum Schwarm vornehmlich der weiblichen Kinobesucher, sein Aussehen, seine einfache moderne Spielweise, sein männlicher Charme und seine komödiantische Begabung bildeten den Stoff, aus dem Filmstars geformt werden. Gustav Fröhlich bestätigte dies in fast jeder seiner Filmrollen, besonders hervorhebenswert in „Barcarole" (1935) unter der Regie von Gerhard Lamprecht.

Der Name dieses Gustav Fröhlich war dann in aller Munde, als das Gerücht sich verbreitete, er habe den für den Film im Dritten Reich verantwortlichen Propagandaminister Dr. Joseph Goebbels geohrfeigt, weil dieser seine Frau Lida Baarova belästigt haben soll. (Was wirklich geschehen war, was Dichtung und Wahrheit an diesem Vorfall war, versuchte Curt Riess später zu ergründen/siehe nachstehend „Der Fall Baarova").

Aber wie es ein Gerücht so an sich hat: Die Übertreibung wächst im direkten Verhältnis zum Grad seiner Verbreitung. Und die war landauf landab – mit vorgehaltener Hand – grenzenlos, verband sich mit dem Wunsch, daß es doch zu schön wäre, um wahr zu sein, daß einer dem Goebbels eins aufs Lügenmaul verpaßt hätte.

Die ganze Affäre machte natürlich keine Schlagzeilen in der Presse, sie sollte unter allen Umständen nicht publik werden. Die Nazis bemühten sich, Gustav Fröhlich durch seine Einberufung zur Wehrmacht für 18 Monate von der Filmszene fernzuhalten. Aber sonst hatte seine Kollision mit Goebbels keine weiteren ernsten Folgen. Im Gegenteil, eine Rolle folgte der anderen, nicht nur als Liebhaber und Herzensbrecher. Als Veit Harlan 1942 den Film „Der große König" drehte, der angesichts der sich abzeichnenden Niederlage der 6. Armee der deutschen Wehrmacht in Stalingrad die von Goebbels suggerierte Durchhalteparole vom „Totalen Krieg" stützen sollte, war Gustav Fröhlich mit von der Partie.

Nach Kriegsende feierte er große Erfolge als Schauspieler an renommierten Bühnen in Berlin, Düsseldorf, München und Zürich. Und auch der Film, später das Fernsehen, gaben Gustav Fröhlich neue Chancen in einer Reihe erfolgreicher Produktionen.

1951 geriet der als Publikumsliebling verwöhnte Gustav Fröhlich gemeinsam mit seiner Partnerin Hildegard Knef in eine Situation, die nicht nur für ihn völlig unverständlich war. Er wurde in den größten Skandalfall des deutschen Nachkriegsfilms verwickelt. Es ging um den Film „Die Sünderin" von Willi Forst. Vor allem war es die Kirche, die heftig gegen den Film protestierte und strenge Boykottmaßnahmen gegen ihn beschloß. Diskussionen und Demonstrationen, Maßregelungen durch Polizei-, Gerichts- und Kulturbehörden richteten sich gegen einen Film, dessen humanistische und sozialkritische Botschaft offenbar von seinen Gegnern nicht verstanden werden wollte.

Wie bei seinem ersten Auftritt im Film geriet Gustav Fröhlich durch diese letzte bemerkenswerte Filmrolle seiner Schauspielerlaufbahn noch einmal in die Schlagzeilen, wenngleich auch mit umgekehrten Vorzeichen.

Günter Witt

Der Fall Baarova

Leni Riefenstahl wird zwar für die Geliebte Hitlers gehalten, aber es steht zumindest fest, daß sie nicht die Geliebte von Goebbels ist. Dessen Appetit ist allerdings erstaunlich, und wenn er sich in den Kopf gesetzt hat, mit einer hübschen Frau in nähere Beziehung zu treten, so ist es schwer, ihn davon abzuhalten. Wenn das Opfer nicht will, riskiert es, auf eine schwarze Liste zu kommen. Diese schwarze Liste existiert offiziell nicht, das heißt, es gibt kein Schriftstück, auf dem die Namen derer verzeichnet sind, die nicht mehr beschäftigt werden sollen. Die Produzenten erfahren nur unter der Hand, daß diese oder jene Schauspielerin nicht mehr erwünscht sei. Manche Produzenten oder Regisseure kümmern sich nicht darum, kämpfen und setzen ihren Willen manchmal noch durch. Die meisten zucken die Achseln und spüren nicht die geringste Neigung, sich mit Goebbels anzulegen. Er ist schließlich der Mächtigere. Er hat den längeren Arm. Man ist nicht Filmproduzent geworden, um seinen Heldenmut zu beweisen, sondern um Geschäfte zu machen und – bestenfalls – ein paar gute Filme.

Die Situation ändert sich, als eine junge, tschechische Schauspielerin namens Lida Baarova auf der Bildfläche erscheint. Vielleicht ist schon das Wort Schauspielerin fehl am Platze. Sicher ist nur, daß Lida Baarova ungewöhnlich schön ist...

Eigentlich heißt sie Babkova, ist in Prag geboren und aufgewachsen, hat am Nationaltheater gespielt und in einigen tschechischen Filmen mitgewirkt.

Knapp zwanzigjährig ist sie nach Berlin gekommen, um bei der UFA in dem Film „Barcarole" die weibliche Hauptrolle zu spielen. Regisseur ist Gerhard Lamprecht; die Partner sind Willy Birgel und Gustav Fröhlich.

Gustav Fröhlich hat anderthalb Jahre vorher Deutschland verlassen, zusammen mit seiner Frau, der Opern- und Operettensängerin Gitta Alpar, die bald darauf einer kleinen Tochter das Leben schenkte. Die Alpar bekam zahllose Angebote aus Paris und London. Auch Gustav Fröhlich hätte im Ausland bleiben können. Aber schon bald trennte er sich von seiner Frau und ließ sich von ihr, die in den Augen der Großen des Dritten Reiches eine Belastung für ihn darstellte, scheiden. Er kehrte nach Deutschland zurück, wo er mit offenen Armen empfangen wurde, denn er war nicht nur ein beliebter Filmschauspieler, er hatte außerdem ja durch seine Scheidung bewiesen, daß er nicht gegen den Stachel zu löcken gedachte – wie etwa Henny Porten, Hans Albers und andere.

Um kein Mißverständnis aufkommen zu lassen: Die Scheidung Fröhlichs hatte Gründe persönlicher Natur, und selbst wenn man sich auf den Standpunkt stellen mag, daß das Jahr 1934 nicht gerade das geeignete Jahr für einen „arischen" Schauspieler war, sich von seiner „nicht-arischen" Frau scheiden zu lassen, so hatte diese Scheidung doch wohl kaum etwas mit den Wünschen des Propagandaministers zu tun. Vielleicht wäre es Goebbels späterhin sogar lieber gewesen, wenn Fröhlich sich nicht hätte scheiden lassen...

Wie dem auch sei: Fröhlich lernt Lida Baarova kennen, er verliebt sich in sie, sie verliebt sich in ihn, die beiden ziehen zusammen. Fröhlich kauft sich ein Haus auf der Insel Schwanenwerder im Wannsee, ganz in der Nähe des Hauses, das die Familie Goebbels bewohnt. Magda Goebbels ruft eines Tages an und bittet den Nachbarn Fröhlich zum Tee. Sie ist natürlich informiert, daß Fröhlich nicht allein lebt und sagt ihm, er solle seine

Freundin ruhig mitbringen. Am nächsten Sonntag erscheinen Fröhlich und die Baarova bei Goebbels. Der verliebt sich sofort in sie.

Das bleibt lange ein Geheimnis. Die Baarova lebt weiterhin mit Fröhlich zusammen, besucht auch zuweilen das Haus des Ministers, steht mit der Ministergattin Magda Goebbels auf bestem Fuße.

Durch einen lächerlichen Zufall kommt alles heraus. Spät abends kehrt Fröhlich vom Filmatelier nach Hause zurück. Er sieht das Auto der Baarova vor seinem Hause stehen. Er hält an, steigt aus seinem Wagen heraus und sieht die Baarova und den Minister Goebbels beieinander in einer unmißverständlichen Situation.

Später wird es heißen, Fröhlich habe Goebbels geohrfeigt. Fröhlich selbst wird es bestreiten. Goebbels ohrfeigen wäre Selbstmord. Immerhin äußerte Fröhlich so etwas wie: „Jetzt wissen wir wenigstens, woran wir sind, Herr Minister!"

Das ist im Jahre 1937 schon sehr viel.

Die Baarova eilt Fröhlich nach. Es gibt eine Riesenszene. Sie erklärt, sie liebe – trotz allem – nur ihn. Sie erklärt weiterhin, sie habe mit Goebbels nie etwas gehabt, eine nicht recht glaubhafte Behauptung für Fröhlich, der sich ja eben vom Gegenteil überzeugt hat.

Fröhlich trennt sich von der Baarova.

Wer von den Beteiligten etwas hat durchsickern lassen, wird später nie festzustellen sein. Jedenfalls: mit Windeseile verbreitet sich in Berlin das Gerücht, Gustav Fröhlich habe seine Freundin mit dem Propagandaminister in flagranti ertappt. Bald spricht man in der Filmindustrie von nichts anderem mehr. Die Sache wird ungeheuer aufgebauscht. Aus der angeblichen Ohrfeige wird eine Rauferei zwischen Goebbels und Fröhlich. Und da Goebbels wohl der unpopulärste Mann der Filmindustrie ist, wird Fröhlich eine Art Volksheld.

Curt Riess

Wilhelm Furtwängler

(1886–1954)

Von diesem genialen Musiker liegen uns Heutigen als Begegnungsmöglichkeit nur seine Schallplatten vor. Große Kollegen haben ihn gerühmt, politische Gegner versucht, ihn wegen der Nähe zum Nazideutschland auszuschalten. Er war einer der wenigen Künstler von Weltgeltung, die bewußt entschieden, in Deutschland und damit ihrem Publikum verbunden zu bleiben. Seine eigentliche Berufung sah er selbst im Komponieren, berühmt wurde er jedoch durch die unvergleichliche Leitung seines Orchesters, der Berliner Philharmoniker von 1922 bis zu seinem Tode und zeitweise der Wiener Philharmoniker wie auch des Leipziger Gewandhausorchesters. Er war auf allen wichtigen Konzertpodien der Welt zu Hause. Eine Aufstellung der 111 besten Schallplattenaufnahmen dieses zu Ende gehenden Jahrhunderts nennt zwei seiner Editionen.

Über seine Aufenthalte in seinem geliebten Urlaubsort Bad Saarow liegen uns die Berichte einiger Besucher vor.

Die Musikschriftstellerin Karla Höcker:

„Im Mai 1942 besuchte ich Furtwängler zu einer Besprechung in Saarow-Pieskow. Ich sollte für eine Monatszeitschrift einen Aufsatz über Wilhelm Furtwängler und die Berliner Philharmoniker schreiben. Er besaß, unmittelbar am Scharmützelsee, ein kleines ländliches Sommerhäuschen, in das er sich gern zum Komponieren zurückzog, wenn es die Zeit erlaubte.

Ich kam mit der Kleinbahn gegen fünf Uhr nachmittags an und wurde von Lenchen, seiner langjährigen Haushälterin, empfangen. Sie stammte aus dem Spreewald und besaß etwas Bodenständiges, eine ruhige Sicherheit, der man sofort vertraute. Es war noch Zeit, im See zu baden. Aus den Fenstern der oberen Etage ertönte von Zeit zu Zeit Klavierspiel, oft nur wenige Takte, manchmal mehrfach variiert: Furtwängler arbeitete an seiner 2. Sinfonie. Später aßen wir auf der kleinen, vorgebauten Veranda des Häuschens zu Abend, während Wasservögel am Seeufer schnarrten und irgendwo in der Ferne unaufhörlich ein Kukkuck rief.

Ich hatte nach seiner neuen Sinfonie gefragt, weil ich wußte, daß er Sätze daraus schon mit dem Orchester geprobt hatte. Die Mittelsätze wären in Ordnung, meinte er, aber der erste –! Da habe er noch nicht die Instrumentation, die das Stück verlange, nun arbeite er daran, ändere – nein, es sei gar nicht nur die Instrumentation. Ich habe, was er weiter sagte, unmittelbar danach aufgeschrieben, weil es mir besonders charakteristisch erschien; wie sehr es das war, konnte ich damals freilich noch nicht beurteilen.

‚Meine Ansicht ist die, daß jedes wirkliche Kunstwerk aus dem ganzen Menschen kommen, daß er selbst etwas Ganzes sein muß. Das erstrebe ich in meinen Kompositionen. Aber für eine solche Ganzheit haben die Menschen heute wenig Sinn. Sie achten nur auf die Plakatwirkung, auf das Knallige, den einzelnen, kaleidoskopartigen Effekt. Ich versuche einfach, groß, monumental zu schreiben, aber ich stehe damit im Gegensatz zu den meisten Komponisten der Gegenwart. Ich will, daß mein Werk, wenn es einmal fertig ist, wirklich etwas Vollendetes, Bleibendes darstellt.‘

Später, während wir langsam im Garten auf und ab gingen, Furtwängler spielerisch bemüht, immer genau auf die Steinplatten zu treten, die den Rasen durchzogen, sagte er: ‚Produktiv bin ich immer da, wo ich neue Bahnen gehe, wo ich etwas Neues erfahre, entdecke, darstelle oder gestalte.‘ Dieses Wort, das Neue, kehrte an jenem Abend in seinen Äußerungen beständig wieder. ‚Wenn ich produktiv bin, bin ich im Gleichgewicht, dann geht es mir gut, dann bin ich glücklich. Das Dirigieren ist für mich schon nicht mehr so produktiv, weil ich es zu gut beherrsche, weil es mir kaum noch Probleme stellt. Auch aus diesem Grunde ist das Komponieren für mich eine innere Notwendigkeit.‘

Ich sah ihn aufmerksam von der Seite an, während er neben mir herging; dabei bemerkte ich die vielfältig gemischten Elemente in seinem Gesicht, das beständig Wechselnde des Ausdrucks. Manchmal war beim Sprechen etwas eigentümlich Abgewandtes darin, so als lausche er einer inneren Stimme; es konnte verschlossen, ein Mönchsgesicht, sein, dann wieder Züge von einem tragischen Clown haben oder bäuerlich-listig, fast schüchtern erscheinen. Das letzte war der Fall, als er von seiner anfänglichen Scheu sprach, vor ein Orchester zu treten.

‚Ich hatte als junger Kapellmeister direkt Angst vor den Proben, vor den Musikern; so schwer fiel es mir, mich zu erklären und durchzusetzen.‘

Auf meine leise Anmerkung, daß irgend etwas davon zuweilen noch spürbar sei, rief er lebhaft: ‚Aber ich bin doch nicht schüchtern! Ich lege Wert auf das Machthaben –‘ Hier lächelte er und verbesserte sich: ‚Ich meine, es ist auch wichtig.‘

Natürlich hoffte ich im Stillen bei jeder Begegnung, er würde mir einmal aus dem neuen Werk vorspielen. Es kam aber zunächst nicht dazu.“

Aus ganz anderem Anlaß kam Nora Hoppe geb. Schütte mit Wilhelm Furtwängler in Verbindung. Sie berichtet darüber:

„Im Mai 1940 kam ein Anruf aus Saarow-Pieskow nach Marienhöhe mit der Frage und Bitte um etwas frisches Gemüse für Herrn Dr. Furtwängler. Ich traute meinen Ohren nicht. Furtwängler hier in Saarow? Begeistert hatte ich schon in Hamburg und Berlin seine Konzerte gehört, obwohl ich nicht extra musikalisch war.

Nun ging ich hocherfreut in die Gärtnerei, um Spargel zu stechen, Spinat und Salat zu schneiden. Natürlich die besten Köpfe, und die ersten roten Kirschen zu pflücken, die so verlockend aussahen, aber leider noch nicht toll schmeckten, und alles hübsch mit Kräutern in Körbe gepackt. Nun wußte ich nicht einmal die genaue Adresse, doch der Zufall wollte es, daß ein Schornsteinfeger mit seinen beiden Gesellen hier auf dem Hof zu tun hatte und anschließend nach Pieskow wollte.

Eine kleine Allee führte dann zum Hause Furtwängler. Begleitet, besser umrahmt von zwei schwarzen Gesellen, die mir die Körbe abnahmen, wurde ich von Helene Matschens, dem guten Geist des Hauses, empfangen: ‚Das muß der Doktor sehen!‘. Sie rief ihn, aber er hatte uns wohl schon von oben betrachtet, denn er erschien auch gleich und freute sich wohl über das Bild.

Ich war sehr überrascht von seiner Erscheinung und seiner natürlichen Freude über das frische Gemüse. Er zeigte mir das hübsche Anwesen am See. Bei all seiner Natürlichkeit empfand ich ihn zart, mimosenhaft und ernst und dabei sehr liebenswürdig. Daß Herr Furtwängler sich für mich Zeit nahm, erfreute mich, aber es war mir auch etwas peinlich, seine kostbare Zeit in Anspruch zu nehmen. Gern wollte er sich auch mal Obst und Gemüse abholen, um hier alles kennenzulernen. Er tat es auch des öfteren, unterhielt sich mit Herrn Dr. Bartsch und besuchte unseren Garten, sah zu, wie wir Erdbeeren für ihn pflückten und neckte uns beide Mädchen auch wohl dabei.

Im Oktober ist Herr Furtwängler dann wieder ganz nach Potsdam-Wildpark gezogen, denn es begann die Konzertsaison in Berlin. Eines Abends kam ein Anruf, für mich sei an der Kasse eine Konzertkarte zurückgelegt. Und in der Pause solle ich mich in der Künstlergarderobe melden. Ist es verständlich, daß ich völlig verwirrt war?

Die Freude überwog, ich bat, etwas früher als sonst, um den Feierabend, suchte mein bestes, da einziges Kleid heraus, schwang mich aufs Fahrrad und sauste zum Saarower Bahnhof. Während der Fahrt stellte ich mir vor, wie ich den Weg in die Garderobe suchen würde. Ich hatte nichts mitgenommen, außer ein paar Pfennigen für die Reise. Gegessen hatte ich vor Aufregung auch nur ein paar Bissen. Besonders gut fühlte ich mich nicht, als ich zehn Minuten vor Beginn an der Kasse der Philharmonie nach meiner Karte fragte. Sie lag bereit, und mit einer Stecknadel angeheftet ein Zettel: ,In der Pause bitte in der Dirigentengarderobe melden.' Gleich ging ich auf meinen Platz in der Saalmitte. Als die Musiker ihre Plätze einnahmen, ging es mir durch den Kopf: Und du hast nicht einmal ein paar Früchte mitgenommen. Doch wo läßt man so einen Korb in einem Konzerthaus? Dann aber erschien er, und ich versank in den Wonnen der Musik.

Das Licht ging an, ich drängte mich aus dem Saal. Wo ist das Künstlerzimmer? Schaffe ich den Besuch auch in der kurzen Zeit? Vor der Tür wimmelte es von Menschen, aber ich drängelte mich vor und stand plötzlich vor ihm. Er schob die anderen, die ihm die Hand schütteln wollten und ihre Lobsprüche abgaben, beiseite und nahm mir alle Scheu mit der Frage: ,Was macht der Scharmützelsee?' Natürlich verstand ich sofort, daß er sich von den schwärmenden Menschen separieren wollte, und ich erzählte munter drauflos, vom See, das Schilf wäre schon etwas gelb geworden, es seien nur noch wenige Segler auf dem Wasser und dergleichen mehr.

Die Einladungen wurden zur Regel. Während meiner praktischen Arbeit im Garten dachte ich oft daran, ob wieder eine Einladung kam, und so war es drei Wintersaisons lang. Drei Jahre mit sehr beschwingten Erlebnissen, für die ich heute noch sehr dankbar bin. Dann kam der Abschied von dieser schönen Gewohnheit. Zu meiner Weiterbildung wollte ich noch die Imkerei bei einem berühmten Bienenzüchter in Ostpreußen erlernen. Manchmal konnte ich ihm einen Gruß in Gestalt eines Glases mit gutem Honig senden.

Daß ich Herrn Wilhelm Furtwängler so nah erleben durfte, gehört zu den schönsten Erinnerungen in meinem Leben. Könnte ich es nur beschreiben, in welche Welt man durch die Konzerte und seine Persönlichkeit gehoben wurde! Unter meinen Kostbarkeiten bewahre ich einen handschriftlichen Brief auf:

7. X. 1944, Potsdam, Viktoriastraße 36

Liebes Frl. Schütte,

haben Sie den allerbesten Dank für den herrlichen Honig. Er ist ganz gelb, Helene meint, man müsse ihn so essen, ich dachte, man müsse ihn erst durch Wärme flüssig und durchsichtig machen. Was ist richtig?

Außerdem habe ich mich auch sehr gefreut, von Ihnen zu hören. Ich mußte immer an Sie denken, wie die Russen immer näher und näher kommen. Wie beneide ich Sie für Ihre Pferde, Ihre Bienen, all Ihr schönes, freies Land. Und daß der Tod Ihres Bruders, mit dem zusammen Sie soviel Pläne für die Zukunft hatten, für Sie sehr traurig ist – –

Meine Konzerte finden weiterhin statt. Wollen Sie nicht einmal kommen? Das erste ist am 22./23. Oktober. Schreiben Sie doch jedenfalls wieder einmal, ich freue mich immer darüber.

Viele, viele herzliche Grüße!

Immer Ihr

Wilhelm Furtwängler"

Fritz Geißler

(1921–1984)

Gelegentlich trafen wir uns auf Kongressen und Fachtagungen des Komponisten-Verbandes. Eine Rundfunksendung und einige Beiträge zum Musikleben in der DDR nahmen wir auf. Einmal besuchte ich ihn in seiner damaligen Leipziger Wohnung. Wir tranken zwei, drei Cognacs. Viel Privates erfuhr ich dabei nicht. Geredet haben wir über seine Arbeit. Die nahm er verflucht ernst, wenn auch sehr viel Heiteres darunter war. Das „Deutsche Rundfunkarchiv Berlin" stellte mir jetzt für diese Zeilen liebenswürdigerweise viele Artikel aus Tageszeitungen und Fachblättern zur Verfügung. Über den Komponisten Geißler konnte ich manches lesen, nichts erfuhr ich über den Menschen in seinem Privaten. Was dieser Mann über Musik zu sagen hatte, war ernst zu nehmen, was er mit seiner Musik sagen wollte, auch. Den Saarowern ist er wohl nicht so sehr bekannt geworden. 1980 war er hierhergezogen, knappe vier Jahre später starb er schon. Es war die ruhige märkische Wald- und Seenlandschaft, die ihn hierhergezogen hatte, die Ruhe zum Komponieren, weitab vom unruhigen Getriebe der Großstadt; vielleicht war es auch der blasse Schimmer einstiger Prominenz, der fast wehmütig Bad Saarow noch umflimmerte.

In der DDR gehörte er zu den erfolgreichen Komponisten, hatte sich mit einem erstaunlich breiten Schaffen zu Wort gemeldet, war viel in den Konzertsälen und im Rundfunk gespielt worden. Es wird davon wenig überlebt haben. Es liegt an der Ästhetik, die dem Schaffen zugrunde lag, an den Gehalten, wie immer man diese definieren mag, nicht am handwerklichen Können. Die Künste des Handwerks beherrschte er in all den vielen Facetten moderner und traditionsbeladener Schreibweisen. Auch das Modernste hatte er sich angeschaut, das die Fachleute mit Reihentechnik, Aleatorik, Cluster etwa bezeichnen. Manches hatte er davon assimiliert, einfließen lassen in sein Werk. Aber das waren Episoden geblieben. Er kehrte immer wieder zur Tradition zurück. Das hatte einen ernstzunehmenden ästhetischen Grund, der in der Auffassung vom sozialen Auftrag der Kunst wurzelte. Ich meine, er sollte das selbst noch hier sagen dürfen. In einem Gespräch mit dem „Sonntag", der prominenten DDR-Kulturwochenzeitung, vom 20. September 1981 liest es sich so: „In den letzten 60 bis 70 Jahren hat sich ein Prozeß vollzogen, der in der Musikgeschichte keinerlei Vorbild hat: die zeitgenössische Musik ist zu einer Randerscheinung im gesellschaftlichen Leben geworden; sie ist also – so scheint es jedenfalls – entbehrlich. Wann hat es das je gegeben! ... Wir beobachten, daß sich musikalische Mittel in letzter Zeit allzu schnell verbrauchen... Ich halte es für ein lohnendes Experiment, der totgesagten Tonalität mit ihrer Vielschichtigkeit und ihren reichen Schönheiten neue Nuancen und neue Reize abzugewinnen, Melodik wieder als eine ernsthafte musikalische Komponente zu begreifen... Um einmal bei der Sinfonik zu bleiben: Haydn, Mozart, Beethoven – sie alle haben ihren Hörern eine musikalische Botschaft zu überbringen gehabt... Sie alle haben eine Musik geschrieben, die gebraucht wurde." Und schon zwei Jahre zuvor hatte er in der Zeitschrift „Musik und Gesellschaft" bekannt: „Als zentrales humanistisch-ästhetisches Anliegen meiner Arbeit betrachte ich den Versuch, die durch den kapitalistischen Musikbetrieb entstandene und auf uns als schlechtes Erbe überkommene und zuweilen sogar noch kultivierte Kluft zwischen ernstzunehmender Musik und Publikum allmählich zu überbrücken."

Vieles läßt sich gegen diese Postulate einwenden, oft greifen sie zu kurz, manches klingt nach den Verordnungen des Sozialistischen Realismus. Mit vielem aber stand und steht Geißler nicht allein. Berühmte Kollegen von ihm, Penderecki etwa, haben sich ähnlich geäußert und schreiben nach avantgardistischer Periode eine Musik, die sich auch breiterem Publikum erschließt. Sie haben keine Angst mehr vor der „Schönheit". Natürlich werden solche Zeitgenossen von jenen, die sich als Elite betrachten, mit Unflat beworfen. Sollte man doch Toleranz üben. Sicherlich braucht auch die Kunst mutige Vorreiter, die auch den Irrtum wagen. Wir sollten ihnen zumindest mit Achtung begegnen. Sie allerdings sollten umgekehrt jene Toleranz offenbaren, die sie selbst berechtigt einklagen.Geißler jedenfalls wollte Botschaften vermitteln, sozialistische gar, wollte sich den Menschen mitteilen, wollte verstanden und akzeptiert werden, wollte unbedingt heraus aus dem Elfenbeinturm, aus der schrecklichen Isolation, in der sich die zeitgenössische Musik seit langem befindet und manchmal so tut, als gefalle es ihr dort. Ich unterstelle ihm, daß er weniger den Dogmen einer engstirnigen, reaktionären und gefährlichen Kulturpolitik folgte, als ernstzunehmenden, ehrlichen eigenen Überzeugungen. Welcher Mittel er sich auch bediente, seine musikalische Sprache war klangreich und äußerst expressiv.

Blieben die wichtigsten Lebensdaten nachzutragen:

Geboren wurde Fritz Geißler am 16. September 1921 im sächsischen Wurzen, spielte als Schüler in einem Volksinstrumentensemble, verdiente sich später Geld als Tanzmusiker. Dann kam der Krieg und Geißler wurde Soldat. Er geriet in britische Kriegsgefangenschaft, kehrte zu seiner Familie zurück, studierte an den Musikhochschulen von Leipzig und Berlin, wurde freischaffend, daneben Lehrer am Institut für Musikwissenschaften der Universität Leipzig, ging an die Dresdner Hochschule als Kompositionslehrer, konnte dann vom eigenen Schaffen leben und zog nach Bad Saarow.

Geißler hat elf Sinfonien geschrieben, einige Oratorien, mehrere Opern, Streichquartette und andere Formen der Kammermusik.

Posthum wünschte ich ihm, daß einige seiner Stücke den Weg zurückfinden mögen in die Öffentlichkeit, daß die Ostorchester soviel Selbstbewußtsein hätten, einen Komponisten wieder aufzuführen, den sie früher oft und gern gespielt haben.

Dieter Boeck

Hans-Rudolf Gestewitz
(1921–1998)

Wer wünschte sich bei seinem Eintritt ins Berufsleben nicht, auf außergewöhnliche Menschen zu treffen, auf Menschen mit Ideenreichtum, fähig, andere zu begeistern und mitzureißen, mit Durchsetzungsvermögen gleichermaßen und der Kraft, integrativ zu wirken, kurzum mit faszinierender Ausstrahlung.

Ich hatte dieses Glück. Ich konnte viele Jahre an der Seite von Generalleutnant Prof. Dr. med. habil. Dr. h. c. Hans-Rudolf Gestewitz arbeiten. Ich teile es mit vielen Kollegen, die gleich mir von ihm angeregt, gefordert und gefördert wurden.

Als ich 1959 als junger Assistenzarzt von der Universität nach Bad Saarow ins Zentrale Lazarett kam, war er, der bereits 1953/54 beim Aufbau des Klinikums gestaltend mitgewirkt hatte, Chefarzt der HNO-Klinik – damals ein Mann von 38 Jahren, energiegeladen, mit versiertem Können und außergewöhnlichen ärztlichen Fähigkeiten, ein exzellenter Operateur, ein Arzt mit unglaublicher wissenschaftlicher Kreativität.

1960 wurde er Chef des Zentralen Lazarettes, der späteren Militärmedizinischen Akademie, und blieb es bis zu seiner Emeritierung 28 Jahre, länger als ein Vierteljahrhundert.

Der Entwicklung und Formung dieses Klinikums galten nun die produktivsten Jahre seines ärztlichen Lebens. Er konnte sich dabei auf ein großes Kollektiv leistungsfähiger Mitarbeiter stützen. Viele Fachärzte, gute Spezialisten und Hochschullehrer der verschiedenen Fachgebiete wuchsen in dieser Zeit heran.

Alle hatten Anteil am Gelingen des Vorhabens, der Schaffung eines modernen spezialisierten Klinikums und einer medizinischen Hochschuleinrichtung – keiner aber mehr als er.

Das Klinikum war 1954 als Zentralkrankenhaus der Kasernierten Volkspolizei eröffnet worden und wurde nach Gründung der Nationalen Volksarmee ihr Zentrales Lazarett. Hunderttausende Armeeangehörige, Zivilbeschäftigte und Familienangehörige, aber auch zahlreiche Zivilpatienten des Territoriums erhielten medizinische Hilfe (ca. 35 % der Patienten waren übrigens nicht Angehörige der NVA).

Während anfangs die klassischen klinischen Fachgebiete vertreten waren, stand später die Spezialisierung im Vordergrund, was sich u.a. in der Tätigkeit der Institute für Pathologische Anatomie, Radiologie, Nuklearmedizin, Klinische Chemie und Hämatologie, Gerichtliche Medizin und Immunologie ausdrückte.

Das Krankenhaus verfügte sogar, obgleich Zentrales NVA-Lazarett, zur Versorgung der Familienangehörigen und Zivilbeschäftigten über eine Kinder- und Frauenklinik mit geburtshilflicher Abteilung.

Die Erfordernisse zur Heranbildung von Militärärzten für die Truppe und ungelöste Probleme der medizinischen Betreuung führten dazu, daß sich klinische Arbeit immer enger mit medizinischer Ausbildung und Forschung verband. Das war anfangs kompliziert. Es wurde sogar darüber gewitzelt. Ein Dorfkrankenhaus macht Wissenschaft!

Prof. Dr. Gestewitz war gerade auf diesem Gebiet Vorreiter. Frühzeitig führte er in seinem HNO-Fachgebiet wissenschaftliche Untersuchungen verbunden mit Geräteentwicklungen, vorrangig zur Funktion des Gleichgewichtsapparates, durch.

Bereits 1961 an der Charité der Humboldt-Universität zu Berlin habilitiert, gelang ihm bald die wissenschaftliche Anbindung Saarows an die Ernst-Moritz-Arndt-Universität Greifswald, an deren Militärmedizinischer Sektion die meisten Ärzte des Klinikums ausgebildet worden waren.

Akademisch inzwischen ausgewiesene Kollegen wurden als Honorardozenten und Honorarprofessoren in den Wissenschaftlichen Rat der Universität berufen und wirkten in der Fakultät für Militärmedizin, deren Dekan Prof. Dr. Gestewitz war, mit.

Als 1981 aus dem Zentralen Lazarett heraus die Militärmedizinische Akademie entstand, eine Hochschuleinrichtung mit Promotionsrecht, wurde Prof. Dr. Gestewitz als erster Rektor berufen und blieb es bis zum Eintritt in den Ruhestand 1988.

Es waren Jahre einer glücklichen Symbiose klinischer und wissenschaftlicher Arbeit sowie medizinischer Lehrtätigkeit.

Ausdruck der Kreativität dieser Jahre ist wohl die Zahl von mehr als 300 durchgeführten Promotionsverfahren durch den Wissenschaftlichen Rat der Akademie. In der Akademie waren

im letzten Jahr ihres Bestehens 40 habilitierte Ärzte und Naturwissenschaftler, darunter 23 Professoren, tätig.

Die Forschungsthemen gingen weit über die Militärmedizin
hinaus, wodurch die gewachsene wissenschaftliche Kompetenz
des Saarower Klinikums im Zusammenwirken mit der Akademie der Wissenschaften und den Universitäten und Hochschulen unterstrichen wurde.

Der 75. Geburtstag von Prof. Dr. Gestewitz 1996 war würdi-
ger Anlaß einer Ehrung des Jubilars. Die HNO-Klinik des Hu-
maine-Klinikums veranstaltete ein ihm gewidmetes wissenschaft-
liches Symposium, zu dem zahlreiche Kollegen aus dem ganzen
Land und viele ehemalige Schüler erschienen waren. Prof. Dr.
Gestewitz ergriff zum Schluß der Veranstaltung selbst das Wort
und referierte über die Heilkraft der Quelle und des Moors von
Bad Saarow.

Die gegenwärtige Entwicklung seines Heimatortes zum Heil-
bad hatte ihn fasziniert und zugleich ein neues wissenschaftli-
ches Betätigungsfeld erschlossen, dem er sich mit der ihm eigenen Energie zuwandte.

Leider wurde er durch den Tod 1998, kurz vor Vollendung
seines 77. Lebensjahres, aus unserer Mitte gerissen. Bei allem
Schmerz darüber bleibt der Trost, daß er ein überaus erfülltes
Leben zurückgelegt hat. Sein nie versiegender Optimismus, sein
Ideenreichtum, sein durch nichts zu übertreffender Fleiß haben
ein großes Lebenswerk ermöglicht. Viele Patienten erinnern sich
seiner in Dankbarkeit. Zahlreiche Mitarbeiter denken mit Freude an gemeinsame Arbeitsjahre, vor allem an das von ihm ge-
schaffene kollegiale Arbeitsklima zurück. Seine vielen Schüler
wissen zu schätzen, was sie von ihm lernen konnten und wie sie
von ihm in ihrer ärztlichen und wissenschaftlichen Entwicklung
gefördert wurden.

1991 wurde aus der Militärmedizinischen Akademie das Hu-
maine-Klinikum, ein territoriales Versorgungskrankenhaus, sehr
leistungsfähig und mit großem Patientenzulauf. Ganz sicher
wurden hierfür in den Jahren zuvor, insbesondere durch Prof.
Dr. Gestewitz, die Grundlagen geschaffen.

Gerd Zucker

Maxim Gorki

(1868–1936)

In seinem Buch „Am Märkischen Meer" gibt der beste Kenner der Geschichte des Ortes Bad Saarow-Pieskow, Reinhard Kiesewetter, seiner Hoffnung Ausdruck, daß es der Bevölkerung und dem Trägerverein der Gedenk- und Begegnungsstätte Maxim-Gorki-Haus gelingen möge, diesen Ort vielfältiger Veranstaltungen mit Bibliothek und Ausstellungsräumen der Öffentlichkeit zu erhalten. Und in der Tat, seitdem das Haus geschlossen ist, fehlt dem gesellschaftlichen Leben des Ortes ein gewohnter Farbtupfer. Das Blockhaus im russischen Stil des vorigen Jahrhunderts lag da wie eine Datscha in den Moskau umgebenden Erholungsorten und erschien manchem Fremden, als ob Maxim Gorki dort gewohnt habe. Dieser wahrscheinlich gewollte Effekt erinnerte jedenfalls daran, daß in diesem Ort ein weltberühmter Schriftsteller Erholung und Heilung suchte.

Gewiß, die Dauer seines Aufenthaltes in den Jahren 1922/23 war nur sehr kurz, aber er war zu dieser Zeit bereits europaweit anerkannt, seine Bücher wurden in vielen Sprachen verlegt, seine Dramen gespielt. Sein wohl berühmtestes Schauspiel „Nachtasyl" erlebte 1902 seine Uraufführung in Moskau und noch im selben Jahr seine deutsche Erstaufführung am Deutschen Theater in Berlin, ebenso seine Szenen aus dem Hause Besßjemenows unter dem Titel „Die Kleinbürger". Damit ist sein Thema genau umrissen. Die Lethargie der russischen Bourgeoisie angesichts der zaristischen Unterdrückung des Volkes wird vom Dichter auf immer wieder überraschende Weise gegeißelt. Er steht darin in der Tradition Gogols, Turgenjews und Tschechows und gleichzeitig am Anfang einer neuen Periode russischer Dramatik, an der Spitze junger, sozialistischer Bühnenschriftsteller.

Es liegt auf der Hand, daß dieser scharfe Kritiker von der russischen Geheimpolizei verfolgt und mit Verhaftung und Verbannung bedroht wurde, so daß er gezwungen war, in die Emigration zu gehen. Das Ergebnis dieser Zeit war sein wohl berühmtester Roman, „Die Mutter", die Geschichte der Pelageja Nilowna, die ihren Sohn Pawel Wlassow, einen Revolutionär, im

Kampf gegen die brutale Herrschaft des Zaren, der die Revolution von 1905 zusammenschießen ließ, unterstützt, obwohl die gottesfürchtige und untertanengläubige Proletarierfrau alles andere als eine flammende Kämpferin ist. Pawel und seine Freunde finden in ihr eine mutige Mitstreiterin. Ein literarisches Bild, das die großen Umwandlungen in Rußland bereits ankündigt. Wsewolod Pudowkin drehte 1926 danach einen aufsehenerregenden Stummfilm, Bertolt Brecht schrieb für die Gruppe junger Schauspieler in Berlin im Jahre 1932 unter Mitarbeit von Slatan Dudow und Günter Weisenborn das gleichnamige Schauspiel mit der Musik von Hanns Eisler, das noch vielen Zeitgenossen in der Interpretation der Mutter durch Helene Weigel in guter Erinnerung ist. Die Aufführung des Berliner Ensembles wurde auch filmdokumentarisch festgehalten. Erschütternd, wie die unpolitische Mutter nach der Ermordung ihres Sohnes zur Agitatorin gegen den Krieg und Demonstrantin für seine Beendigung wird. Die einfache List einer lebenserfahrenen Frau gegen den Apparat der Mächtigen ist im Roman wie auch in Brechts Schauspiel wunderbar gestaltet, die Pelageja Wlassowa eine der großen Frauengestalten in der Dramatik des 20. Jahrhunderts.

Seiner sozialistischen Überzeugung entsprechend war Maxim Gorki in verschiedener Weise für die praktische Umgestaltung der russischen Verhältnisse tätig, immer wieder auch als Sprecher seiner Schriftstellerkollegen. In seinen „Unzeitgemäßen Gedanken über Kultur und Revolution" vertrat er die Sache der Kunst und Literatur gegen die vereinfachten, schematischen bolschewistischen Kunstauffassungen und geriet dabei auch in Konflikt mit Lenin, der aber schon sehr krank und mehr und mehr einflußloser wurde.

Gorkis bevorzugter Aufenthaltsort wurde nun Capri. Zwar gab die gute märkische Waldluft dem lungenkranken Dichter einige Besserung und Erholung, aber von der ewig strahlenden südlichen Sonne versprachen sich die Ärzte einen größeren Erfolg. War der Aufenthalt in Bad Saarow nur die Station einer Flucht aus den beengten russischen Verhältnissen in die demokratische Gesellschaft der Weimarer Republik? Wollte er durch eine dauernde Übersiedlung in ein westliches Land die Freundschaft mit Lenin nicht aufs Spiel setzen? Wir wissen es nicht genau. Jedenfalls ging er, als Lenin im Januar 1924 starb, wieder nach Italien, kehrte jedoch mehrfach wieder nach Rußland zurück (1928 und 1929).

In Italien hatte er bereits vor dem Ersten Weltkrieg seine autobiographische Trilogie „Detstwo" („Meine Kindheit") begonnen, nach seinem Aufenthalt in Bad Saarow setzte er sie dann mit dem dritten Band fort. Nach „Meine Kindheit", „Unter fremden Leuten" vollendete er das große Gemälde des Rußland um die Jahrhundertwende mit dem Band „Meine Universitäten". Ich erinnere mich genau an das tiefe Leseerlebnis, das ich in den Jahren 1946/47, als Gorkis Werke, dessen Name in Deutschland inzwischen völlig unbekannt war, von diesem im großen Stil angelegten Entwicklungsroman hatte. Als ob ein Schleier weggezogen würde, sahen wir Jungen aus der Nachkriegsgeneration das alte, rückständige Rußland, und im Kontext begriffen wir die bedeutenden Veränderungen, die nach 1917 vor sich gegangen waren.

Danach arbeitete er weiterhin an verschiedenen Romanen und Stücken, schrieb Porträts von Tolstoi und Tschechow, die er beide gekannt hatte, die sein Talent entdeckten und förderten. Schließlich war er bereits 1902 zum Ehrenmitglied der russischen Akademie der Wissenschaften gewählt worden. Als der Zar die Bestätigung verweigerte, traten Tschechow und Korolenko aus Protest aus. Mehrfach war er verhaftet worden, bei ihm verwuchsen Werk und Persönlichkeit zu einer Legende, die bereits bei Lebzeiten zu Verehrung und Liebe des Volkes zu seinem Schriftsteller führte. Als er 1928 für einige Zeit aus Sorrent nach Moskau zurückkehrte, wurde er triumphal bei der Begrüßung gefeiert, was ihn dazu bewogen haben mag, drei Jahre später für immer nach Moskau zurückzukehren. Er skizzierte verschiedene Romane und schloß seinen großen, vierbändigen, historischen Roman „Klim Sangin", fast ab, an dem er rund zehn Jahre gearbeitet hatte. Er umfaßt vierzig Jahre russische Sozialgeschichte, die an einer Fülle von typischen Gestalten aus der russischen und sowjetischen Wirklichkeit aus den Jahren 1880 bis 1917 dargestellt wird. Ein schwer zu lesendes Werk, aus dem man aber mehr von der Situation des Riesenlandes um die Jahrhundertwende erfährt, als aus umfangreichen geschichtlichen Darstellungen.

Franz Mehring schrieb zur Zeit der deutschen Erstaufführung (1902) von „Nachtasyl" regelmäßig Theaterkritiken. Die berühmte Aufführung, das Debüt Gorkis auf deutschen Bühnen, veranlaßte ihn zu nachstehender Charakteristik:

„In Gorkis Drama findet sich nicht eine einzige sentimentale oder wehleidige Phrase, aber die Gestalten seiner Ausgestoßenen sind alle beseelt wie von einem Tropfen seines Herzbluts. Zuerst, mag man das Drama nun lesen oder auf der Bühne sehen, verwirrt ihre Fülle, aber dann treten sie immer klarer und plastischer hervor, bis sie vor uns stehen, jeder ein lebendiges Wesen, besudelt, verkommen, verworfen, aber immer doch noch ein Mensch, dessen wirkliche Schuld nur sein Schicksal ist, das er sich nicht bereitet hat. Wie erschütternd wirkt der hoffnungslose Trunkenbold von Schauspieler, der nur noch lallend mit dem ärztlichen Zeugnis prahlen kann, daß sein Organismus mit Alkohol vergiftet sei, und der dann doch gierig nach dem letzten trügerischen Hoffnungsschimmer greift, um noch einmal seiner Kunst zu leben, bis er mit dem schnellen Verflackern dieser Hoffnung die schauerliche Rechnung seines Lebens quittiert! Eine sterbende Frau, die nach einem Dasein voll fürchterlicher Qual den Tod herbeisehnt und vom Pilger Luka die Verheißung erhält, der Herr werde sie ins Paradies aufnehmen, sagt in ihren letzten Atemzügen: ‚Ich möcht doch noch… ein Weilchen leben… ein ganz kleines Weilchen… Wenn's dort keine Qual gibt… könnt ich am Ende hier noch ein wenig dulden.' An solchen Zügen feinster Psychologie ist Gorkis Drama überreich, und es ist schwer, aus der fast unerschöpflichen Fülle einzelnes hervorzuheben. Doch mag noch der meisterhaften Szene aus dem vierten Akte gedacht sein, wo selbst der Zuhälter, der sonst in aller abschreckenden Gemeinheit seiner Zunft erscheint, sein Los als ein menschliches Los enthüllt."

Die beiden Jahre Maxim Gorkis in Bad Saarow sind nicht nur ein einfacher Kuraufenthalt gewesen, sondern markieren auch eine Wende in seiner literarischen Entwicklung. Wahrscheinlich hat er hier bereits den Band „Meine Universitäten" zur Reife gebracht und damit den Höhepunkt seines Schaffens erreicht. Sein Andenken sollte weiterhin bewahrt werden, nicht nur durch allgemeines Erinnern auf Tafeln oder in Ausstellungen, sondern es ist den Kurgästen aller Altersstufen zu raten, zu seinen Werken zu greifen und so manche ruhige Stunde zu nutzen, sich mit dem heute vernachlässigten Autor von Weltgeltung, der über Deutschland nach Europa gekommen ist, vertraut zu machen und zu verstehen, welche Entwicklungen im Osten unseres Kontinents im vergangenen Jahrhundert vor sich gegangen sind, einen bedeutenden Einblick in die russische Meisterliteratur zu nehmen und sich ein persönliches Lesevergnügen zu bereiten.

Paul Grabley

(1875–1949)

Manchmal fragt mich jemand, ob dieser Dr. Paul Grabley der Erfinder des Kurortes Bad Saarow sei. Das zu behaupten, wäre natürlich Unfug. Gewiß war er sehr geachtet, eine Persönlichkeit, die aus Bad Saarow nicht wegzudenken war, er kann auch zu der Gründergeneration des Kurbetriebes gerechnet werden, doch die Heilkraft des Thermalwassers und des Moores war weit früher bekannt und genutzt worden. Allerdings erkannte er die großen Möglichkeiten, die in der Verbindung von Kur und Natur gerade in unserem Fleckchen Erde liegen. Manche behaupten, er sei ein „Modearzt" gewesen. Genau kann ich nicht sagen, was darunter zu verstehen ist, aber wahrscheinlich hat er seinen guten Ruf nicht nur von der freundlichen und erfolgreichen Behandlung seiner Patienten in der Praxis in Berlin-W.

Sicher besaß er eine unternehmerische Ader, denn zu seiner Zeit war das kassenärztliche Wesen noch nicht entwickelt, und ein Arzt mußte sich ziemlich strecken, wenn er sich behaupten wollte. Der Kapitalismus hatte auch in der Medizin Einzug gehalten. Immerhin verband er seine Praxis am Kurfürstendamm mit einer Tätigkeit als Chefarzt eines Sanatoriums in Woltersdorf bei Erkner, das auch heute noch als evangelisches Krankenhaus besteht. Wahrscheinlich war die gleiche Aufgabe in Bad Saarow einkömmlicher oder in der Perspektive befriedigender, so daß er im Jahre 1919 als Chefarzt der „Vereinigten Kurbetriebe Saarow-Pieskow" und als leitender Arzt des Moorbades hierherzog. Schon fünf Jahre später wagte er den Schritt, das Moorbad zu pachten (1926).

Den wichtigsten Schritt hatte er allerdings bereits 1920 unternommen, als er das alte Löschebrandsche Gutshaus kaufte und zu dem Sanatorium „Eibenhof" umbaute. Wir finden das leider heute immer noch stillgelegte Hotel auf der Halbinsel Saarow-Dorf inmitten der alten Gutsanlage.

Die zahlungskräftigen Patienten seiner Berliner Praxis kamen gern hierher, fanden sie doch die erwünschte Ruhe als Voraussetzung für die Behandlung ihrer Gebrechen, und in diesem

Punkt war der Arzt Paul Grabley auf der Höhe seiner Zeit. Seine Physiotherapie umfaßte Moor- und Solekuren, Kneippsche Anwendungen und als Neuheit damals auch den Reizstrom. Manch einer bekam auch zur Arbeitstherapie eine Schippe in die Hand oder mußte sich beim Unkrautziehen angemessen oft bücken, eine nützliche Arbeitstherapie auch für den großen Garten, der zum Sanatorium gehörte. Sein ärztliches Können muß beträchtlich gewesen sein, denn er hospitierte und assistierte gelegentlich auch bei Prof. Ferdinand Sauerbruch an der Charité.

Sein Sanatorium lebte von Stammgästen, unter denen sich sein Kollege Prof. Carl Ludwig Schleich, der Erfinder der Lokalanästhesie, genauer, der Infiltrationsanästhesie, die wir wohl alle als örtliche Betäubung kennen, befand. Schleich war seinerzeit auch ein bekannter Schriftsteller, als den wir ihn in diesem Band kennenlernen. Der prominenteste Gast meines Großvaters war zweifellos Maxim Gorki, an dem in unserem Ort so manche Erinnerung lebendig geblieben ist. Aber auch Willy Münzenberg, der bedeutende Verleger und Organisator der Arbeiterbewegung, auch der „Rote Hugenberg" genannt, weil er einen linken Zeitungskonzern aufgebaut hatte, dessen Gewinne zum großen Teil in die Rote Hilfe flossen. Seine Aktion „Traktoren für Sowjetrußland" war dauernde Hilfe gegen den Hunger der nachrevolutionären Zeit.

Mit solchen Gästen entsteht natürlich auch das geistige Klima, welches der Hauptanziehungspunkt des Sanatoriums gewesen sein mag. Aber er kümmerte sich nicht nur um seine gut zahlenden Patienten, sondern schwang sich auch im Schneesturm auf sein Pferd, wenn ihn seine Patienten in Reichenwalde oder Kolpin nachts riefen. Er kam auch schon mal, wenn eine Kuh nicht kalben konnte und holte das Kalb mit Körperkraft und Geschick auf die Welt.

Ich weiß nicht, ob er ein eminent politischer Mann war, aber er hatte das Herz auf dem rechten Fleck. Man erzählt, daß er einem Kerl, der seiner schönen Tochter Ursula im Bahnhofshotel an die Wäsche wollte, handgreiflich auf den Boden der Tatsachen zurückgeholt haben soll. Als die Nazis ihre ersten Attakken gegen die jüdischen Einwohner führten, stellte er sich vor die Angegriffenen und konnte sie mit seiner Autorität schützen.

Das Ehepaar Hirschler wurde von SA-Leuten aus ihrem Haus in der Silberbergerstraße gezerrt, der Mann blutig geschlagen. Er ging dazwischen und brachte die Bedrängten in Sicherheit. Anderentags erschienen SA-Leute aus dem Sturm Fürstenwalde vor dem Tor am Eibenhof und verlangten die Herausgabe jüdischer Patienten. Es gehörte bestimmt Mut dazu, diese Schläger abzuweisen und ihnen das Betreten des Grundstücks zu verbieten. „Das hier ist ein Krankenhaus, es wird von meinen Patienten bewohnt." Mit diesen Worten ging er zum Zwinger und ließ seine beiden großen Hunde frei.

Bereits im Jahre 1934 hatte er sich den Minister Dr. Goebbels, den Einpeitscher der Naziideologie, vom Halse gehalten. Dessen Büro rief an und bestellte für eine dreiwöchige Kur die gesamte untere Etage, in der sich die Behandlungsräume und auch die Privatzimmer befanden. Das hätte die Lahmlegung des Sanatoriums bedeutet. So antwortete er, nicht ohne Diplomatie, man könne dem Minister gern drei zusammenhängende Räume bereitstellen. Es sei aber nicht angemessen, für einen Minister dreißig andere Patienten auszuquartieren. So blieb ihm die Anwesenheit dieses Demagogen erspart.

Ob er seine Standhaftigkeit und sein Selbstbewußtsein vielleicht vom regelmäßigen winterlichen Eisbaden erhalten hat? Jedenfalls hat sich dieses Martyrium in der Familie vererbt, und auch die Enkelgeneration geht im Winter mit einem Eispickel hinunter und schlägt sich das Loch, um abzutauchen. Brrr.

Hatte er keine Hobbys, wie man heute sagt? Schon als junger Arzt war er an der Gründung der Volksbühnenbewegung beteiligt. Sein freier Geist wandte sich gegen die Staatstheater-Kultur und stellte sich auf die Seite der Hauptmanns und Gorkis, denen seine Organisation eine von Kulturbürokraten freie Spielstätte schaffen wollte. Vielleicht rührt daher die Beziehung zu Maxim Gorki. In seiner Woltersdorfer Zeit zwischen dem Anfang des Jahrhunderts und dem Ende des Weltkrieges befand er sich inmitten einer bedeutenden Filmproduktion. Der Ort sollte sogar zum Hollywood Berlins werden, wie voreilige Enthusiasten die aufwendigen Stummfilme mit Harry Piel und Mia Mey feierten. Für „Das Indische Grabmal" und „Der Tiger von Eschnapur" trabten leibhaftige Elefanten, geführt von leibhaftigen Indern durch die Rüdersdorfer Kalkberge. Er war oft für die ärztliche Betreuung engagiert worden, und daraus ergab sich auch ein privater Umgang mit Filmleuten. Er wird so manche Blessur von den waghalsigen Eskapaden des Harry Piel behandelt haben, denn diese Schauspieler kannten keine Stuntmen. So kamen auch die Grabley-Kinder zum Film, seine Söhne Heinz und Ullrich arbeiteten später als Produktions- und Aufnahmeleiter bei der Tobis Filmgesellschaft, seine Tochter wurde eine bekannte und beliebte Schauspielerin. Ihre kurze Ehe mit Victor de Kowa führte dazu, daß dieser Schauspieler hier ein Wochenendhaus erwarb.

In Kriegszeiten war auch der Eibenhof teilweise Lazarett, gegen Ende des Krieges noch Hauptquartier des Generals Busse, und bald saßen sowjetische Offiziere als Einquartierung am Mittagstisch.

Durch den Eibenhof wurde Bad Saarow auch nach der Befreiung wieder Anziehungspunkt für Intellektuelle, Künstler und Wissenschaftler, die vorwiegend Mitglieder des neugegründeten Kulturbundes zur demokratischen Erneuerung Deutschlands waren. Der Gründer der CDU und spätere Bundesminister Ernst Lemmer war ein Vetter meines Großvaters. Von ihm stammt der Vorschlag an Johannes R. Becher, den Eibenhof als Erholungsheim zu pachten. Über diesen Weg kam auch Becher, der Präsident des Kulturbundes, zum ersten Mal nach Saarow, und seit dieser Zeit bis 1990 fanden hier Otto Nagel, Bruno H. Bürgel, Stefan Heym, Prof. Deiters, Willy Schwabe und viele andere bekannte Persönlichkeiten Erholung und Ruhe für schöpferische Arbeit.

Bei der Beerdigung des Arztes Paul Grabley folgten viele Einwohner dem einfachen Leiterwagen mit dem Sarg, und am offenen Grab dankte so mancher in bewegten Worten seinem Doktor, der eine, weil er seine Ehefrau geheilt, der andere, weil er seine beste Milchkuh vor dem Verkalben gerettet hatte. Viele weinten.

Dr. Peter Grabley

Ursula Grabley

(1908–1977)

„Ach", schwärmte neulich noch eine ältere Saarower Dame, „Ihre Tante Ursula war eine besonders kapriziöse Frau", wobei sie das schwierige Wort auf jeder Silbe betonte, um ihre besondere Zuneigung zu bekunden, und dann war als Beweis noch der Sommerhut mit dem breiten Rand angeführt, der anscheinend bis heute noch nachwirkte. Es stimmt, sie war bei vielen gut bekannt und suchte auch die angenehmen Bekanntschaften, aus denen oft Freundschaften wurden. Sie kam bis an ihr Lebensende regelmäßig hierher und verbrachte ihre Ferien in einem einfachen Bungalow.

Als zwölfjähriges Mädchen wollte sie noch Kunstreiterin werden, so eine berühmte wie Therese Renz von Theresienhof, aber irgendwie fehlten die Pferde, und so kam sie durch einen Zufall als Außenseiterin mit dem Film in Berührung. Woltersdorf bei Erkner war nach dem Ersten Weltkrieg das Hollywood Berlins, der Drehort vieler Stummfilme. Dort war sie in die Dreharbeiten, sicher als Komparsin, einbezogen und lernte den Regisseur Joe May kennen, der sie im Auge behielt und auch 1927 zum ersten Mal in einer Rolle vor die Kamera stellte. Allerdings gefiel ihr die Atmosphäre zu Anfang nicht, die stundenlange Warterei auf den Proben, die Schauspieler mit dem Textbuch ihre Rolle lernend, die nervösen Regisseure und Aufnahmeleiter, eben das stressige Drum und Dran.

Doch das Leben nahm trotzdem seinen Lauf, schließlich brachte sie es auf mehr als 80 Filme, in denen sie mitwirkte.

In den dreißiger Jahren war sie bereits gut bekannt und spielte an der Seite großer Mimen wie Adele Sandrock, Grete Weiser, Luise Ullrich, Paul Kemp, Harry Piel, Willy Birgel, Hans Albers, Heinz Rühmann und Victor de Kowa, den sie 1928 heiratete, aber von ihm bald wieder geschieden wurde. Beide blieben befreundet. De Kowa hatte 1935 auf der Halbinsel Saarow-Dorf ein eigenes Grundstück gekauft. Das junge Paar zog viele Freunde und Kollegen in den Ort, darunter auch Gustav Fröhlich, und war oft Mittelpunkt des gesellschaftlichen Lebens. Dennoch, der Schein sollte uns nicht trügen, obwohl die Gagen inzwischen gestiegen waren, die Karriere war schwer erarbeitet.

Auf einem Ball tanzte sie mit ihrem Bruder Ullrich einen fulminanten Tango, und der anwesende Max Reinhardt sah sofort in ihren Bewegungen das Naturtalent. Er suchte immer Talente, und so stand sie 1927, ohne eine Stunde Schauspielunterricht genossen zu haben, auf der Bühne des Kurfürstendamm-Theaters in einer Reinhardt-Inszenierung. 1929 folgte der erste größere Film, und ein Jahr später bekam sie in dem Streifen „Zum goldenen Anker" an der Seite von Bassermann, Wiemann und Lucie Höflich eine größere Rolle. „Ein neues Talent, ein zwitscherndes, lustiges Vögelchen", erkannte Alfred Kerr, gefürchtet und anerkannt gleichermaßen, in ihrem Auftritt neben Käthe Dorsch als Soubrette in der Operette „Fanny Eißler" von Franz Lehár. Nach dem Durchbruch an Berliner Bühnen folgte dann ein Filmangebot dem anderen, in Erinnerung blieben die romantische Polin an der Seite Willy Birgels in „Ritt in die Freiheit" und als kesse Berlinerin „I A in Oberbayern" mit Oscar Sima.

Die „Filmwoche" schrieb 1932 über sie: „Eine ganz handfeste Person, die trotz aller Zierlichkeit, trotz Schuhgröße 34, fest und sicher auf der Erde steht, sehr natürlich, sehr weiblich, sehr temperamentvoll, sehr lustig, ein bißchen meschugge."

Überhaupt, sie war der Urtyp der kessen Berlinerin. Mit ihrer Pagenfrisur, die sie jünger aussehen ließ, als sie tatsächlich war, kam es zu manchen lustigen Szenen. In der Berliner U-Bahn wurde sie eines Tages aufgefordert, als „Meechen" doch gefälligst aufzustehen, wenn Erwachsene keinen Sitzplatz finden. Ursel war empört: „Ich bin eine verheiratete Frau!" Worauf das Echo in bekannter Berliner Liebenswürdigkeit erscholl: „Nuu wird die Göre auch noch frech, Dir müßte man die Hosen strammziehen!"

Auch in ihren Berliner Jahren blieb sie eng mit Bad Saarow verbunden, wo ihr Vater, Dr. Paul Grabley, Chefarzt des Moorbades war und ein eigenes Sanatorium, den Eibenhof, besaß. Sie war zwar keine Kunstreiterin geworden, aber der Hang nach dem freien Leben auf dem Rücken der Pferde blieb bestehen, seitdem sie ihr Vater im Alter von fünf Jahren zum ersten Mal auf ein Pferd gesetzt hatte. Sie blieb eine gute Reiterin und ihrem Hobby treu. Noch in den fünfziger Jahren trat sie in einer Zirkus-Matinee zugunster alter Kollegen in der „Nacht der Prominenten" als Reiterin der Hohen Schule auf und führte einen Viererzug mit Lipizzanern vor.

Trotz aller Beschäftigung beim Film ließ sie das Theater nicht los. Von 1937 bis 1939 spielte sie unter Heinz Hilpert an den Kammerspielen des Deutschen Theaters und bekam blendende Kritiken: „Die Bühne ist ein unbestechlicher Kritiker und der verläßliche Maßstab für das wirkliche Können. Der Raum hinter dem Eisernen Vorhang ist der beste und kritische Entdecker. Bei Ursula Grabley zeigt er die Vielseitigkeit einer Begabung augenfälliger, als es beim Film möglich ist."

In jeder Beziehung zeigte sie sich als eine herzliche, gastfreundliche und zupackende Frau, die auch leidenschaftlich gern Skat spielte. Besonders Stolz war sie auf ein Lob des Komponisten Paul Lincke, der als Skatautorität galt, und mit dem sie manchen Skat geklopft hat. Ihr schlagfertiger Humor bewies sich einmal in einer prekären Situation. Kurz vor ihrem Auftritt in den Kammerspielen kam sie rauchend aus der Garderobe und überschritt die Grenze zum Bühnenraum, als ein Feuerwehrmann ihrer ansichtig wurde und streng auf die brennende Zigarette zeigte: „Frau Grabley, det Roochen ist hiea streng verboten, ick muß Ihnen zur Anzeige bringen!" Darauf Ursula: „Wat denn, det iss doch eene nikotinarme Zijarette." Worauf sie zur Antwort bekam: „Ach so, det war aber ooch Ihr Jlück."

In den Jahren von 1939/40, auf dem Höhepunkt ihrer Filmkarriere, wurden die Rollenangebote merklich weniger. Frau Grabley hatte das Mißfallen von Joseph Goebbels erregt. Wahrscheinlich war der Grund für die Änderung ihrer Situation, daß sie dem mehrfachen Drängen nach einer „näheren Bekanntschaft" mit dem Filmgewaltigen nicht nachgegeben hatte, vielleicht war es auch die enge Freundschaft und treue Verbundenheit zu der unter Berufsverbot stehenden „halbjüdischen" Ehefrau ihres Bruders Heinz. Genau wird man es heute nicht mehr aufklären können. Der Film mußte zurücktreten, es blieb das Theater und so manches Gastspiel mit Chansonabenden. Sie schrieb auch manchen Text selber. Hier ein Beispiel:

Lampenfieber

Wenn man auf den Auftritt harrt, wie ein Rennpferd vor dem Start,
macht man sich vor jedem Schwank selber lampenfieberkrank.
Lachen Sie nicht so ironisch, denn bei mir ist das schon chronisch.

Heute bin ich, wie ihr seht, wieder völlig durchgedreht.
Lampenfieber, Rampenfieber, auf dich hab' ich eine Wut!
Seit ich auf den Brettern stehe, revoltierst du mir im Blut.
Immer wenn mein Auftritt naht, kletterst du auf hundert Grad.
Daß ich Mädel von der Panke schlotternd auf die Bühne wanke.
Lampenfieber, Rampenfieber, du bist die Theaterpest!
Der Bazillus der Kulissen. Du gibst mir noch mal den Rest.

Wenn das erste Zeichen kommt, meldet sich das Fieber prompt.
Hier krieg' ich 'nen roten Fleck und die Stimme bleibt mir weg.
Plötzlich weiß ich gar kein Wörtchen, im Galopp muß ich aufs Örtchen.
Und dann ist auch nichts mehr da von der kessen Ursula.

Lampenfieber, Rampenfieber, wenn du einmal in mir steckst,
rettet mich kein „Toi, toi" mehr, dann ist alles wie verhext.
Von der sinnlich roten Gusche läuft wie Himbeersaft die Tusche,
und die schön geklebten Wimpern gehen ab vom vielen Klimpern.
Lampenfieber, Rampenfieber, wieviel Rouge ich auch verstreiche,
in der Auftrittsschrecksekunde bin ich nur noch käsebleiche.

Nachdem ihre Berliner Wohnung ein Opfer des Bombenkrieges geworden war, siedelte sie nach Hamburg über. Bis zu zehn Kollegen, denen es ähnlich ging, wohnten zeitweise bei ihr, darunter auch Grete Weiser, ihre Freundin.

Die Nachkriegsjahre sahen Ursula Grabley auf der Wanderbühne mit Kabarett- und Chansonabenden. Dann fand sie in Hamburg im Ernst-Deutsch-Theater bei Peter Ahrweiler wieder eine feste Heimat. Zu ihren damaligen großen Erfolgen gehörte das Zwei-Personenstück „Monsieur Lambertin" mit Franz Schafheutlin, das 300 Aufführungen erlebte. Auf Tourneereisen spielte sie auch wieder klassische Rollen, so die Mutter Wolffen aus dem „Biberpelz", die ihr besonders lag, kam sie doch aus dem Ort an der Woltersdorfer Schleuse, wo Ursula geboren wurde. Aber auch die Ärztin in Dürrenmatts „Physiker" gehörte zu ihren Erfolgen.

Kurz vor ihrem fünfzigjährigen Bühnenjubiläum starb sie während eines Gastspiels nach der Vorstellung in ihrer Garderobe. In der Traueranzeige der Kollegen hieß es: „Bis zuletzt brav wie ein Zirkuspferd in der Manege."

Peter Grabley

Wieland Herzfelde

(1896–1988)

Während meiner Zeit als Verleger besuchte ich Anfang der siebziger Jahre einen unserer Autoren, welcher in der Friedrichstraße inmitten einer grünen Anlage wohnte. Für einen Großstädter eine beneidenswerte Situation, die Bewohner dieses in den zwanziger Jahren gebauten Häuserkomplexes lebten im Zentrum Berlins und dennoch konnten sie die Illusion hegen, im Grünen zu wohnen. Sie brauchten keine Datsche.

Während des Gesprächs trat Wieland Herzfelde ein, der Nachbar des Schriftstellers. Er und seine Frau hatten das Glück, in Dieter Schubert und seiner Frau verständnisvolle, gleichgesonnene Freunde gefunden zu haben, was jede Nähe erleichtert und erfreut. Natürlich war mir der legendäre Name Herzfelde gut bekannt, war er mir doch als Verleger immer Vorbild in seinem Wagemut und Einsatz für neue Literatur gewesen. Allein, ich hatte, von einigen Veranstaltungen abgesehen, keine Gelegenheit, ihn näher kennenzulernen. Alle sprachen von ihm mit Hochachtung, doch er schien mir immer bedrückt zu sein, verschlossen, vielleicht sogar gehemmt. Allerdings konnte ich mir keinen Reim auf diesen offensichtlichen Widerspruch machen.

Wir kamen ins Gespräch, und plötzlich kam mir der Gedanke, ihn zu bitten, seine Erlebnisse, Erfahrungen und Gedanken als Verleger aufzuschreiben. In der DDR war das Verhältnis von Verlag und Schriftsteller immer voller Spannungen, vielleicht könnte sein Rat auch für die Gegenwart von Bedeutung sein. Mein Vorschlag schien ihn nachdenklich zu machen, aber er hielt ihn wohl nur für eine spontane, gutgemeinte Geste einem inzwischen alten Mann – er war wohl schon im achten Lebensjahrzehnt – gegenüber. Doch er stellte mich auf die Probe. „Du hast doch sicher ein Auto? Ich will in den nächsten Tagen nach Bad Saarow, ein Haus ansehen, vielleicht kaufen, wenn das stimmt, was mir der Hans Putlitz darüber erzählt hat. Die Familie will es loswerden. Bei einer Fahrt können wir dann über deinen Vorschlag sprechen, ich will es mir überlegen."

Dieter Schubert scherzte, er würde ohne Berlin bald krank

werden. Und in der Tat, seit seinem Studium vor dem Ersten Weltkrieg war er immer mit Berlin verbunden gewesen. Er war aus der Schweiz, wo er in dem kleinen Weggis aufwuchs, zum Germanistikstudium in die große Stadt gekommen und seitdem hierher immer wieder zurückgekehrt. Das Erlebnis des Weltkrieges brachte ihn in eine konsequente antikapitalistische Haltung. Alle Werte mußten neu gefunden, die alten radikal in Frage gestellt, ja gebrochen werden. Die bürgerliche Kultur war mit dem Krieg völlig diskreditiert worden, der deutsche Oberlehrer, das schöntuende Bildungsbürgertum. In Zürich bildete sich 1916 dagegen eine revolutionäre Künstlerbewegung, der Dadaismus. Er nahm den Begriff vom kindlichen französischen Stammellaut für ein Holzpferdchen, das dada genannt wird. Bald wurde Dada eine internationale Erscheinung, die antimilitaristischen Künstler gründeten ihre gleichlautenden Vereine in New York ebenso wie in Köln und in Berlin nach dem Schweizer Vorbild aus dem Cabaret „Voltaire". Hannover kam hinzu, und in Berlin entstand unter aktiver Teilnahme von Wieland und vor allem seinem Bruder John eine hauptstädtische Dependance. John, der Maler und Grafiker, hatte sich aus Protest gegen das wilhelminische „Gott strafe England!" den anglisierten Namen Heartfield gegeben.

Mir waren die Einzelheiten, vor allem aber die detaillierten Vorstellungen von der neuen Kunst, die aus den Stammellauten des Dadaismus entstehen sollte, aus den Krakeleien und Strichfiguren der bildenden Künstler, aus der Kakaphonie der Neutöner nicht genau bekannt. Von Wieland erhoffte ich eine Schrift, die der jungen Literatur, die damals kräftig am Entstehen war, Aufschluß über die Zusammenhänge geben konnte. Immerhin hatte der Dadaismus sich bis 1922 gehalten, dann aber war er zerbrochen, und seine Anhänger verteilten sich auf alle anderen Strömungen und Gruppen. Wieland, wie auch sein Bruder John, den alle nur Jonny nannten, schlossen sich der KPD an (seit 1919), mit der Gründung des Bundes Proletarischer Schriftsteller war er sein Mitglied.

Mitten im Kriege hatte Wieland erkannt, daß man Instrumente braucht, wenn man ihn bekämpfen will. So gründete er mit gerade 21 Jahren den „Malik-Verlag", der bis 1945 eine herausragende Rolle spielen sollte. Bei ihm hatten junge, begabte Literaten eine Chance, wenn sie der sozialistischen Idee verbunden waren. Viele der heute bekannten Namen hat er veröffentlicht. Seine besondere Neugier galt der sowjetischen Literatur, in Anthologien stellte er damals noch unbekannte Namen vor, die heute Weltruf genießen.

Mit dem Machtantritt der Nazis war Wieland Herzfelde, wie seine Autoren auch, auf das Höchste gefährdet, so daß er in die Emigration gehen mußte. In Prag führte er den Malik-Verlag weiter, mit gleichem Programm und starker antifaschistischer Tendenz. Doch 1939 war auch hier die Zeit abgelaufen. So wandte er sich weiter und kam nach New York. Hier ließ er sich als Buchhändler und Verleger nieder und sammelte die ebenfalls in die USA emigrierten Autoren. Als leidenschaftlicher Publizist schrieb er in der fortschrittlichen Presse, so im „Freien Wort". Seine bedeutende Leistung aber war auch hier die Fortsetzung seiner verlegerischen Tätigkeit.

So wie er früher die jungen Begabungen selbstlos gefördert hatte – der Name Malik-Verlag leitet sich von einem Romantitel „Malik" von Else Lasker-Schüler her –, so gründete er 1944 mit F. C.-Weiskopf und dessen Frau Alex Wedding, Oskar Maria Graf, Heinrich Mann, Bertolt Brecht u. a. einen „Gemeinschaftsverlag elf antifaschistischer Schriftsteller" (1944). Man sieht, die Idee eines Autorenverlages ist nicht mehr so jung und aus der Not und Bedrängnis entstanden.

Natürlich fragte ich ihn, warum er nach 1949, dem Jahr der Rückkehr nach Berlin, nicht wieder einen Verlag übernommen hatte. „Ich kam zu spät. Die wichtigen Autoren waren alle bereits im Aufbau Verlag, dort wurde unter Schröder und Wendt erstklassig gearbeitet. Für die Sowjetliteratur gab es einen eigenen Verlag mit sehr guten Möglichkeiten. Mit Heinrich Mann hatte ich besprochen, daß ich einen neuen Verlag der Akademie der Künste übernehmen sollte. Aber Heinrich Mann starb, bevor er in dieser Richtung tätig werden konnte, und die Akademie wollte diesen Verlag nicht mehr aus den gleichen Gründen. So viele gute Autoren ohne Stammverlag waren einfach nicht vorhanden. Und eigentlich fühlte ich mich auch als Schriftsteller, Verleger war ich nur aus den Bedrängnissen der Zeit heraus."

Über einen wichtigen Grund sprach er nicht. Er kam, dazu noch reichlich spät, aus den USA in die DDR. In den unter dem Einfluß der Sowjetunion stehenden Staaten grassierte damals die Angst vor infiltrierten Agenten des Imperialismus. Als zentrale Figur mußte ein international tätiger Arbeiterfunktionär, Noel H. Field, herhalten, und wer mit ihm direkt oder auch nur indirekt Verbindung hatte, mußte damit rechnen, verfolgt zu werden. Das galt besonders für die Emigranten, die in Amerika, besonders in den USA oder Mexiko, gelebt hatten. Wieland lernte die Hexenjagd des McCarthy kennen, aber auch das Mißtrauen der eigenen Genossen. Das bekam jeder zu spüren, der aus dem Westen kam, und sei es auch nur aus einem englischen oder amerikanischen Gefangenenlager. Selbst Kundschafter der Sowjetunion, wie Ruth Werner, gerieten in Verdacht.

Die gute Zusammenarbeit mit seinem Bruder John Heartfield, er machte für ihn die Texte und beriet ihn publizistisch, füllte ihn nicht aus, und so nahm er eine Professur für Soziologie der neueren Literatur in Leipzig an. Davon verstand wohl keiner so viel wie er, und doch mußte er erfahren, daß Dogmatiker verschiedenen Kalibers seine Wertungen der proletarischen Kunst angriffen und ihm das Leben in der Partei und am Lehrstuhl schwer machten. Richtig heimisch fühlte er sich in Leipzig nie, und dabei wollte er offenen Herzens sein reiches Wissen dem Journalistennachwuchs übergeben. So zog er sich zurück und fand zwar Zeit für allerlei nicht unwichtige Arbeiten, aber die Kraft für einen großen, autobiographischen Wurf fand er nicht mehr. Man wollte 1959 einiges wieder gutmachen an ihm und verlieh ihm den Heinrich-Heine-Preis, doch auch diese durchaus passende Würdigung und auch die Berufung an die Akademie der Künste (1961) förderten sein Schaffen nicht erheblich. Im Präsidium des PEN-Zentrums konnte er seine Erfahrungen noch am besten auswerten.

Inzwischen waren wir in Bad Saarow angekommen, wo wir einige Mühe hatten, die Rehwiesen zu finden, obwohl er schon das Haus besichtigt hatte. Plötzlich begann er davon zu sprechen, daß ich mich nicht davor scheuen sollte, auch Autoren mit einem kleinen Werk vorzustellen, wenn sie es verdienten und erwähnte die von ihm Ende der zwanziger Jahre herausgegebene Anthologie „Dreißig neue Erzähler des neuen Rußland" und „Dreißig neue Erzähler des neuen Deutschland". Warum in unserem Verlag Neues Leben keine literarische Zeitschrift erschiene, in der man den Nachwuchs vorstellte? Ich verwies auf unsere Lyrikreihe „Poesiealbum" und darauf, daß die meisten unserer Autoren ihr Debüt bei uns gegeben hätten. „Wie damals bei mir der Turek, den jetzt du herausbringst." – „Ob ich hier zum Schreiben komme?" „Was solltest du hier sonst tun, alle haben hier über das Leben nachgedacht, die Filmleute ebenso wie die Schriftsteller."

Zum Spätwerk ist es auch in Bad Saarow nicht mehr gekommen. Obwohl seine Werkliste lang ist, bleibt er der große Verleger des Berliner Malik-Verlages und des New Yorker Verlages „Aurora", der Freund und Förderer der fortschrittlichen, der Arbeiterbewegung verbundenen deutschen, russischen, amerikanischen und tschechischen Schriftsteller. Aber auch seine „Merkwürdigen Erlebnisse eines fröhlichen Waisenknaben", veröffentlicht im Band „Immergrün", lassen in ein schweres, erfülltes Leben eines lauteren Mannes blicken, der über Sozialismus nicht schwadronierte, sondern ihn lebte. Seine Gedichte, „Im Gehen geschrieben", geben darüber besinnliche Auskunft.

Mit zunehmendem Alter wurde er sarkastisch. Als in der Akademie der Künste, deren Mitglied er geworden war, eine forsche Referentin einen besserwisserischen Vortrag hielt und den Schriftstellern erklärte, wie sie zu schreiben hätten, fragte er, Schwerhörigkeit spielend, in die Runde: „Wer spricht denn da?" – „Das ist Frau Dr. Müller", bekam er zur Antwort. „So, so, früher hatten wir Lieschen Müller, heute Doktor Lieschen Müller. Ist das ein Fortschritt?"

Zu seinem 10. Todestag am 23. November 1998 fragte eine alte Freundin, Elisabeth Trepte, warum die Zeitung „Neues Deutschland" nicht eine Zeile der Erinnerung an den Berliner Ehrenbürger Herzfelde gebracht hätte. Der Bürgermeister Diepgen hätte immerhin an seinem Grab einen großen Kranz niederlegen lassen. Bitter schließt sie: „In hohem Alter hat Wieland Herzfelde einmal gesagt: ‚Es ist nicht nur so, als wäre ich schon tot, es ist, als hätte es mich nie gegeben.' – Ein stilles, ungerechtes Ende für einen Rebellen und Revolutionär?

Leider wußten die Kulturredaktion der Zeitung und sicherlich auch Elisabeth Trepte nicht, daß der Saarower Schriftsteller, sein Freund Götz R. Richter, über ihn zum hundertsten Geburtstag einen ehrenden Text geschrieben hat:

„Ich war oft bei ihm in seinem schönen Haus. Vor dem Eingang, dem offiziellen, zwei meterhohe Teelöwen. Wer Wieland besser kannte, ging hintenherum. Die einfache Tür auf – und drin war ich. Rechts das Ablage-Archiv. Regale, ein Tisch, alles voll mit Büchern, Zeitschriften, Mappen. Ein Hometrainer. Ich habe ihn nie darauf gesehen; aber oft in der großen Küche. Die war sein zweites Arbeitszimmer. – Wielandsche Suppen…! Er hatte auch da seine Geheimnisse.

Das Porzellan, auch zum Gebrauch, war vom Feinen. Die Regale offen, ehrliche Kiefer, wie ich denke. („Vom Leben und Sterben der Bäume", eins seiner schönsten Gedichte. Denn er war ja ein Dichter!) Vor den Regalen eine Leine, Zettel daran mit seiner Schrift: acht, zehn Stück manchmal. Zwei kenne ich noch: „Gehorsam? – Eine Legierung aus Feigheit und Dummheit." – „Gewaltherrschaft? – Geld ist das Gewaltigste."

Das Haus war groß und barg wunderbare Möbel – die Welt in edlem Holz – und Bücher, Bücher. Glitzerndes Glas. Bücher, Bücher. Quadratmeter chinesischer Seide. Bücher, Bücher, Bücher.

Wenn ich ihn besuchte, stand er, wenn nicht in der Küche, dann eine Treppe höher, im Arbeitszimmer, vor einem Riesenschrank, hatte ein Tagebuch unter der Brille und sagte, manchmal ohne Gruß, als sei ich nur mal draußen gewesen, sagte zum Beispiel: „Mein erster Brief an Else-Lasker Schüler. Ich war siebzehn damals!" Und er las mir vor. Der Brief war vierzehn Seiten lang.

Sie war 27 Jahre älter als er; doch er gehörte zu ihr mit einem großen Gefühl, das sich nicht nur auf ihre Dichtung bezog – eine phantastische und verschlüsselte Lyrik, in der es um nichts Kleineres ging, als um Freiheit – in Einheit mit Gerechtigkeit und nicht mit Geld. Da war eine Gruppe des Widerstands gegen die Besitz- und Machtverhältnisse, als Kern, neben dem Jüngsten, Wieland Herzfelde, dessen älterer Bruder Helmut, der sich, aus Protest gegen den Deutschen-Wahn, John Heartfield nannte. Seine Fotomontagen sind weltberühmt, so wie die Graphiken des George Grosz, dem Dritten im Bunde.

Wieland Herzfeldes Leben ist schon vor Beginn ungewöhnlich. Der Vater, Schriftsteller, muß wegen „Gotteslästerung" in seinem Drama fliehen, mit ihm zwei Kinder und die schwangere Frau, den zweiten Sohn Wieland im Leib. Er wird 1896 in Weggis geboren. Doch die Schweizer Obrigkeit gibt dem Vater keine Arbeitserlaubnis und verweist die Familie wegen ihrer Mittellosigkeit des Landes. Im Salzburger Land ist die neue Bleibe, und Wieland erinnert sich an die Hütte auf der Alm wie an ein Paradies. Die Vertreibung ist nicht fern. Eines Nachts, Wieland ist vier, kehrt die Mutter nicht zurück. Vier Tage und Nächte rufen die Kinder nach ihren Eltern. Ein Geheimnis liegt über ihrem Verschwinden.

Für die Kinder beginnt die Zeit der „Pachteltern"; bald werden sie getrennt. Wieland lernt zwölf Väter kennen und – das Leben zu nehmen, wie es ist und jede Chance, wenn nur fair, zu nutzen, sich und anderen, die schlechte Erfahrungen mit „denen da oben" gemacht haben, zu helfen.

Es wird Krieg. Er meldet sich als Sanitätssoldat. Die grauenvolle Opferung von Menschen ist ihm Verbrechen. Er verweigert den Dienst. Auch Bestrafung bringt ihn nicht von seiner Erkenntnis und der Konsequenz daraus ab. Er wird als wehrunwürdig entlassen. Er gibt den Widerstand nicht auf. – Was macht die Mächtigen so stark, daß sie Menschen mit einem Eid zum Töten zwingen können?

Er will das wissen. Er liest, schreibt, redet. Zwanzigjährig, mit Bruder Helmut und George Grosz, gibt er die Zeitschrift „Jugend" heraus, im Jahr danach gründen die drei den „Malik-Verlag", benannt nach dem ersten Roman Else Lasker-Schülers. Der Verlag wird wiederholt verboten, denn er bringt Bücher von Gorki, Babel, Fedin, Becher, Majakowski, Scholochow – eine „Anti-Literatur"; immer wieder aber steht er auf, er UNTERlebt die Gesellschaft, um für sie zu ÜBERleben.

Wie Grosz, wie Heartfield muß Wieland Herzfelde während der Nazizeit Deutschland verlassen. Sie emigrieren in die USA. Die beiden Brüder kommen 1949 zurück und arbeiten an ihrer Sache weiter; John Heartfield an unvergleichlichen, eindringlichen Fotomontagen zum Thema Krieg und Frieden, Wieland Herzfelde an der Lehre von einer neuen Literatur. Das ist in Leipzig, dann an der Akademie in Berlin – und er entdeckt Bad Saarow; schreibt hier seine schönsten Gedichte.

„Warum hier?", frage ich.

Er lächelt: „Saarow hat Gedichte in der Luft."

Else Lasker-Schüler

Wir drei
(Wieland, ich, Helmut)

Unsere Seelen hingen an den Morgenträumen.
Wie die Herzkirschen,
Wie lachendes Blut an den Bäumen.

Kinder waren unsere Seelen
Als sie mit dem Leben spielten,
Wie die Märchen sich erzählen.

Und von weißen Azaleen
Sangen die Spätsommerhimmel
Über uns im Südwindwehen.

Und ein Kuß und ein Glauben
Waren unsere Seelen eins,
Wie drei Tauben.

Georg Honigmann
(1903–1984)

Nach 13 Jahren traf der Journalist im Mai 1946 wieder in Berlin ein, mit einem britischen Militärpaß, und trotzdem nahm er nicht die Arbeit bei einer englischen Besatzungsbehörde auf, sondern ging schnurstracks in die Wallstraße zum Parteivorstand der SED, um sich bei der Personalabteilung zurückzumelden. Nachdem er über seine politische Tätigkeit berichtet hatte, wurde er in das Sowjetische Nachrichtenbüro vermittelt, wo er nach den üblichen Anmeldungssorgen mit Wohnung und Verpflegung im zerstörten Berlin, die Arbeit bei seinem Kollegen Jefim Fraenkel, einem Germanisten aus Rußland, wie er ein Jude, aufnahm. Den Journalismus kannte er aus dem Effeff, da er bis 1934 der London-Korrespondent der „Vossischen Zeitung" gewesen war. Die Zeitung wurde verboten, er blieb in England und wurde bei Reuters angestellt, wo er in der Kriegsberichterstattung tätig war.

Gute Leute wurden überall gebraucht, und so finden wir ihn bald als Chefredakteur der Zeitung „Berlin am Mittag", als stellvertretenden Chef der „Berliner Zeitung" und danach als Chefredakteur von „Berlin am Abend". Als ab 1953 die DEFA eine kurzmetragige Satireproduktion, das „Stacheltier", auflegt, wird er als Chefdramaturg dort tätig. Ihm verdanken viele Filmbesucher die umwerfenden, heiteren Kritiken am gesellschaftlichen Leben, an hohlen Phrasen des Aufbauenthusiasmus, an Versorgungsmängeln, fehlenden Rohstoffen und dergleichen mehr. Diese Art von Optimismus stört immer mehr die Obrigkeit, und nach dem Mauerbau wird die Reihe eingestellt. Georg Honigmann geht zur „Distel" als Kabarettdirektor und hat wichtige Verdienste an der Weiterentwicklung des Hauptstadtkabaretts. Auch als Autor von Fernsehdokumentationen und Sachbuchverfasser ist er zeitweilig tätig.

Nach den Emigrationsjahren sucht er einen Ort der Entspannung und findet ein Häuschen in Bad Saarow. Dorthin zieht er mit seiner zweiten Frau, Lisa, die als Pressereferentin bei der DEFA beschäftigt ist.

Sie war in erster Ehe mit dem Studenten Kim Philby verheiratet, den sie in Wien kennengelernt hatte, und schließlich gingen sie über Paris nach London, wo ihr erster Mann schließlich seine einmalige Beobachterposition als Top-Spion der sowjetischen Militäraufklärung einnahm. Ob die Scheidung der beiden mit dieser Tatsache zu tun hatte, kann heute keiner mehr sagen.

Doch die Bulgarin Lisa, die er in London kennengelernt und geheiratet hat, fühlt sich in Deutschland nicht sehr wohl, sie will wieder in ihre Heimat zurück. Die Ehe geht auseinander, und Georg Honigmann heiratet ein drittes Mal, diesmal die Schauspielerin Gisela May, eine der führenden Darstellerinnen des Berliner Theaters, insbesondere Kennerin der Gesänge von Brecht und Eisler und ihre hervorragende Interpretin.

Zeitweilig leben sie noch zu dritt in dem kleinen Häuschen. Lisas Tochter lebt nun bei Mutter und Stiefmutter, bis die Mutter nach Bulgarien zieht. Die kleine Barbara bleibt beim Vater, zu dem ihr Verhältnis jedoch häufig gespannt ist. Barbara macht ihre ersten Berufserfahrungen beim Theater, schreibt auch ein Stück, doch dann zieht es sie nach Paris. Heute lebt sie in Strasbourg. Ihr Vater heiratet ein weiteres Mal, er zieht diesmal zu seiner vierten Frau nach Weimar, wo er auch stirbt.

Der nachfolgende Auszug aus der Erzählung „Eine Liebe aus nichts" von Barbara Honigmann berichtet von ihrer Reise zur Beerdigung des Vaters. Eigentlich darf sie nur direkt nach Weimar fahren, wie damals die unsinnigen Reisebestimmungen für Ausländer lauteten, doch sie hält sich nicht daran.

„So, wie er es in einem hinterlassenen Brief – nicht etwa einem Testament, nur einem Brief, ein paar Zeilen auf einem karierten Zettel – gewünscht hat, ist mein Vater auf dem jüdischen Friedhof von Weimar nach den Vorschriften begraben worden. Auf dem kleinen Friedhof, der ein Stück weit von der Stadt liegt, ist seit Jahrzehnten niemand mehr begraben worden, und man konnte sich über den Wunsch meines Vaters nur wundern, denn er hatte in seinem ganzen Leben überhaupt keine Verbindung zum Judentum und nicht mal einen hebräischen Namen. Der Kantor, den man aus einer anderen Stadt hatte kommen lassen müssen, ein Jude aus Saloniki, der meinen Vater gar nicht gekannt und nie gesehen hat, fügte deshalb an den entsprechenden Stellen des hebräischen Singsangs einfach den deutschen Namen und lächerlicherweise auch noch den Doktortitel ein, und er hat keine der endlosen Wiederholungen ausgelassen und nicht aufgehört, mit seinem sefardischen Akzent immer von neuem den Namen meines Vaters zu entstellen.

Es war schwer zu glauben, daß dort in dem Sarg mein Vater liegen sollte, ich dachte, ich müsse ihn noch einmal sehen, ich müsse jemanden bitten, den Sarg wieder zu öffnen, damit ich ihn noch einmal sehen könnte, aber ich wagte es nicht, weil ich Angst hatte, ihn tot zu sehen, so wie ich schon Angst gehabt hatte, ihn krank zu sehen, denn ich mußte mich ja fragen, warum ich nicht früher gekommen war, es nicht wenigstens versucht hatte, vielleicht wäre es möglich gewesen, die ‚Berechtigung zum Erhalt eines Visums‘ schon eher zu bekommen, aber ich hatte nicht einmal danach gefragt, aus Angst, vielleicht war aber auch etwas von Rache dabei, denn mein Vater hatte mich ja auch verlassen, hatte mich auch betrogen, und warum hatte er in seinem Brief Mord unterstrichen?

Nach dem Begräbnis bin ich noch einmal zum Schloß Belvedere hinaufgegangen, dort hat mein Vater mit seiner letzten Frau gewohnt. Sie war Direktorin des Schloßmuseums, das es in Wirklichkeit gar nicht gab, weil die Restaurierungsarbeiten im Belvedere nie aufgehört und eigentlich nie begonnen hatten. Ihre Wohnung war unter dem Dach, gleich neben dem Tischleindeckdich, einem Speiseaufzug, den Goethe für Karl August hatte installieren lassen, damit sie oben auf der Dachterrasse picknicken konnten. Aus dem Fenster sieht man über den Park von Belvedere, wo der Gingko Biloba steht, den auch Goethe importieren und pflanzen ließ und auf den er das so berühmte Gedicht schrieb. Der Baum sieht aber ganz unauffällig und mickrig aus, und mein Vater und ich haben uns bei unseren Spaziergängen durch den Park oft gefragt, ob es wirklich ‚dieses Baums Blatt‘ in dem berühmten Gedicht gewesen sein kann, doch so steht es ja überall geschrieben, und jedermann dort sagt es immerzu.

Ich wollte das Zimmer meines Vaters noch einmal sehen und mir ein Erinnerungsstück mitnehmen, aber es war schwer und trostlos, etwas herauszusuchen, seine Kleider lagen in dem Raum so verloren herum, wie sein Körper jetzt war, und auch all die anderen Gegenstände, die zu seinem Leben gehört hatten und

eine Erinnerung daran trugen, erschienen mir nur wie abgefalle-
ne Stücke, die ihren Halt verloren und nun keinen Sinn mehr
hatten; eine Weile werden sie noch hin und her geschoben, in die
Hand genommen und dann doch wieder weggelegt. Das oder
jenes nahm ich auf, sah es an, drehte und wendete es, ob nicht
irgend etwas Lebendiges noch darin zu finden sei, das ich her-
auslocken könnte, wie ein kleines Kind, wenn es ein neues Ding
findet und es schüttelt und ans Ohr hält und in den Mund nimmt
und darauf beißt, weil es nicht weiß, woher seine Wirkung kommen wird, und noch alles von dem unbekannten Gegenstand
erwartet. Aber ich begriff, daß die Erinnerung aus den Gegen-
ständen herausgefallen war; jetzt würden sie weggeworfen werden oder weggeschenkt, und andere Leute können ihre Geschichte wieder neu hineinlegen, aber die Geschichte meines Vaters
war darin zu Ende, in den Dingen hielt sie sich nicht mehr.

In einer Schublade fand ich ein kleines, in rotes Leder gebun-
denes Notizbuch, ein englischer Taschenkalender aus der Emi-
grationszeit, den nahm ich mir und außerdem die russische Arm-
banduhr, die er immer getragen hatte. Sie war ein Geschenk von
Jefim Fraenkel, dem Germanisten aus Moskau, mit dem mein
Vater in den ersten Jahren nach dem Krieg im Sowjetischen Nachrichtenbüro in der russischen Besatzungszone zusammengear-
beitet hatte. Als das sowjetische Nachrichtenbüro aufgelöst und
Jefim Fraenkel nach Moskau zurückgekehrt war, wurde er ins
Lager und in die Verbannung geschickt, aber das erfuhr mein
Vater erst zwanzig Jahre später, als sie sich zum ersten Mal wie-
dertrafen. Da besuchte Jefim Fraenkel ihn in Weimar, und bei
dieser Gelegenheit hatte er ihm die Uhr geschenkt, und mein
Vater hatte in der ‚Jugendmode‘ drei Jeans für Fraenkels Söhne
in Moskau gekauft.

Jetzt war die Uhr stehengeblieben und nicht mehr aufzuzie-
hen, deshalb habe ich sie hier in Paris gleich zur Reparatur gebracht. Der Uhrmacher hat sie mir wieder hergerichtet, aber er
machte abfällige Bemerkungen über die russischen Uhren; sie
seien zwar solide, sagte er, aber im Inneren grob und ohne Kunst-
fertigkeit. Und dann hat er mich gefragt, ob ich von dort käme,
und ich habe geantwortet, nein, nein, aber woher denn, daher
käme ich nicht.

(Friday) December 15. Dienstag

Weimar, Apolda, Naumburg, Weißenfels, Halle, Berlin. Hundertmal bin ich diese Strecke gefahren, aber jetzt ist die Reise illegal, denn die ‚Berechtigung‘ gilt nur für den Ort des Begräbnisses.

Irgendwo am Rand von Berlin bis ich deshalb aus dem Zug gestiegen, um mit der S-Bahn oder mit einem Bus weiterzufahren, weil ich dachte, das wäre unauffälliger. Habe mich gleich verlaufen, denn in diesem Teil der Stadt bin ich nie gewesen, es ist eine ganz unbekannte Gegend, die ich zum erstenmal gesehen habe. Ein Straßenschild weist zur Autobahn und nach Fürstenwalde – ein Ortsname, den ich gut kenne. Hier könnten wir vor einer sehr langen Zeit entlanggefahren sein, als ich ein Kind war und meine Eltern noch zusammenlebten. Sie hatten ein Haus am Scharmützelsee, wo wir die Wochenenden verbrachten, ich kann mich nicht wirklich daran erinnern, sondern nur an das, was meine Eltern davon erzählt haben: eine kleine Villa aus Holz und eine Veranda auf den See hinaus, ein großer Garten mit alten Bäumen, ein paar Beete mit Bohnen und Erdbeeren, Himbeersträucher und Apfelbäume und die Schaukel vor dem Küchenfenster. Johannes R. Becher soll mit mir geturnt haben, wenn er manchmal mit seinem Segelboot herüberkam, und dann haben sie in Liegestühlen unter den Bäumen gesessen und diskutiert, wie es mit dem neuen Deutschland werden soll. Ich wollte in dieser Zeit noch Naturforscherin werden und forschte im Garten oder am Rande des Wassers; als ich meine Forschungen auf das Segelboot von Johannes R. Becher ausdehnen wollte, war das allerdings verboten. Das Haus und der Garten waren gepachtet, und nach ein paar Jahren schon forderte der Besitzer, den mein Vater immer nur den ‚alten Nazi‘ nannte, beides zurück. Von da an gab es kein Haus und keinen Garten am Scharmützelsee mehr, meine Eltern gingen bald auseinander, die Schauspielerin brauchte kein Haus fürs Wochenende, weil sie sowieso immer im Theater zu tun hatte, und meine Mutter dachte wohl schon an die Rückkehr nach Bulgarien.

Viele Jahre später, in der Zeit an der Universität, bin ich dann doch wieder an diesen Ort gekommen. Die Mutter meiner Freundin hatte ein Haus dort, beinahe einen Hof, und meine Freundin und ich haben auf diesem Hof viele Wochenenden verbracht, manchmal mit ihrer Mutter oder mit anderen Freunden oder mit den Freunden der Mutter. Es war so eine Flucht aus dem Leben in Berlin und dem Leben überhaupt. Wir ließen uns von der Mutter und den Freundinnen der Mutter verwöhnen, aber das Verwöhnen war uns auch wieder nicht recht, denn es kam uns doch wie Zumschweigenbringen und Verstummen vor. Dann liefen wir wieder weg. Einmal zeigte ich meiner Freundin am anderen Ende des Ortes den Garten und das Haus, die früher unser Garten und unser Haus gewesen waren, und wir sahen hinter dem Zaun den ‚alten Nazi‘ im Garten wirtschaften. Wir liefen in die Rauenschen Berge, deren Name mir fast als einziges von diesem Ort aus der Kindheit in Erinnerung geblieben war, oder einem der drei Wege nach, die in die Nachbardörfer führten; und wir kannten bald jeden Stein, der da lag, und jeden Strauch, der da wuchs, und fingen an, von Weiterem, Unbekannterem zu träumen und wollten lange Wanderungen unternehmen und schmiedeten große Pläne für unser Leben.“

Hanns Hopp

(1890–1971)

Den Lübecker verschlug es nach einem Studium der Architektur in München und Karlsruhe nach Ostpreußen. Hier fand er in Memel und Königsberg interessante Aufgaben. So baute er den Flughafen Königsberg (1921) und Teile der Ostmesse, den Handelshof und das Haus der Technik. In Moskau wirkte er als Konsultant bei der ersten Landwirtschaftsausstellung. Er baute hauptsächlich öffentliche Gebäude, ein Altersheim, eine Gewerbeschule für Mädchen, ein Hotel und wieder einen bedeutenden Bau in Königsberg: den Reichssender und dazugehörige Wohnbauten. Nach dem Machtantritt der Nazis erhielt er keine öffentlichen Aufträge mehr, er baute für Privatleute. Politisch war er in einer Widerstandsgruppe mit dem Namen Herta aktiv.

Mit seinen reichen Erfahrungen nahm der 55jährige nach dem Krieg eine Lehrtätigkeit in Dresden auf, wohl wissend, daß die nächsten Jahrzehnte der Architektur die Möglichkeiten gaben, auf neue Art große Ensembles zu bauen. Der Bedarf war praktisch unbegrenzt. Gleichzeitig begann er mit ersten Wiederaufbauplanungen für das Dresdener Stadtzentrum und übernahm die Leitung der Kunsthochschule Halle-Giebichenstein. Nach der Gründung der DDR berief man ihn ins Institut für Städtebau, wo er die Abteilung Hochbau leitete.

Immer ging Hanns Hopp auf den schwierigsten Feldern voran. Er übernahm die Planung für die Frankfurter Allee in Berlin und schuf vorbildhaft wirkende Gesellschaftsbauten, so die Tbc-Heilstätte in Bad Berka, das Kulturhaus der Maxhütte Unterwellenborn und das Kreiskrankenhaus in Saalfeld und war gleichzeitig verantwortlich für die Abschnitte F und G in der Stalinallee von Berlin. Die Hochschule für Körperkultur und Sport in Leipzig trägt seine Handschrift. In seiner Meisterwerkstatt an der Bauakademie bildete er begabten Nachwuchs aus und beschäftigte sich mit Grundsatzfragen. Er erforschte die Typenprojektierung von Kulturhäusern, Schulen und Kindergärten, Krankenhäusern und Ambulatorien. Anders, so wußte er, war den ungeheuren Kriegsschäden nicht beizukommen. Der Wiederaufbau des Preußischen Abgeordnetenhauses und des Schlossen in Niederschönhausen mag ihm als Entgegensetzung gedient haben, um sich mit den Traditionen näher zu befassen. Einige Jahre wirkte er als Präsident des Bundes der Architekten. Das Königliche Institut der britischen Architekten berief ihn zum korrespondierenden Mitglied ehrenhalber.

Wenn die Architektur der fünfziger Jahre, die durchaus noch interessante, individuelle Züge aufweist, betrachtet wird, ist der Name Hanns Hopp dabei, sofern über die Gründer gesprochen wird. Es ist ein Glücksfall, daß wir eine seiner Reden anfügen können, die als Einblick in die Aufgabenstellung der Bauakademie herangezogen werden kann. Er unterbreitete der Kulturkonferenz im VEB Elektrokohle im Frühjahr 1960 Überlegungen, die heute noch modern klingen.

„Mit jeder neuen Epoche tritt ein neuer Bauherr auf den Plan, nicht als Einzelperson, sondern als Klasse oder Gruppe. Unser Bauherr ist das ganze Volk, für das seine Beauftragten sprechen und handeln, das sind die Planträger einzelner Bauten, die staatlichen Organe und die Massenorganisationen.

Die Entwicklung einer neuen Stilepoche ist jedesmal ein dialektischer Prozeß zwischen Bauherrn und Architekten. Sie wird niemals allein von den Architekten ausgehen können. Es ist also überaus notwendig, daß sich die beiden Partner kennen, daß sie miteinander sprechen, Meinungen bilden und aushandeln und sich so an- und miteinander vervollkommnen.

Wenn wir auf dieser Konferenz über die allseitige kulturelle Entwicklung verhandeln, dann gehört dazu auch die Aufgabe, das Volk und seine beauftragten Organe als Bauherrn auf seinen Anteil und seine Verantwortlichkeit für eine sozialistische Architekturentwicklung aufmerksam zu machen, aufzurufen zum Mitdenken und Mitempfinden und in den Diskussionen nicht bei den aufgetretenen Mängeln in der Ausführung einzelner Bauten steckenzubleiben, sondern vorzudringen zu einer Beurteilung und zu einer Kritik der bereits erreichten oder noch unzulänglichen architektonischen Aussage. Dieses Zueinanderfinden und Miteinanderwirken von Bauherrn und Architekten muß in die Planung kultureller Massenarbeit einbezogen werden. Dem Bauherrn obliegt die prinzipielle Aufgabenstellung, dem Architekten die Formgebung. Wie soll sich im neuen Wohnkomplex und auch in den Altbeständen das Leben in harmonischer Übereinstimmung von persönlichen und gesellschaftlichen Interessen und Pflichten gestalten? Wie wird in der Perspektive unsere Wohnung aussehen? Ist es richtig, wenn wir immer noch die aus der bürgerlichen Zeit überkommene Wohnung mit ihrer Aufteilung in viele kleine Räume bauen? Wäre es bei der stets beschränkt bleibenden Gesamtfläche der Wohnung nicht richtiger, einen größeren Raumzusammenhang zu schaffen? Welche Funktionen müssen die Freiflächen zwischen den Wohnblöcken erfüllen, damit sie der Klasse als Gemeinschaftsräume nutzbar gemacht werden können? Mit all diesen Fragen muß sich der Bauherr auseinandersetzen, bevor der Architekt dessen Vorstellungen verwirklichen kann. Eine gesellschaftliche und zugleich kulturelle Aufgabe von höchster Bedeutung ist der Aufbau unserer Stadtzentren. In ihnen schafft sich die sozialistische Gesellschaft den angemessenen Rahmen, der die neue, im Sozialismus entwickelte Menschengemeinschaft sichtbar und erlebbar macht.

Volk und Staat als Auftraggeber müssen die Perspektiven des künftigen sozialistischen Lebens zuerst klären und sie dann den Städtebauern und Architekten als Direktive übergeben... Es muß also in die kulturelle Massenarbeit die Vermittlung von Wissen über die Architektur als Kunst, über ihre Bindung an Ökonomie und Technik einbezogen werden. In den Klubs, in den Betriebs- und Dorfakademien und vor allem schon in den Schulen muß eine Beschäftigung mit der Architektur aufgenommen werden. Die Mitglieder des Bundes Deutscher Architekten sind bereit, diesen Kontakt mit den jetzigen und zukünftigen Bauherren zu gegenseitiger Förderung zu pflegen. Nicht nur mit dem Neuen gehen, sondern ihm führend vorangehen! Dann werden unsere Städte und Dörfer eine architektonische Umwelt bilden, die einer gebildeten Nation würdig sind."

Privat war er ein bescheidener Mensch. Im Gegensatz zu den großen oft repräsentativen Bauten bewohnte er in Bad Saarow ein einfaches Wochenendhaus am See, wo sein Segelboot lag, wo er seine Gedanken vom Alltag beruhigte und sie zu neuen Perspektiven fliegen ließ.

Henryk Keisch

(1913–1986)

Für Henryk Keisch, der ein Leben lang ein Mann der Kultur war – ein homme de lettre, konnte das Leben nie Traum sein; die Zeit, in die er hineingeboren, forderte ihm immer erneut wache Konsequenz ab. Und doch, fast am Ende, erfüllte er sich einen Traum. Die Gemeinde Bad-Saarow verpachtete ihm Mitte der fünfziger Jahre ein Stück Land am Ufer des Scharmützelsees, Friedrich-Engels-Damm 146 (einst Hindenburgdamm geheißen), auf dem er sich ein Wochenenddomizil errichten konnte. Fast dreißig Sommer hindurch glitt nun sein Segelboot über die Wellen seines geliebten Sees, fast dreißig Sommer hindurch war dieses Domizil vor allem der Ruhepunkt für Toni, seiner, der Hölle von Auschwitz entronnenen Frau. Die Gemeinde Bad Saarow hatte diese Pacht mit Bedacht erteilt: Das Stückchen Land war der unbebaute Teil eines Grundstücks, das nach dem ersten großen Krieg ein Jude namens Hirschberg erworben hatte. Als Jude aber lebte er niemals ohne Angst in Deutschland. Er bat also einen Bekannten, einen Rentier Jolowicz aus Berlin-Zehlendorf, sich für ihn ins Grundbuch eintragen zu lassen. Und als dann mit den Nazis die Verfolgung begann, 1938 die „Arisierung des deutschen Bodens" auch in Saarow drohte und in der sogenannten „Reichskristallnacht" auch das Berliner Haus Hirschbergs zerstört und geplündert wurde, bat der um sein Leben fürchtende Jude den Rentier Jolowicz, das Saarower Grundstück schnell zu verkaufen, damit er, bereits im Besitz eines amerikanischen Passes, Deutschland schnell verlassen könne. Aber man wartete bereits auf Jolowicz, man wußte Bescheid und erzwang einen Verkauf weit unter Wert. Hirschberg aber entkam den Häschern. – Einen Teil eben dieses Grundstückes, nach dem zweiten großen Krieg erneut „verwaist", übergab die Gemeinde nun Toni und Henryk Keisch zur Nutzung.

Als junge Studenten, die sich sehr früh dem Widerstand gegen das nahende Naziregime angeschlossen hatten, gehörten beide, als Juden doppelt bedroht, 1933 zu den ersten Emigranten. Zunächst in Strasbourg, dann in Paris schlug Henryk Keisch sich als Sprachlehrer, Übersetzer, Kraftfahrer durch, suchte Kontakt mit den politischen Emigranten, begann zu schreiben, gelangte bald in eine von Hans Marchwitza geleitete Arbeitsgemeinschaft junger Autoren; seine Gedichte erschienen in der Pariser „Deutschen Volkszeitung". 1938 wurde ihm für diese Arbeit der Heinrich-Heine-Preis des Schutzverbandes Deutscher Schriftsteller zugesprochen. Der Krieg verhinderte das Erscheinen der Gedichtsammlung „Das Leben kein Traum".

„Das Leben kein Traum" – nein: Toni und Henryks Leben war immer wache Konsequenz. Als der Krieg nach Frankreich überschwappte, gehörte Henryk Keisch zu den ersten Freiwilligen. Er wollte die Feder mit der Waffe tauschen, wollte den Nazis entgegentreten; er wollte Toni, seine junge Frau, und Claude, den gerade geborenen Sohn, schützen, wollte sich an der Front und sie in Sicherheit wissen. Aber der deutsche Emigrant wurde nach Tunesien geschickt in die Fremdenlegion, dann aus der Armee entlassen, ohne an militärischen Operationen teilgenommen zu haben. In einem Dorf der unbesetzten Zone fristete die junge Familie ihr Dasein. Es hielt sie nicht. Mit dem Instinkt für das Menschliche fanden beide den Weg zum Widerstand. In Grenoble schlossen sie sich der Résistance an, die winzige Wohnung wurde zur illegalen Druckerei. Die französischen Kameraden stellten das junge Paar vor die Alternative: entweder den Sohn in Sicherheit bringen – oder die Arbeit abbrechen. Konsequenz blieb die Prämisse der beiden mutigen Antifaschisten. Sie vertrauten den französischen Kameraden ihren Sohn an und kämpften weiter. Das Versteck des Sohnes hielt man auch vor den Eltern geheim, damit sie es selbst unter der Folter nicht preisgeben könnten. Kann man die Schwere dieser Entscheidung nachempfinden? Erreichte mutige Konsequenz damit nicht den äußersten Grad?

Im Mai 1944 wurde Henryk Keisch, längst in die Leitung der Résistance-Organisation für das Alpengebiet aufgenommen, bei einer Razzia verhaftet. Bei der anschließenden Durchsuchung der Wohnung fiel auch Toni der Gestapo in die Hände. Ihre Stationen hießen Auschwitz und Ravensbrück. In letzter Sekunde erfolgte ihre Rettung durch eine Aktion des schwedischen Roten Kreuzes. Der SS fehlte es an Verbandsstoff und Medikamenten für ihre Verwundeten; so handelten sie einen Tausch Medikamente gegen ausländische Häftlinge aus. (Toni war es gelungen, sich aufgrund ihrer Sprachkenntnis als französische Jüdin auszugeben.) – Henryk wurde gefoltert und danach ebenfalls auf den „Transport" geschickt. Aber – Konsequenz: „In die Freiheit mußt du springen!" – diesen Sprung aus dem Zug hat Henryk Keisch literarisch geschildert. Wir jungen Kollegen haben es ihm geduldig, immer und immer wieder abverlangt; sonst hätte er auch das nicht preisgegeben, als fürchtete er, zu den Außergewöhnlichen gereiht zu werden. Aus seiner Erzählung wissen wir, daß ihm, obwohl beim Sprung von den Wachleuten niedergeschossen, dennoch die Flucht mit durchschossener Lunge, das Durchqueren eines Flusses gelang, daß französische Kameraden ihn retteten und daß er im August 1944 in einem Krankenhaus die Befreiung erlebte.

Nach seiner Genesung eilte er nach Paris. Er suchte die Frau und den Sohn. Es war ein Abenteuer und – doch ein Traum? Er fand beide. Zunächst arbeitete er als Redakteur der nunmehr legalen „Fraternité", an deren illegaler Veröffentlichung er beteiligt gewesen war. 1946 wurde er Deutschland-Korrespondent von „Liberation" und „Ce Soir". 1950 führte ihn sein Weg in die junge DDR. Er gönnte sich keine Ruhe, schonte sich nicht. In vielen Redaktionen war er zu Haus, bis zuletzt seiner „Weltbühne" und seiner „Neuen Deutschen Literatur" treu, deren Chefredakteur er zeitweilig war, eng verbunden. Er schrieb Filme, Epigramme, Kritiken, Übersetzungen. Vieles davon entstand in seinem Domizil am Ufer des Scharmützelsees. Seine Stimme war nicht wegzudenken. Henryk Keisch hat vor nichts die Augen verschlossen, er hat immer den Dialog gesucht. An seiner Meinung hielt er hartnäckig fest; da blieb er unbequem, war er nicht abzuweisen; aber er konnte zuhören, und er zwang uns, alle unsere Argumente aufzubieten – und war dann der Korrektur fähig. Nicht sehr oft, nie schnell; aber er war es. Zum Schluß, schon von der Krankheit gezeichnet, spielte man dem Unbequemen übel mit. Man drängte ihn ins Abseits. Er hatte nur noch wenige Freunde. 1986 überstand er eine erneute schwere Herzoperation nicht. Als ein unerbittlich-ernster und doch immer freundlichliebenswerter Mensch lebt er in unserer Erinnerung. Uns begleitet seine drängende, warnende Ruhelosigkeit.

Bad Saarower Nachklang

Das Domizil am Scharmützelsee, das den beiden zum Refugium geworden war, in dem sie nach einem Leben ständiger existentieller Bedrohung und Verfolgung Ruhe und Entspannung gefunden hatten, war nun für Toni nicht mehr erreichbar. Henryk hatte es gewußt und ihr empfohlen, das Haus einem Freund zu übereignen, der sich der beiden angenommen hatte, als Henryk Keisch ins Abseits gestellt worden war. Sie tat es. Aber nach wenigen Jahren änderten sich die Verhältnisse; es tauchten Leute auf, die sich als Beschenkte jener Nazi-Rüstungsfabrikantin ausgeben konnten, die im Jahr der „Arisierung des deutschen Bodens" das Hirschberg-Anwesen übernommen und es im Mai 1945 fluchtartig auf Nimmerwiedersehen verlassen hatte. Diese also Beschenkten bewirkten vor den Gerichten die Räumung dieses inzwischen sorgsam kultivierten, mit Strom und Wasser versorgten und einem massiven Haus bestückten Grundstücks.

Henryk Keisch, dem durch die Bitternisse dieses Jahrhunderts gegangenen, unerbittlichen Menschen, ist wenigstens dieser Vorgang erspart geblieben.

Walter Novojski

Christian Kirchner
(geb. 1950)

Er ist erst in den letzten Jahren hierhergezogen, und doch hat er das Geschick des Kurortes wie kein anderer bestimmt. Eigentlich stammt er aus einer Berliner Familie, ging aber nach dem Studium und verschiedenen Stationen in den hessischen Kurort Bad Orb, in einen idyllischen Ort mit malerischem Stadtbild, den schönen Fachwerkhäusern, eben in den Spessart, wo man am Wald und an den Sauerquellen genesen kann. Gewiß, die Aufgabe war nicht leicht, aber er stieß dort auf vorhandene, bewährte Strukturen, die ein wenig lau vor sich hindümpelten, und die wieder belebt werden mußten. Das kam dem jungen, zielstrebigen, studierten Touristik-Ökomen gerade recht, um sich die nötigen Berufserfahrungen anzueignen. Aber eines Tages ist der erforderliche Stand erreicht, und das Leben läuft so vor sich hin. Und man wird gerufen, seine Erfahrungen weiterzugeben. So finden wir Dr. Christian Kirchner als Dozenten in Seminaren für Teilnehmer aus den neuen Bundesländern, die nach Bad Elster gekommen waren, sich für die neuen Bedingungen, unter denen jetzt Kurbetrieb erfolgen würde, weiterzubilden.

Als Vertreterin von Bad Saarow, das nur Bad hieß und erst wieder eines werden wollte, hört ihm Renate Ullrich zu. Sie ist von seiner Sachkenntnis und klaren Darlegung der Organisationsvorgänge beeindruckt, und wie es bei solchen Seminaren zugeht, man unterhält sich, man tauscht Adressen aus und die Zusicherung, miteinander in Kontakt zu kommen, wenn es einmal erforderlich sein sollte. Dieser Tag kam bald. Schon 1990 waren die Kommunalpolitiker in Saarow auf der Suche nach dem künftigen Entwicklungsprofil des Ortes. Das Raumordnungsverfahren zum Bau einer großen Sport- und Freizeitanlage in Silberberg mit drei Golfplätzen, Tennis- und Reitanlagen war noch im selben Jahr abgeschlossen worden.

Aber was anfangen mit Moor und Sole und der darauf in den zwanziger und dreißiger Jahren so erfolgreich verlaufenen Entwicklung als Kurort? Was anfangen mit den von der Natur großzügig gegebenen Vorzügen einer wunderbaren Erholungslandschaft? Der Abzug der Insassen des sowjetischen Militärsanatoriums stand in absehbarer Zeit bevor. Die Zeit drängte, die Gemeindevertretung wollte 1993 den Entwicklungsplan verabschieden. Damit sollte der Startschuß zur Entwicklung eines modernen Kur- und Tourismus-Ortes Bad Saarow fallen.

Berater dringend gesucht. Es kam so mancher Fachmann aus dem Westen, alle waren von der schönen Lage des Ortes beeindruckt, doch niemand hinterließ einen überzeugenden Eindruck.

Hrsg.: Frau Ullrich, Sie sind dann nach Bad Orb gefahren?

Ullrich: Wo denken Sie hin, was ich zu besprechen hatte, mußte an Ort und Stelle geschehen. Aber ich hatte die Telefonnummer vom Seminar. Herr Dr. Kirchner sagte zu und erschien. Ich habe ihm dann den Ort gezeigt, und bei einer Tasse Kaffee im „Café Dorsch" sprach ich doch etwas deprimiert über den Umfang der zu leistenden Aufgabe. Der Aufschwung Ost würde wohl mehr ein steiler Aufstieg werden. Doch Herr Dr. Kirchner sah sofort, daß in der desolaten Verfassung der Reste des Bades zugleich auch die Chance steckte, nicht irgendeinen Kurbetrieb zu veranstalten, sondern eine moderne Entwicklung einzuleiten. Die allerbesten Voraussetzungen hatten wir im wichtigsten Kapital, der wunderschönen Natur. Wir hatten auch den Willen, aber kein Geld, keine Erfahrung, keine stabile Ortsleitung. Die meisten waren noch mit dem Hickhack über Fragen der vergangenen Jahre beschäftigt, der Sporting Club war umstritten, die Besitzfragen vieler Grundstücke weitgehend ungeklärt.

Hrsg.: Eigentlich keine ermutigende Lage, sich in ein unabsehbares Abenteuer zu stürzen.

Ullrich: Wohl wahr, doch aus der ersten Zusammenkunft wurden weitere. Eines Abends saßen wir bei uns zu Hause zusammen, und Herr Dr. Kirchner lernte den späteren Bürgermeister, Axel Walter, kennen, der sich natürlich mit den gleichen Fragen herumschlug. Die beiden Männer verstanden sich vom ersten Moment an. Da gerade Wahlkampf war, wurden Losungen erfunden, Argumente entwickelt, und das alles locker und lustig. Die Zusammenarbeit begann in einer heiteren Atmosphäre. Beiden war klar, daß ein gutes Team entstehen mußte. Nun hatten sie sich kennen- und schätzengelernt und einen guten Draht gefunden, und das, jedenfalls ist das meine Überzeugung, mag den Ausschlag dafür gegeben haben, daß er sich hier entschieden hat, das schwere Feld zu beackern.

Hrsg.: Was sagte Bad Orb dazu, was die Ehefrau?

Ullrich: Bad Orb sollte selbstverständlich nichts erfahren, bevor nicht eine definitive Entscheidung gefallen war. Deshalb verlief die Verbindung immer sehr diskret. Und die Familie? Ich glaube, sie hat während eines Urlaubs gründlich nachgedacht. Beide waren Berliner, beide hatten sowieso die Absicht, wieder in oder in die Nähe der Hauptstadt zu kommen, hier nun war die Gelegenheit. Sie waren beide jung genug, noch einmal umzuziehen. So kam eines Tages die Entscheidung bei einer Ortsbesichtigung durch die Familie. Frau Dr. Corinna Kirchner ist ebenfalls vom Fach, sie betreibt eine Touristic Consult, hat also alles mit fachmännischem – oder sagt man fachfraulichem? – Blick gesehen. Und dann kam ihr Wort: „Gut, wir packen die Koffer." Nun sind auch die Mutter und die drei Kinder hier integriert, die Große studiert schon, der Mittlere macht gerade Abitur in Fürstenwalde.

Hrsg.: Aus Wessis wurden Ossis aus voller Überzeugung? Keine Leihbeamten, keine von der bekannten Sorte der Go-east-Ritter?

Ullrich: Kein Gedanke in dieser Richtung hat mit der Entscheidung der Kirchners für unseren Ort etwas zu tun. Sie sind Kinder der 68er-Bewegung, sie stellen sich einer Aufgabe. Sie sind Unternehmer im ideellen Sinne, sie unternehmen alles Notwendige für den Ort.

Hrsg.: Das behaupten andere auch.

Ullrich: Da muß man nicht mit Worten überzeugen. Ein Gang durch den Ort genügt. Die Therme ist unübersehbar, die Leute, die hin- und herziehen mit dem Badegepäck, ebenfalls. Waren Sie auch schon da?

Hrsg.: Da ich ein Mensch von der Küste bin, lechze ich geradezu nach Wasser. Es ist mir nur zu salzig. Der Pilz aber und die Sauna gehören in mein regelmäßiges Fitness-Programm, das ist doch klar.

Ullrich: Sie sollen das Wasser ja auch nicht in größeren Mengen trinken. So wie Ihnen geht es vielen. Die Therme ist vom ersten Tag an geradezu rasend schnell angenommen worden, die Leute kommen manchmal von weit her. Neulich traf ich eine Familie aus Neubrandenburg, die vor Jahren einmal hier zeltete und nun begeistert schwärmte. Überhaupt nimmt die ganze Scharmützelseeregion einen unübersehbaren Aufschwung. Als Geschäftsführerin des Fremdenverkehrsvereins könnte ich es an der steigenden Auslastung der Betten belegen.

Hrsg.: Bitte hier keine Statistik. Aber werden die vielfach neu entstandenen Hotels noch ein weiteres fünfsterniges verkraften können?

Ullrich: Sonst würden kluge Unternehmer ein millionenschweres Objekt nicht anfassen. Die alte Tradition des „Esplanade" wird hier helfen, der geplante Bäderzug auch, und – das ist wohl das Wichtigste – das gestiegene Gesundheitsbewußtsein. Die Leute wollen nicht mehr irgendwelchen materiellen Schnickschnack erwerben, das ist vorbei, sie konzentrieren sich auf das Wesentliche, auf die Gesundheit, auf die Verbindung zur Natur, und davon gibt es hier die schönsten Bereiche. Mit wenigen Schritten ist man auf dem Wasser oder im Wald. Ich bekomme jeden Tag Dutzende von Anfragen. Ich gebe es zu, die kurze Entfernung zwischen Bad Saarow und Berlin ist ein Pfund, mit dem wir wuchern werden, wir wären ja nicht auf der Höhe, würden wir das unterschätzen.

Hrsg.: Sie berichten sehr sachlich. Darf ich Sie danach fragen, welch ein Mensch Herr Dr. Kirchner ist?

Ullrich: Er hat sich bei der Überwindung aller Schwierigkeiten und Hemmnisse an die Spitze gestellt. Daraus geht schon hervor, daß er sehr aktiv ist. Wir haben in der Arbeit Freundschaft geschlossen, auch mit seiner Frau, die schon zur Gemeindevertreterin gewählt worden ist für das Bürgerbündnis mit dem ungewöhnlichen Namen „Scharmützelsee-Demokratie". Die Freundschaft basiert auf unbedingtem gegenseitigen Vertrauen und der daraus entstehenden Zuverlässigkeit, und auch auf Sympathie. Es ist eben Teamgeist vorhanden, und alle geben das Beste, weil sie sehen, wie er sich in die Sielen legt.

Hrsg.: Was macht er in der Freizeit?

Ullrich: Er spielt Flöte, wie der Alte Fritz, doch fürchte ich, nicht so oft. Der soll den Tag damit begonnen haben, das vermute ich beim Kurdirektor nicht. Überhaupt hege ich die Hoffnung, daß er seine Kräfte einteilen kann und sie nicht überanstrengt. Auch seine sind nicht unbegrenzt.

Hrsg.: Besorgen Sie ihm doch ein Segelboot. Bei Flaute auf dem See kommen einem die besten Gedanken, und man kann nicht so schnell an Land kommen.

Ullrich: Ein Boot war schon in seinem Umzugsgut, aber wird er es oft nutzen können? Wird er hören?

Hrsg.: Vielleicht liest er unser Interview, für das ich Ihnen freundlich danke.

Wolfgang Kohlhaase

(geb. 1931)

„Zu den bestimmenden Umständen meines Lebens rechne ich ein gewisses Alter in einem gewissen Moment. Ich meine das Kriegsende, und ich war vierzehn, genügend betroffen von dem, was ich erlebt hatte und doch nicht tief genug verwickelt in den Weltuntergang der Nazis, um nicht vom ersten Tag an empfänglich zu sein für die erstaunlichen Neuigkeiten, die mir begegneten. Die Jahre nach dem Krieg, in meiner Erinnerung, sind eine Zeit fast grenzenloser Freiheit. Wenn ich nicht alles für möglich gehalten hätte, dann sicher auch nicht, daß ich bei einer Zeitung arbeiten würde, ein Beruf, für den in meiner Umgebung kein Beispiel war und von dem ich zwei oder drei Jahre vorher nicht einmal hätte sagen können, daß es ihn gab. Jedenfalls schrieb ich Volontör statt Volontär, als ich meine Bewerbung an alle Berliner Zeitungen in Ost und West richtete."

Der „Start" nimmt den rothaarigen Jungen in blaugefärbten Militärhosen, druckt seine Kurzgeschichten und hin und wieder Filmkritiken. Eine bestand aus nur zwei Sätzen: „Die Hauptdarstellerin heißt Lotte Koch und filmt. Besser wäre, sie hieße Lotte Film und kochte." – Die Redaktion schickte ihn auch als Reporter los, und am Tag der Gründung der DDR, am 7. Oktober 1949, im späteren Haus der Ministerien (heute Finanzministerium), fällt der Berichterstatter Kohlhaase zum ersten und vorerst letzten Mal in Ohnmacht. Er hatte dem unerwarteten Ereignis ohne Frühstück beigewohnt. Ein des Weges kommender Politiker gibt den bestürzten Kollegen, die sich um den blassen Knaben kümmern, den Rat: „Achtet auf eure Kader!" So erlebt er den Anfang im Beruf: „Der Chefredakteur als Ältester war vierundzwanzig, ich inzwischen sechzehn. Wir waren kaum zehn Leute." Beinahe unvorstellbar für heutige Lebensläufe der rasante Einstieg in Verantwortung und Anerkennung. Als der „Start" sein Erscheinen einstellt, geht er als Leiter der Kulturredaktion zur „Jungen Welt".

Nebenbei hat er Kontakte zur DEFA geknüpft, zu einer Arbeitsgruppe, in der sich junge Leute Filme ausdenken. Das ist es wahrscheinlich: die DEFA! „Damals hatte Kohlhaase das Aussehen einer nicht zur vollen Entfaltung gelangten Karotte. Die unterernährte Gestalt krönte der mit rotem Wuschelhaar bedeckte Kopf. Aus dem Gesicht aber lachten tausend Sommersprossen." Maetzig, Dudow, Engel, Staudte, Hellberg verhelfen dem DEFA-Film zu Ansehen, zu wirklichen und zu erklärten nationalen Klassikern, aber es fehlt die Sicht der nächsten Generation. Kohlhaase trifft Gerhard Klein, der zehn Jahre älter ist. Ihr gemeinsamer Start ist leicht, fröhlich und erfolgreich. Beide verbinden ähnliche soziale Erfahrungen, Berliner Humor und die Liebe zum Neorealismus als „erste bewußte Begegnung mit einer Kunstposition im Kino".

Im Drehbuch „Alarm im Zirkus" ist Kohlhaases Stil schon zu erkennen: Begabung für Dialogpointen, Gefühl für die Ökonomie der erzählerischen Mittel eines Vorgangs, Rhythmus der Szenen und sein Bemühen, eine Szene unmißverständlich aufzuschreiben. Das geht manchmal bis ins Komische, so wenn im Westberliner Ballhaus von „traurig aussehenden Kakteen" die Rede ist, während auf der anderen Seite der Stadt die „Sonne freundlich scheint".

Das Publikum nimmt „Alarm im Zirkus" begeistert an. Kohlhaase ist dreiundzwanzig. Im August 1955 liegt das Drehbuch „Eine Berliner Romanze" vor. Ost und West sind die Ufer, zwischen denen Uschi und Hans, Romeo und Julia im geteilten Berlin, sich begegnen und verlieren, um dann doch zum guten Ende am östlichen Ufer aufgenommen zu werden. Die Hauptdarstellerin wird per Annonce gesucht, und unter vielen Bewerbern wird die 18jährige Annekathrin Bürger ausgewählt. Besonders mit diesem selbstbewußten Mädchen identifizieren sich die Zuschauer in vielen Briefen.

Im August 1957 hat „Berlin – Ecke Schönhauser" Premiere. Der Autor ist nun 26 Jahre alt. Sein Ton ist ernster geworden. Er erzählt, daß in der neuen Ordnung auch neue Mängel sind. Nicht der Westen, so einflußreich er auch sein mag, kann dafür verantwortlich gemacht werden, was aus den eigenen jungen Leuten wird. Auch das zentrale Ortsmotiv – diese Kreuzung von vier Straßen, der Hochbahnviadukt, Straßenbahnlinien, die belebteste Ecke von Berlin – macht sinnfällig, daß eine Geschichte ver-

handelt wird, deren Probleme hier gelöst werden müssen. –
Das Thema der Berlin-Filme hatte sich vorerst erschöpft. Kohlhaase und Klein suchen nach einem neuen Thema und einer neu-
en Gangart. Günter Rücker kommt dazu, ein Hörspielmacher,
Drehbuchautor, auch mit Erfahrung im Dokumentarfilm. Er
macht den Vorschlag, den Überfall auf den Sender Gleiwitz zu
verfilmen, mit dem sich die Nazis in der Nacht zum 1. September 1939 den Anlaß für den Zweiten Weltkrieg organisierten.
Bis auf die letzte Kameraposition vorbedacht, erzählen sie die
„Geschichte einer Provokation". Sie bekennen sich zur Rekon-
struktion, das war damals ohne Beispiel in der DEFA-Geschich-
te. Mit grimmiger Anerkennung wird es später nach der Aufführung des Films in der Bundesrepublik in der „Welt" heißen: „Hier
stellt sich nicht Klein-Mäxchen die Nazis vor, sondern hier schil-
dert sie einer, der sie genau kennt, weiß der Himmel woher."
Kohlhaase hat mit diesem Film sein zweites wichtiges Grund-
thema gefunden, die Darstellung von Krieg und Faschismus. Sein
Interesse am Historischen, von Jugend an vorhanden und nie
verloren, ist inzwischen zu einem persönlichen Verhältnis zur
Geschichte geworden, zum Teil einer inneren Kultur.
    Der Film „Berlin um die Ecke" ist eine Liebesgeschichte, vor
allem aber ein Film über die täglichen Mühen in einem Metall-
betrieb. Alte und junge Leute. Die Träume von morgen und die
Maschinen von gestern. Der alte Arbeiter Paul, eine große Leistung von Erwin Geschonneck, sieht die Fabrik so an, als wäre
sie seine, er nimmt Volkseigentum wörtlich. Mit überschnapp-
ender Stimme führt er seinen kleinen großen Kampf gegen den
Schlendrian, wo immer die 17er-Muttern fehlen und in den Pau-
sen die Maschinen nicht abgeschaltet werden. Und wer sich alles auflädt, stirbt am kranken Herzen. Es geht auch um den Verlust am Gespräch zwischen den Generationen. Schockierend der
Versuch eines jungen Arbeiters, im Augenblick einer tiefen Enttäuschung den alten Parteisekretär im Hausflur zusammenzu-
schlagen. Aber dann folgt eine Szene, in der sie in der armseligen
Küche des alten Mannes sitzen, schweigend, bis der Alte sagt: „Das
letzte Mal hat mich einer auf dem Appellplatz geschlagen."
    Daß dieser Film verboten wurde, daß er keine Konsequenzen
haben konnte für Filme mit ähnlicher Thematik, ist nach zwan-

zig Jahren deutlich geworden. Was in vielen Filmen so rasch zur Weltanschauungsdebatte in den Kulissen der Fabriken gerät oder unter der Begleitmusik von Havarien auf Effekte spekuliert, wird hier ganz schlicht als eine Geschichte unter Menschen erzählt.

Konrad Wolf bietet ihm die Mitarbeit an einem Film an, dem er sich aus besonderer Position nähert – es ist das eigene Leben. Wolf hat den Krieg als Leutnant auf sowjetischer Seite mitgemacht. Nach langem Bedenken und zwanzig Jahren macht er aus seinen Erinnerungen ein Filmtreatment. „Als man mich weiter ermunterte, stellte ich die Bedingung, daß ich nicht allein schreiben wolle, sondern zusammen mit einem Autor, der verhindern kann, daß das Dargelegte unerwünschte subjektive Färbung bekommt."

Wolfgang Kohlhaase gelingt mit der Arbeit „Ich war neunzehn" der unbestreitbare Beweis seiner Professionalität. Es ist eine besondere Begabung, und sie ist selten, nicht nur in diesem Land, die ästhetische Reichweite eines vorskizzierten Stoffes zu bestimmen, die Opulenz des erzählerischen Aufwands stilistisch zu minimieren und mit dem Wort funktional, nicht literarisch zu arbeiten. Eine Besonderheit lag im Umgang mit zwei Sprachen, russisch und deutsch. Einige Passagen werden nicht übersetzt, sie sind eindeutig oder der Zuschauer soll zur Assoziation veranlaßt werden, manchmal ist auch nur der fremde Klang für die Szene von Bedeutung. Die Vermittlungsversuche des jungen russischen Soldaten Gregor Hecker (Jaecki Schwarz) werden zum Vorgang – wie in der Szene, in der sich eine große Wut der sowjetischen Soldatin gegen ein junges deutsches Mädchen richtet, das sich aus Angst vor Vergewaltigung in die Kommandantur geflüchtet hat. Nur über Gregor können sich die beiden verständigen, der behutsam durch Korrekturen in der Übersetzung ein Verständnis füreinander versucht. Die Szene bildet eine abgeschlossene Episode, und außerdem ist sie eine Metapher für den ganzen Film – die Verständigung zwischen Deutschen und Russen, Schwierigkeiten der Vermittlung, die Überforderung dieses Jungen durch die Zeit. – Der Film „Ich war neunzehn" hat in einem halben Jahr fast zweieinhalb Millionen Besucher.

Wie ein Fazit aus dieser schwierigen Arbeit hört sich dieser Ausschnitt aus einer Rede auf dem Filmkongreß von 1977 an:

„Wenn wir uns, ob wir wollen oder nicht, mit bürgerlichem Film messen, können wir es, wie mir scheint, nicht teurer machen, nicht bunter, nicht nackter, nicht modischer, wir können keine größeren Autos von höheren Brücken stürzen lassen. Was dann? Wir können Filme machen, die von uns selber handeln. Es hört sich so selbstverständlich an, wie es schwierig ist, und Abenteuer stehen uns durchaus bevor und auch Streit. Wir können, auch im Kino, miteinander ehrlich sein. Miteinander ehrlich sein, das ist eine Dimension menschlicher Freiheit."

Als das Thema des neuen Films durchsickert – „Der Roman einer Schlagersängerin, eine Geschichte von Liebe suchen, Liebe finden, auf die Fresse fallen, wieder aufstehen. Da sie nicht gestorben ist, wird sie – kräftiger, wünschen wir ihr – weiterleben" ist die Überraschung groß. Besonders von Konrad Wolf, dem ernsten Mann, hatte man anderes erwartet. Sie drehen im alten proletarischen Bezirk Prenzlauer Berg. Kohlhaase: „Ich hatte, nach längerer Pause, große Lust, wieder eine Geschichte von Leuten und für die Leute dieser Stadt Berlin zu erzählen, aus Respekt vor ihr. Sie war nie unter den schönsten Städten der Welt, aber was sagt das darüber, wie in ihr gelebt wird. Da teilt sich nichts in schön und häßlich, in falsch und richtig."

Von Januar 1979 bis April läuft „Solo Sunny" im Berliner Premierenkino International ausverkauft. Die ganze Zeit wird er von einer leidenschaftlichen Zuschauerdiskussion begleitet. Die rigorose Heldin des nicht so rigorosen Autors teilt die Zuschauer. Insgesamt muß sich ein Traum für die beiden, Kohlhaase und Wolf, erfüllt haben. Ihr Film trifft einen Nerv, berührt, empört, das Gespräch zieht Kontaktlinien zwischen ganz verschiedenen Lebensweisen.

Als 1982 Hermann Kants Roman „Der Aufenthalt" verfilmt werden soll, spricht der Regisseur Frank Beyer beiläufig beim Besuch zum Abendbrot davon. Kohlhaase erzählt spontan einen denkbaren Anfang. Da müsse der Finger einer polnischen Frau auf einen Jungen zwischen vielen Gefangenen auf einem Bahnsteig zeigen: „Der da!" So wird später der Film beginnen, da, wo man im Roman schon auf Seite 158 ist. Wolfgang Kohlhaases Bearbeitung findet eine Tonlage, das Vergangene zu vergegenwärtigen. Es ist keine Rückschau wie im Roman, die

schlimmstmögliche Wendung ist denkbar. Frank Beyer, gleichaltrig mit Kohlhaase, widmet sich diesem Stoff mit der ihm eigenen inszenatorischen Sorgfalt und Sensibilität. Die Besetzung
ist optimal zu nennen, in allen Rollen, und Silvester Groth wird
mit seiner ersten Hauptrolle zu einer Entdeckung.

Es folgt „Der Bruch", eine Berliner Einbrecherkomödie, und
„Der Hauptmann von Köpenick", eine Neuverfilmung des Stücks
von Carl Zuckmayer. Beides in Zusammenarbeit mit Frank Beyer.
Dazu zwei Filme nach eigenen Erzählungen: „Begräbnis einer
Gräfin" und „Inge, April und Mai".

Kohlhaase hat hier und da manchen Preis erhalten, drei Na-
tionalpreise in der DDR, den Prix Italia, einen Drehbuchpreis in
Chicago, den Ernst-Lubitsch-Preis und den Filmpreis der Stadt
Düsseldorf, der den Namen Helmut Käutners trägt.

Ob für das Kino oder das Fernsehen, Kohlhaase arbeitet in
erster Linie für das Publikum. Sein Schreiben passiert unauffällig. Er redet nur mit ganz wenigen über seine Arbeit. Plötzlich
ist der Film fertig, immer, so scheint es, auf leichtere Art geschrieben, ohne die Selbstfolter, die viele Autoren beklagen.
Leicht und genau. „Man kann nur über das schreiben, was man
sehr genau kennt, und was einem fehlt, das muß man sich besorgen."

Er schreibt zu wenig. Sagen alle. Er müßte schärfer sein. Sagen manche. Aber bei genauerem Hinsehen hat dieser Mann,
den viele ein Glückskind nennen, Filme gemacht, die sich nicht
erledigt haben. Und er hat auch seine Enttäuschungen erlebt,
über die er selten spricht. Keine Filme, die „mit der Rocklänge
altern", keine Trendsetter. Aber Filme für Leute.

Regine Sylvester

Victor de Kowa

(1904–1973)

Der beliebte Schauspieler stammt aus einer Bauernfamilie, die ihren Hof in der Nähe von Görlitz an der Neiße besaß. Die Eltern schicken den vielseitig begabten Sohn auf das Kreuzgymnasium in Dresden. Hier soll er auf das Theologiestudium vorbereitet werden, schließlich stammt die Mutter aus einem Pastorenhaushalt. Der Sinn steht ihm aber nach einer anderen, lebensverbundenen Berufslaufbahn, er wird an der königlich-sächsischen Kadettenanstalt eingeschrieben. Der verlorene Krieg hat den Bedarf an schneidigen Offizieren über Nacht auf Null gebracht, so muß er sich wieder neu orientieren. Im letzten Kriegsjahr schon beginnt er ein Studium an der Kunstakademie. Er will Plakat- und Modezeichner werden.

In Dresden kommt er mit dem Theater in Berührung. Er ist hingerissen von dem leichten Spiel auf der großen Bühne – das ist sein Weg, hier findet er seine Welt. Er hat Glück, daß Erich Ponto den jungen Romantiker annimmt und ihm den Unterricht in Schauspielkunst erteilt. Doch die Brötchen, die ihm gebacken werden, sind vorerst recht klein. In einem Waldtheater in Schland – wer kennt diesen Ort? – muß er sich mit einer kleine Rolle begnügen, aber bald hat er sich als Kleindarsteller zum Dresdener Staatstheater vorgekämpft und lernt dabei die klassischen Stücke kennen, wenn auch aus der Perspektive des reitenden Boten oder des dritten Hofbeamten. Dann kommt 1924 Lübeck, von dort geht es nach Frankfurt und weiter an die Hamburger Kammerspiele. Nach zwei Jahren geht es an die Berliner Volksbühne und zu Max Reinhardt ans Deutsche Theater. Er ist jung und schön, jede Berliner Bühne verlangt ihn immer wieder als charmanten Liebhaber, und in dieser Rolle erobert er sich einen festen Platz in den Herzen der jungen und schon reiferen Damen und dadurch auf den Brettern und auch, zuerst noch in kleineren Rollen, vor der Kamera.

Seine erste größere Rolle übernimmt er in einem Antikriegsfilm, dem heute wohl weitgehend unbekannten Streifen „Die andere Seite". „Kleiner Mann, was nun?" nach Fallada folgte bald, und im dritten Tonfilm spielte er „Wenn ich König wär!". Nun geht er den Weg vieler unserer Saarower Bewohner und Gäste, er stellt sein Talent dem neuen Medium zur Verfügung. Die größeren Wirkungsmöglichkeiten vor Millionen Kinobesuchern und, nicht unwichtig, die erheblich größeren Gagen, gemessen an den eher geringen Einkünften am Theater, schließlich das freiere Leben, das nicht streng durch den abendlichen Spielplan bestimmt wird, sondern von den viel größeren Möglichkeiten der wechselnden Drehorte, den Ruhepausen zwischen den Filmen, kurzum die Atmosphäre der optischen Zauberei in den Studios sind anziehend genug.

Victor de Kowa ist der Herzensbrecher par excellence. Sein Charme, die etwas coole Art seiner Beziehungen zum anderen Geschlecht, eine gewisse Schnoddrigkeit, Ironie und Witz, das will das Publikum, und wenn dann noch eine Partnerin dazukommt von der Ausstrahlung einer Luise Ullrich, ist die Publikumsseligkeit perfekt. „Versprich mir nichts" war seinerzeit ein Renner, ein Dauerbrenner. Aus seiner leichten Art zu spielen darf man jedoch nicht auf mangelnde Seriosität schließen. Er wendet sich auch der Regie zu, auch hier einem Volksstück, dem geliebten rheinischen „Schneider Wibbel" (UFA 1939).

Gründgens und Fehling sind aufmerksam geworden und wollen seine Popularität für die Staatstheater gewinnen, er wird Staatsschauspieler und in den letzten Kriegsjahren Intendant des Theaters am Kurfürstendamm. Fast nahtlos arbeitet er nach Kriegsende weiter, er eröffnet die „Tribüne" und mit Winnie Markus ein Filmstudio, das immerhin drei Filme herausbringt. Doch lockt der Beifall auf der Bühne stärker. Die englischen und amerikanischen Konversationsstücke, in Deutschland inzwischen kaum noch bekannt, finden in ihm einen unermüdlichen Darsteller, immer auf Tournee, bis hinunter nach Südamerika. 1956 wird er ans Wiener Burgtheater berufen als Schauspieler und Regisseur, und bald erringt er mit einer modernen „Faust"-Inszenierung einen nicht unumstrittenen, aber nachhaltigen Erfolg. Er spielt weiter in Filmen, so in „Des Teufels General" einen hohen SS-Offizier. Doch diese ernsten Charakterrollen sind Ausnahmen, das Fernsehen holt ihn auch, aber fast immer als Bonvivant.

Seine Kollegen haben Vertrauen zu ihm und wählen ihn zu ihrem Präsidenten der „Union der Filmschaffenden", er ist engagiert in der Friedensbewegung, und schließlich sieht man ihn, sicher von seiner Frau dazu ermutigt, als Dozenten für europäisches Schauspiel in Osaka. Seine erste Ehe mit Ursula Grabley ging auseinander, die zweite Frau, eine Japanerin, Michi Tanaka, interessierte ihn für die Arbeit in ihrem Land, das sich nun auch der anderen, der europäischen Art zu spielen, öffnet. Doch er kann seinen Lehrauftrag nicht erfüllen, der Krebs besiegt den aktiven Künstler.

Ludwig Lesser
(1869–1957)

Unser Ort Bad Saarow war, obgleich er ein Berliner, auch der Ort Ludwig Lessers. Es ist ein Glücksfall, daß er hier frei arbeiten konnte und die gesamte Ortsmitte in seine umsichtige, gestaltende Planung nahm. Die Landhaussiedlung Saarow-Pieskow umfaßte zu seiner Zeit ca. 500 ha, dazu kam Saarow-Strand. Er entwarf den Bebauungsplan, und in diesen konnte er alles aufnehmen, was für einen Kurort bestimmend, ortsprägend sein mußte. Da waren zuerst alle öffentlichen Parkanlagen, die Plätze, die Straßenpflanzungen, die Wochenendkolonie, das Moorbad, der Sportplatz, das Naturtheater, der Golfplatz, das große Strandbad und der Clubhausgarten und nicht zu vergessen auch der wunderschön gelegene Waldfriedhof. Lesser besaß architektonische Handschrift, im wesentlichen ist der Ort so geblieben, wie er ihn konzipiert hat. Wenn er auch vor allem in Berlin, und hier wieder im Stadtteil Reinickendorf, gearbeitet hat, so führten ihn Auftraggeber doch auch immer wieder in die umgebende Mark Brandenburg, nach Sachsen und Pommern. Hohenlychen, Buckow und Müllrose besitzen ebenso seine Werke wie Wernigerode, Oybin, Bad Nauheim oder einige ostpreußische Städte. Sein Werkverzeichnis umfaßt Hunderte von Arbeiten. In Saarow-Pieskow sind es 34 Landhausgärten.

Man sollte denken, die intensive Beschäftigung mit der Landschaftsgestaltung hätte ihn voll ausgefüllt, doch er war in verschiedener Weise auch gesellschaftlich tätig. Allein acht gärtnerische Fachbücher stammen aus seiner Feder, ungezählte Zeitungsartikel in Fachjournalen und Kleingärtnerblättern gaben selbstlos Ratschlag und Hilfe, vermittelten aber auch seine Erfahrungen, so ein Artikel in der Wochenend-Zeitung (1926) „O du mein Saarow-Pieskow!" Als das Radio seinen Siegeszug begann, war er der erste, der in der Funkstunde sich an die Kleingärtner wandte.

Besonders widmete er sich der Gestaltung von Ausstellungen, da durch sie den Fachbesuchern das modernste Wissen weitergegeben werden konnte. Schon 1912 veranstaltete die Brandenburgische Gruppe der Deutschen Gesellschaft für Gartenkunst im Kunstgewerbemuseum Berlin die erste Ausstellung, es folgen ein „Farbengarten" in der Deutschen Bauausstellung 1931 und, zusammen mit seinem Sohn Richard, ein Jahr später am Berliner Funkturm in „Sonne, Luft und Haus für alle" der „Garten des Sommerblumenfreundes". Vorbild und Anregung wollte er geben. Ein Kritiker schrieb dazu in der „Gartenkunst": „Man kennt dieses gärtnerische Amphitheater, eine der großen Sehenswürdigkeiten Berlins, einen im schönen Gleichgewicht hängenden Garten der Semiramis, eine Stätte von grünem Rasen, bunten Blumen und geziertem Hauswerk unter dem großen blauen Himmelsdach. Der Schöpfer dieser Anlage ist der bekannte Gartenarchitekt Ludwig Lesser mit seinem Sohn Richard." Da die Grundform der Anlage bis heute besteht, wird zur Zeit ein Konzept zur Wiederherstellung des Sommergartens erarbeitet.

Im Frühjahr 1930 wurde der Golfplatz der Landhauskolonie eröffnet, eine 21 Hektar große 9-Loch-Anlage des englischen Golfarchitekten Morrison und unter technischer Leitung des bekannten Golfspielers Dr. von Limburger. Die Gesamtleitung hatten Richard und Ludwig Lesser. Die Anlage, 2260 m lang, wurde von 30 Arbeitskräften in 100 Arbeitstagen fertiggestellt. In einem Artikel in der „Gartenkunst" beschreiben die beiden Architekten die Einzelheiten:

„Der Boden bestand aus echt märkischem Sand, daher war zur Herstellung einer einwandfreien Grasnarbe die Verbesserung des Bodens mit Humus und anderen Stoffen die wichtigste Aufgabe. An natürlichem Dünger wurde nicht gespart, und ungefähr 180 Waggons Kuhdung wurden verarbeitet, nachdem der Boden zuvor richtig gärtnerisch von Quecken und Steinen befreit worden war. Selbstverständlich wurde die vorhandene, aber äußerst schwache Humusschicht so gut wie irgend möglich geschont und dabei mit Torfmull stark durchmischt. Die vor Anlage des Platzes dort wachsenden Gräserarten wurden innerhalb der für die Neusaat benötigten Grasmischung zusammen mit anderen für Golfzwecke geeigneten Arten verwendet. Im ganzen wurden 70 Zentner Grassamen verschiedener Mischungen verarbeitet."

Ludwig Lesser arbeitete immer freischaffend. Seine zuverlässige Arbeitsweise brachten ihm in den Gründerjahren, als die Berliner Industriellen und Intellektuellen in die Umgebung zogen – ein Phänomen, das auch heute wieder zu beobachten ist –, viele Aufträge. Dennoch lehrte er als Dozent an der Freien Hochschule, später an der Humboldt-Hochschule Berlin. Sein ganzes Leben stand im Dienst der Verbindung der Menschen mit der Natur, darin sah er den Sinn seiner Arbeit. Nicht nur die Vermögenden sollten in der freien Natur leben, jedermann braucht ein Stück Natur. Er sah das Leben der Menschen in den Elendsquartieren, in nassen, lichtlosen Löchern zusammengepfercht, wo die Kinder keinen Platz zum Spielen besaßen. Sein soziales Engagement galt daher immer wieder den Schwachen. Ihnen sollte man Gärten geben. „Gebt Gärten!" ist ein langes, werbendes Gedicht überschrieben.

Mit dem Machtantritt der Nazis erhielten er und sein Sohn keine öffentlichen Aufträge mehr. Da er keine arische Abstammung nachweisen konnte, wurde ihm jede Art von Publikation verboten. Obwohl christlich getauft und konfirmiert, mußte er ab 1939 den zusätzlichen Namen „Israel" annehmen. Er emigrierte zu seinem Sohn Rudolf, der sich seit 1936 in Schweden eine Existenz aufgebaut hatte. Auf einem Bauernhof nördlich Stockholm, umgeben von Wald, Acker, Wiese und Garten, blieb er bis ans Ende seines Lebens. In einer Lebensbetrachtung schreibt er: „Von einem Tage zum anderen wurde ich aller Rechte beraubt, aus dem öffentlichen Leben ausgestoßen und meiner Anstellungsverträge entledigt. Auch meine Bücher durften nicht mehr gedruckt und verkauft werden. Durch den Ausfall jeglicher Einkünfte war ich gezwungen, für meinen und meiner Frau notwendigen Lebensunterhalt mein Vermögen zu verwenden. Ich war sogar auf die monatlichen Zuschüsse meines Sohnes Rudolf angewiesen. Im Frühjahr 1939 wanderten meine Frau Anna und ich nach Schweden aus, um den Judenverfolgungen in Deutschland zu entgehen." Nach Deutschland kehrte er nicht mehr zurück. Mit der Annahme der schwedischen Staatsbürgerschaft (1948) erhielten beide eine kleine Rente vom Staat.

Er sorgte sich um die Unterstützung seiner früheren Berufskollegen in Deutschland und dachte über die Sendung von Lebensmittelpaketen nach. Überall, vor allem in seiner jetzigen Heimat Schweden, war er hochgeehrt. In Deutschland wurde 1955 die Deutsche Gartenbau Gesellschaft neu gegründet. Ihm war die Ehrenmitgliedschaft angetragen. Doch auf der Liste der Ehrenmitglieder stand, trotz vorheriger Zusage, sein Name nicht mehr. Man kümmerte sich nicht weiter um ihn. Nach seinem Tode erschienen ehrende Aufrufe. Der Stadtbezirk Reinickendorf verlieh dem Erholungspark in Frohnau den Namen „Ludwig-Lesser-Park", um, wie es in der Urkunde heißt, „sein Andenken zu ehren und seinen Namen der Nachwelt zu erhalten".

Gebt Gärten!

...

Land müßt ihr geben!
Es gibt noch genug Land unbebaut
dicht bei der Stadt. –
Nur guter Wille und umgeschaut!
Dies Land müßt ihr geben für alle Zeiten,
sonst kann er dort nicht sein Heim bereiten!
Dann baut jeder Städter auf diesem Stück Land
selbst seinen Kohl mit eigener Hand.
Das lindert die Not!
Dann scheucht ihr der Städter Hungertod!
Gebt ihnen Gärten!

Und dann laßt zum Wohnen dort Lauben sie bau'n,
dann werden sie froh in die Zukunft schau'n!
Das ist zur Gesundung der Großstadt der erste Schritt!
Helft alle mit!
Gebt Gärten!

(1920)

Robert Ley

(1890–1945)

Der Sohn eines Großbauern aus dem Rheinland promovierte als Chemiker, war Teilnehmer des Ersten Weltkrieges, an dem er mit seinem Flugzeug über Frankreich abgeschossen wurde und dort in Gefangenschaft bis 1920 blieb. Acht Jahre arbeitete er dann in den I. G. Farbenwerken in Leverkusen. In dieser Zeit war er bereits Gauführer von Rheinland-Süd und kandidierte für den Preußischen Landtag, in den er 1928 gewählt wurde. Aus dem Berufsleben der I. G. Farben schied er im gleichen Jahr aus, wahrscheinlich wegen seines Alkoholismus, der ein offenes Geheimnis war. Die NSDAP, deren Mitglied seit 1924, ließ ihn nicht fallen, sondern verwandte ihn als Org.-Leiter im Gau Köln/Aachen. Schließlich zog er mit dem großen Wahlsieg der Nazis im September 1930 auch für Köln in den Reichstag nach Berlin.

Als die Opposition in der NSDAP um Gregor Strasser kurz vor der Machtübernahme Hitlers aus der Partei ausgeschlossen wurde, bekam Ley den hohen Posten des Reichsorganisationsleiters. Jedoch wechselte er bald sein Interessengebiet und übernahm die Aufgabe, die freien Gewerkschaften zu zerschlagen. Am 1. Mai 1933 marschierten die Nazis am „Tag der Arbeit" auf, und ab dem nächsten Tag überführte er eine Gewerkschaft nach der anderen in die Deutsche Arbeitsfront (DAF). Die Arbeiter waren nunmehr „Schaffende der Stirn und der Faust" und nicht mehr Mitglieder einer Klassenorganisation. Die Zahl der organisierten Arbeiter betrug damals 25 Millionen, für sie ging es nicht mehr um höhere Löhne und bessere Arbeits- und Lebensbedingungen, sondern um den „sozialen Frieden".

Die Nazipartei bezeichnete sich als nationale und soziale Arbeiterpartei. Hitler und seine Führungsmannschaft wußten, daß die deutsche Arbeiterschaft in mancherlei Kämpfen Erfahrungen mit den Unternehmern gesammelt hatte, und so ließ er eine Taktik des ausgewogenen Interesses ausarbeiten. Die Deutsche Arbeitsfront bekam umfassende Vollmachten in den Betrieben, wo sie bereits in den 20er Jahren Betriebsorganisationen aufgebaut hatte. Einstellung und Entlassung, Altersversorgung und

Krankenversicherung – nichts geschah ohne Mitwirkung der Funktionäre der DAF. Sie kamen einfach daher, in einer Uniform, die an die Blaumänner, die einfache Arbeitskluft, erinnerte.

Robert Ley erschien für diese Aufgabe besonders geeignet. Er verfügte über eine gewisse Popularität durch sein hemdsärmeliges Auftreten und seine oftmals grobschlächtigen Witze über die bürgerliche Lebensweise. Der Adel wurde von ihm grundsätzlich als „blaublütige Schweinebande" bezeichnet, und so holte er sich den Beifall der ungeschulten Arbeiterschichten. Für die Nazis ging die Ausschaltung der KPD und SPD und der Gewerkschaften unerwartet gut und schnell, im Herbst 1933 hatten sie die Arbeiter fest in der Hand. Viele der Arbeiter kannten die grobe Ausdrucksweise des Kommiß, waren selbst im Krieg gewesen, und so waren sie empfänglich für den Aufruf, sich als „Soldaten der Wirtschaft" zu betrachten.

Ley verstand, daß die Arbeiter, um die notwendige Produktivität zu erreichen, nicht allein mit Sprüchen gewonnen werden konnten. So baute er ein riesiges Imperium auf, das viele Zweige der Freizeitindustrie umfaßte. „Kraft durch Freude" hieß die Losung, und unter Freude verstand man die organisierte Freizeitgestaltung in vielen Bereichen, so im Tourismus und dem Besuch von Kulturveranstaltungen jeder Art. Man konnte für Pfennige ins Theater gehen, für wenige Mark in Urlaub fahren. Selbst über einige Kreuzfahrtschiffe verfügte die Organisation. Eine umfassende Wirtschaftsorganisation mit eigenen Finanzen unterstand der KdF, deren Präsident natürlich Robert Ley war. Kurz vor dem Krieg entwickelte er ein Sparsystem für den VW-Käfer, das jedoch nicht mehr verwirklicht wurde, die Armee brauchte Kesselwagen, die von den Sparern durch Raten bereits finanziert waren. Das Geld war schließlich futsch.

Ley bezog in Bad Saarow ein Haus, das durch viele Hände gegangen war. Vor ihm hatte es Sepp Dietrich gehört, und nunmehr erwarb es die Wirtschaftsverwaltung der KdF durch deren Bank, und so gelangte es durch Korruption in den Besitz von Ley, der keinen Pfennig dafür gezahlt hat. Wer wollte es einklagen? Die Machtfülle war von Jahr zu Jahr gestiegen. Seine Propaganda der Volksgemeinschaft war Hitler unentbehrlich geworden, da sie die Arbeiter ruhiggestellt hatte. Im Untergrund arbeiteten kleinere Widerstandsgruppen, aber dafür war die Gestapo zuständig, die dafür sorgte, daß deren Einfluß nicht zu groß wurde. Für die Unternehmer war diese Politik außerordentlich günstig, es gab keinerlei offen ausgetragene Konflikte mit den Belegschaften, das praktizierte Gefolgschaftsprinzip („Führer befiel, wir folgen dir!") galt auch für den Betrieb, die Belegschaft wurde Gefolgschaft, der Unternehmer „Betriebsführer" genannt. So wurden die sozialen Konflikte entschärft und mit der Bewegung „Schönheit der Arbeit", d.h. der günstigen und sauberen Gestaltung der Arbeitsplätze, vorgegaukelt, daß die Ausbeutung vorüber war und alle an einem Strang zogen.

Im Krieg wurde sein Aufgabengebiet noch erweitert, was zu der kuriosen, für Hitlers Organisationschaos allerdings bezeichnenden Mischung führte. Ley unterstanden nunmehr noch der Wohnungsbau und die Parteischulen, in deren System er die Ordensburgen erfand, in denen härteste Rangerausbildung gepaart mit mystischer Gehirnwäsche den Nachwuchs der Parteiführer prägen sollte.

Ley war ein unbedingter Gefolgsmann seines Führers, den er über alles verehrte und dem er nacheiferte. Was mancher noch nicht auszusprechen wagte, er forderte bereits kurz nach der Wannseekonferenz, auf der die „Lösung der Judenfrage" noch heimlich beschlossen worden war, in öffentlichen Reden die „Ausrottung der jüdischen Bevölkerung". In diesem Punkt blieb er sich treu, hatte er doch bereits in der Weimarer Republik gegen die „Finanz- und Wirtschaftsjuden" gehetzt und den Boykott jüdischer Warenhäuser gefordert.

Der Mann, der sich „Leiter der Deutschen Arbeitsfront" nannte, ging jedoch auch nicht an die „Schicksalsfront", als es fünf Minuten vor zwölf war, er verdrückte sich nach Bayern und wollte bei Berchtesgaden untertauchen, lief aber den Amerikanern in die Hände. Mit den anderen Größen der Nazis war er für den Kriegsverbrecher-Prozeß in Nürnberg vorgesehen. Er zog jedoch den Selbstmord in der Zelle dem Tode durch den Strang des Militärhenkers vor.

Harry Liedtke
(1888–1945)

Zusammen mit Henny Porten bildeten sie das Traumpaar des deutschen Stummfilms. Noch vor dem Ersten Weltkrieg, im Jahre 1911, ging der erfolgreiche Theaterschauspieler zum Film, eigentlich gegen seinen Willen, wie er nachfolgend beschreibt. Er muß ein sehr lebhafter Bonvivant gewesen sein, auch privat und auch in seinem Lieblingsort, wo er sein Haus mit seiner ersten Frau, Käthe Dorsch, bezog. Die Ehe der beiden starken Charaktere ging auseinander, wie so oft im künstlerischen Leben. Liedtke heiratete eine zweite Frau, blieb aber mit Käthe Dorsch befreundet. Als viele der Künstler vor der Roten Armee abrückten, blieben die Liedtkes in Bad Saarow, wollten aber, wie die mit dem Ehepaar befreundete Schauspielerin Ursula Grabley später Freunden anvertraute, den zu erwartenden Sturm auf die Reste der hier versprengten deutschen Truppen verschlafen und nahmen dazu erhebliche Mengen an Tabletten mit Alkohol ein, weshalb man sogar von einem Selbstmordversuch spricht.

Als Rotarmisten die Häuser durchsuchten, fanden sie ein aufgeschrecktes und verwirrtes Paar, und neben ihnen lag ein Jagdgewehr. Dabei muß es zu schwerwiegenden Mißverständnissen gekommen sein, so daß die beiden Liedtkes erschlagen wurden. Sie sind auf der Grabstelle der Käthe Dorsch begraben.

Es ist schier unmöglich, auch nur einige wenige Theater- und Filmrollen aufzuzählen, allein zwischen 1925 und 1930 trat er in 55 Filmen auf, sehr oft unter der Regie von Lubitsch, auch einem Saarower. Seine Theatererfolge hatte er unter der Regie von Max Reinhardt und Felix Hollaender am Deutschen Theater Berlin. Daher ist seine autobiographische Schilderung von 1938, die einen Einblick in die Anfänge seines Schauspielerlebens gibt, von besonderem Wert:

„Als siebentes von elf Kindern bin ich 1888 in Königsberg zur Welt gekommen. Mein Vater besaß dort ein Import- und Exportgeschäft für Flachs und Hanf, künstlerische Neigungen besaßen weder er noch irgend jemand anders in der Familie. Wir Kinder wuchsen sehr abgeschieden auf. Der große Garten an unseren Hause bildete unser Reich, hier hielten wir uns die meiste Zeit über auf, und seine Weite gestattete es, daß jeder für sich sein konnte. Nur sehr selten kam es vor, daß wir unsere Einsamkeit verließen. Sollte ich einmal einen Schulkameraden besuchen, weil er Geburtstag hatte oder aus irgendeinem anderen Anlaß, so bedurfte es einer schriftlichen Einladung an meine Eltern. Und wenn ich mich mit der Heimkehr verspätete, dann hatte das immer entsprechende Folgen.

Als ich 14 Jahre alt war, starb der Vater. Er, dem es immer gutgegangen war, da er hervorragende kaufmännische Gaben besaß, hatte in den letzten Jahren seines Lebens mit viel Sorgen zu kämpfen gehabt. Die Mutter befand sich also nach dem Tode des Vaters einer sehr schwierigen Situation gegenüber. Wir Kinder mußten, soweit wir noch nicht erwachsen waren, ins Waisenhaus. Diese fünf Jahre, die ich dort verbrachte, bedeuteten für mich, der ich schon an und für sich ein Einzelgänger war, eine qualvolle Zeit. Der Gegensatz war auch zu kraß: aus fast klösterlicher Abgeschiedenheit, aus einem ausgeprägten familiären Milieu, lebte ich nun mit 36 fremden Jungen zusammen! So betrachtete ich es als eine Erlösung, als die Zeit um war.

Ich hatte mir vordem nie viele Gedanken über einen Beruf gemacht. Erst, als ich mit dem Theater in Berührung kam – es war sehr spät, im Alter von 11 oder 12 Jahren –, wurde das anders. Die ganze Atmosphäre nahm mich sofort gefangen, es war eine geheimnisvolle Welt, die mich mächtig anzog. Irgendeinen Satz, der phonetisch schön war, behielt ich, sprach ihn oft nach und variierte ihn. Damals kam mir wohl schon der Wunsch, zur Bühne zu gehen, aber es war ja aussichtslos, solche Pläne ernsthaft zur Erörterung zu stellen. Es war auch nicht so, daß ich nun wie ein Besessener ins Theater lief, ich habe auch nicht, wie das oft bei andern der Fall gewesen ist, daheim Theater gespielt oder gar bei Dilettantenaufführungen mitgewirkt – dem stand eben die ganze Erziehung entgegen.

In die kaufmännische Lehre ging es zunächst, zu einem Bank- und Getreidekommissionsgeschäft. Im ersten Jahr sollte ich ein monatliches Taschengeld von 15 Mark erhalten, im zweiten Jahr 20 und im dritten Jahr 30 Mark.

Einmal wirkte ich bei einer Jubiläums-Festvorstellung im Stadttheater mit, und zwar spielte ich in ‚Wallensteins Tod' den schwedischen Hauptmann; es war sozusagen mein schauspielerisches Debüt. Natürlich konnte man davon nicht leben, und so sah ich mich notgedrungen nach einer neuen Stellung um und fand sie bei einer Kolonialwaren-Engrosfirma. Nur ein Vierteljahr blieb ich dort, denn ich mußte die Kassenbücher führen, hatte aber keine Routine darin und versagte deshalb. Es kamen nun Monate, in denen es mir sehr schlecht ging, ich lebte von einem kleinen Taschengeld, das mir Verwandte gaben. Schließlich fuhr ich nach Berlin zu meinem Schwager. Dort wurde ich mit dem Schauspieler Heinrich Oberländer vom Königlichen Schauspielhaus bekannt, dem ich vorsprach. Er gab mir ein Zeugnis, das besagte, ich hätte Talent und gutes Aussehen und wäre für den Beruf eines Schauspielers geeignet. Nach kurzem Besuch einer Schauspielschule verschaffte mir ein Agent mein erstes Engagement.

Ans Stadttheater in Freiberg in Sachsen ging es, als zweiter Liebhaber, die Gage betrug 90 Mark. Ich mußte mich unter solchen Umständen sehr einschränken; entweder saß ich in der freien Zeit in meinem bescheidenen Stübchen, oder ich lief im Walde oder auf den Wiesen umher. Für das Mittagessen zahlte ich 35 Pfennig, abends leistete ich mir ein Stück Wurst und eine Semmel; das durfte nicht mehr als 15 Pfennig kosten. Einmal kam die Wirtin zu mir, ein altes, gutes Frauchen, und sagte: ‚Ach, Herr Liedtke, ich möchte Ihnen etwas besseres Mittagessen kochen, können Sie mir nicht 5 Pfennig zulegen?' Ja – jeder Pfennig mußte zweimal umgedreht werden, ehe man ihn ausgab, denn da kamen ja noch andere wichtige Dinge. So mußte ich mir die Ritterstiefel und den Wallensteinkragen selbst kaufen, das Theater lieferte solche Luxussachen nicht! Die Sommermonate überbrückte ich durch ein Engagement an einem Saaltheater in Magdeburg. Wir gaben damals auch das vielgespielte Schauspiel von Ohnet, ‚Der Hüttenbesitzer', und in einer der dramatischen Szenen, während des Duells, ereignete sich ein sehr ergötzlicher Zwischenfall. Der Bonvivant, ein waschechter Sachse, war der eine Duellant. Sofern er sich genau an den Dialog hielt, sprach er reines Hochdeutsch, extemporierte er einmal, dann verfiel er in seinen sächsischen Dialekt. Der Bonvivant, der den ersten Schuß hatte, legte an und drückte ab. Aber kein Feuer blitzte auf, kein

Knall wurde hörbar. Da trat er auf die Sekundanten zu und rief in schönstem Sächsisch: ‚E Versacher, meine Herren!‘ Brüllendes Gelächter begleitete dieses Feststellung, vorbei war es mit der Dramatik, mit dem Ernst der Situation. Am nächsten Abend wurden sicherheitshalber Latten zu Hilfe genommen, die im entsprechenden Moment mit lautem Krach zerbrochen wurden. Bei der dritten Aufführung funktionierte die Waffe plötzlich, und so ertönten gleich zwei Schüsse, einmal der richtige, außerdem noch der Lattenknall.

Im Herbst begann dann die Saison im Kleinen Theater in Berlin. Mein Debüt sollte in Hebbels ‚Maria Magdalena‘ sein, aber auf der Probe erklärte Agnes Sorma, die die Titelrolle spielte, mit einem Hinweis auf mich: ‚Der junge Mann mag ja Talent haben, aber er sieht aus wie mein Sohn und nicht wie mein Bruder!‘ So wurde mir die Rolle wieder abgenommen. Ich kam dann in der Folgezeit wenig zum Spielen, höchstens erhielt ich gelegentlich kleinere Rollen, als daher der Direktor des New German Theatre in New York mich eines Abends sah und mir das Angebot machte, nach Amerika zu kommen, nahm ich das Engagement an.

Ich spielte drüben viele Fächer, war abwechselnd Liebhaber, jugendlicher Held und Bonvivant. An einem Frühlingstag fuhr ich nach Jersey City hinüber, auf die andere Seite des Hudson. Dort sah ich eine ungewöhnliche Szene: Ein offenes Auto kam mir entgegen, und in dem Wagen stand aufrecht, mit einem pelzverbrämten Mantel angetan, in theatralischer Pose ein Mann. Fotografen versuchten, das Bild festzuhalten; es handelte sich um eine Filmaufnahme, die erste, die ich sah.

Nach einem Jahr kehrte ich nach Deutschland zurück, nach Berlin. Gleich am zweiten Tag traf ich einen Kollegen, Oskar Sabo; er versuchte zunächst, mir den Gedanken, in Berlin zu spielen, auszureden. ‚Was wollen Sie hier‘, sagte er, ‚in Berlin kommt man doch nicht auf, gehen Sie in die Provinz, da haben Sie bessere Chancen!‘ Eine Stunde später, nachdem wir uns eingehend unterhalten hatten, war er anderer Ansicht: ‚Sie müßten es doch mit Berlin versuchen!‘ Und ich tat es – es war das zweite Mal. Ich ließ mich beim Direktor des Deutschen Theaters melden: Harry Liedtke vom verkrachten Deutschen Theater in New

York. Ich wurde empfangen, am Nachmittag sprach ich vor und erhielt einen fünfjährigen Vertrag.

Am 4. Mai 1909 trat ich in der Premiere von Ernst von Wolzogens Komödie ‚Der unverstandene Mann' in den Kammerspielen des Deutschen Theaters zum ersten Mal auf und konnte einen hübschen Erfolg erringen. Ich spielte nun in modernen und klassischen Werken und kam dabei mit vielen Kollegen zusammen, die bereits bekannt und berühmt waren. Es gab auch so manche lustige Situation in dieser Zeit. So passierte es mir einmal in einer Aufführung von Wedekinds ‚Erdgeist', daß Wilhelm Bendow, der unter den Tisch gekrochen war, mir während der Chambre-séparée-Szene mit Gertrud Eysoldt die Frackhose bis zum Knie aufkrempelte.

Als wir das Lustspiel ‚Mein Freund Teddy' gaben und ich darin die Rolle des Bonvivant spielte, erlaubte ich mir mit meiner Partnerin den alten Theaterscherz, ihr bei der Begrüßung einen Hosenknopf in die Hand zu drücken. Bei der Abschiedsszene sah ich, daß sie sich revanchieren wollte, aber ich hatte vorgebeugt. Als sie mir die Hand reichte, gab ich ihr rasch einen zweiten Knopf und verschwand mit dem Gefühl, sie doppelt hereingelegt zu haben. Unseren Kollegen Wassmann ärgerten wir einmal in demselben Stück auf folgende Weise: Er hatte eine große Szene am Frühstückstisch, die mindestens zehn Minuten dauerte und bei der er ein richtiges opulentes Essen vertilgen mußte. Als er sich nun an den Tisch setzte, um sich ein Stück Schinken abzuschneiden, merkte er, daß er eine Attrappe vor sich hatte, und als er das Ei in die Hand nahm, fühlte er, daß es aus Pappe war. Wassmann war furchtbar wütend, einmal, weil er nun das Essen markieren mußte, zum andern auch deshalb, weil er immer einen gesegneten Appetit hatte und sich auf dieses Gratis-Frühstück freute.

Paul Wegener, der damals zu den Prominenten des Deutschen Theaters gehörte, habe ich einmal während einer Aufführung beinahe aus dem Konzept gebracht. In der Komödie von Shaws ‚Major Barbara', in der er den Kanonenkönig spielte, hatte er im letzten Akt eine größere Rede zu halten. Abel, Biensfeldt, Ekkert und ich hatten immer allerlei Jux gemacht, während Wegener sprach, so daß er jedesmal beunruhigt war, wenn seine

Rede kam. An dem betreffenden Abend standen wir wie üblich im Halbkreis vor ihm, jeder mit einem Zylinder auf dem Kopf. Als er zu sprechen begann, nahm ich plötzlich meinen Zylinder ab und blieb in ehrfürchtigem Schweigen stehen, so, als ob ich damit zum Ausdruck bringen wollte: Helm ab zum Gebet! Die Kollegen bekamen das Lachen, und Wegener konnte nur mit Mühe seine Rede zu Ende bringen. Am liebsten hätte er mich verhauen – auf offener Bühne, aber es blieb nur dabei, daß er mich vierzehn Tage lang nicht grüßte.

Eines Tages teilte mir der Bühnenportier mit, daß einige Herren vom Film dagewesen wären, um junge elegante Mitglieder des Deutschen Theaters zu engagieren, darunter auch mich. Ich hatte nicht das geringste Interesse, denn zu dieser Zeit befand sich der Film noch in seinem Entwicklungsstadium, die Sache war weder künstlerisch noch finanziell lohnend. Da bestürmte mich ein Kollege, der bei Meßter seinen ersten Film als Regisseur drehte, mitzuwirken. ‚Ich habe es mir in den Kopf gesetzt, daß du die Liebhaberrolle spielst‘, sagte er, ‚es gibt pro Tag zwanzig Mark!‘

Es dauerte einige Zeit, ehe ich mich entschloß, das Experiment zu wagen. An diesen meinen ersten Film mit dem schönen Titel „Die Rache ist mein" erinnere ich mich nur in wenigen Einzelheiten. Ich weiß lediglich, daß ich ein Duell mit meinem eigenen Sohn hatte und dabei erschossen wurde. Um zu versinnbildlichen, daß diese Fahrt zum Duellplatz mein letzter Weg sei, verwandelte sich der Chauffeur unterwegs in den Tod. Die Technik war damals noch ziemlich primitiv, und so wurde diese Szene so abgewickelt, daß man tatsächlich ein Totengerippe an das Steuer des Autos setzte und den Wagen ein Stück fahren ließ. Dem Grunewald-Spaziergänger bemächtigte sich ein nicht gelinder Schrecken, als dieses merkwürdige Gefährt einherkam, denn an Filmaufnahmen war man ja noch keineswegs so gewöhnt wie heute.

Das war 1912 – im Herbst 1913 ging ich ans Mannheimer Nationaltheater. Es waren glänzende Vertragsbedingungen, ich erhielt die höchste Gage, die bisher dort gezahlt worden war. ‚Was ich wegen Ihrer Gage alles auszuhalten habe, das können Sie sich gar nicht denken!‘ sagte der Direktor das eine über das andere Mal, und schließlich bat er mich am Ende des Jahres zu kündigen, weil man nicht wollte, daß ich gekündigt wurde. Es war beabsichtigt, dann sofort einen neuen Vertrag mit mir abzuschließen, allerdings mit reduzierter Gage. Ich dachte aber gar nicht daran, auf diese Forderung einzugehen, sondern kehrte nach Berlin zurück, und zwar kam ich ans Residenztheater.

Nach einem kurzen militärischen Zwischenspiel bei den Potsdamer Jägern kam ich erneut ans Deutsche Theater, aber allmählich wurde das Filmschaffen immer stärker, so daß die Bühne zwangsläufig in den Hintergrund treten mußte. Wie viele Filme ich gedreht habe, weiß ich nicht, mitunter kam in jedem Monat eines Jahres ein neuer Film mit mir heraus. Dazwischen kehrte ich auch wieder zur Bühne zurück, es folgten Gastspiele in Berlin und viele Tourneen."

Das Geschlecht der Löschebrands
(1463–1860)

Der letzte Löschebrand liegt auf dem Reichenwalder Friedhof neben der Kirche, und sein Grab hat als einziges ein Kreuz aus Gußeisen. Die anderen Gräber sind aufgehoben. Dieser Carl Wilhelm Erdmann von Löschebrand ist ohne Kinder geblieben, sein Gut ging nach seinem Tode in andere Hände über. Wie unsicher diese Angaben jedoch sind, zeigt die Tatsache, daß auf einem Mittelalterspektakel im Jahre 1998 ein Nachfahre auftauchte und kundtat, er hieße Löschebrand. Nachdem er eine Schiffstaufe vollzogen hatte, zog er wieder von dannen.

Mit besonderer Freude wurde er nicht begrüßt, die Leute haben wohl noch den störrischen Geist der Alten, die im Gespräch mit Fontane den letzten ziemlich nüchtern charakterisierte. Sie hatte den Rittmeister noch gekannt, war etwa gleichaltrig mit ihm. Auf die Frage, wie er denn so war, meinte sie: Soweit ganz gut, aber ein wenig redselig und wunderlich und ein wenig zu sehr für die Frauen eingenommen. Sie ließ offen, ob er deshalb so früh verstorben war. Ein Denkmal hatten sie ihm nicht gesetzt.

Und auch die Wirtin in Pieskow antwortete ziemlich brüsk auf den Vorschlag, es müsse wohl wieder ein Edelmann nach Pieskow kommen, um den Ort zu beleben: „Was sollen wir mit einem Edelmann. Was ist das schon? Vielleicht brauchte man sie in alten Zeiten, aber heute? Die haben ja selber nichts. Und wenn sie was haben, dann haben sie was, und dann sind sie wie die anderen, die was haben. Wenn wir so einen bekommen würden, der sogar Geld hätte, dann hilft uns das nicht. Die schinden uns nur. Glauben Sie das nur, ich weiß Bescheid. Eine Schwester von mir ist in Amerika. Dort versteht man zu leben, sich was anzuschaffen. Und ich wollte, ich wäre auch schon dort. Es wird noch so kommen, daß ich hinüber fahre. Mit Pieskow ist nicht viel los.“

Die Unterhaltung wurde in dem merkwürdigen, etwas naiven, doch wenn man genau hinhört, treffsicheren Platt dieser Gegend geführt. Und so machte sich das Fuhrwerk auf seinen weiteren Weg nach Groß Rietz. Unterwegs entlockte Fontane dem Kutscher Moll das Geheimnis um einen sehr alten Emeriten. Auf ihn war er durch den Lehrer in Pieskow aufmerksam geworden. Fontane hatte sich gewundert, über das Geschlecht der Löschebrands in ihrer Begräbniskirche nur kahle Wände zu finden, obwohl einer mit Feldmarschall Illo verschwägert, der andere bei Fehrbellin gefallen war, ein dritter hätte gegen die Türken sogar die große Prophetenfahne erbeutet. Überall, wo solche „Schwertmagen und Kriegsgurgeln" zu Hause wären, fände man Fahnenfetzen, alte Marschallstäbe, Kettenkugeln und Stulpstiefel. Und in Pieskow hatte man die Gruft mit den Särgen zugeschüttet!

Der Emeritus also könnte mehr wissen, und wirklich, sie fanden ihn. Er hatte noch den Kaiser Napoleon gesehen und war als Student in Griechenland mitgewesen. Wenn das stimmte, mußte er wirklich steinalt geworden sein.

„Es waren hochstämmige Kiefern und Tannen gewesen, womit der Wald begonnen hatte; bald aber kam Laubholz und inmitten desselben eine moorige Lichtung, auf deren höher gelegenen Stellen allerlei vertrocknete Büsche von Besen- und Heidekraut standen. Auch Elsen- und Birkenholz lag hier in Klaftern am Wege hin, und auf einer dieser Klaftern, die schon bis auf wenige Kloben abgefahren waren, saß ein alter Herr mit Käpsel und Starbrille, neben sich ein Kind, eine zehnjährige Kleine, während ein großer Bastard-Neufundländer, dem die Schäferspitzkreuzung noch ein Erhebliches an Intelligenz und Entschlossenheit zugelegt hatte, zu Füßen beider sich ausstreckte. Die Kleine war reizend und schien dem Alten etwas zuzuflüstern.

Als wir vorüber waren, sagte Moll mit halblauter Stimme: „Das war er." „Wer?" – „Nu, der Emeritus. Er geht hier öfter…"

Aber eh' er noch aussprechen konnte, war ich schon vom Sitz herunter und lief die paar Schritte zurück, um dem Unbekannten und doch bereits so Bekannten unter Entschuldigungen über meine Zudringlichkeit einen Platz auf dem Wagen anzubieten, immer vorausgesetzt, daß er denselben Weg mit mir habe…

„Ach, das freut mich, daß jemand in unsere wenig gekannte Gegend kommt. Es ist ein eigen Land, ich kenn es und lieb es und möchte die Tage, die mir noch beschieden, mit keinem anderen vertauschen; aber er ist arm und unfruchtbar in jedem Betracht und ich fürchte fast, daß es auch an Historischem Ihnen nicht viel herausgeben wird."

„Es ist leider, wie Sie sagen. Ich war ein paar Stunden in Pieskow und dachte, da wenigstens von den Löschebrands allerlei zu hören. Aber die Gruft ist zugeschüttet, und die Grabsteine sind fort. Und es muß doch seinerzeit eine berühmte Familie gewesen sein."

„Gewiß, gewiß, und ich habe sie selber noch in guten Umständen gekannt, wenigstens unsere Pieskowsche Linie, trotzdem es schon auf die Neige ging. Und das alles seit Anno 93."

„Ei, das klingt ja gerad', als ob wir in Frankreich wären. In Frankreich, wie Sie wissen, datiert alles von Quatre-vingt-treize. Steht es damit in irgendeinem Zusammenhange?"

„Nicht in dem geringsten. Es handelt sich bei diesem Anno 93 um nichts mehr und nichts weniger als um die Pieskowsche Glocke, von der eine alte Prophezeiung sagte: ‚Solange sie klingt, solange dauert der Löschebrandschen Glück'. Und die Prophezeiung hielt auch Wort, und die Löschebrands waren nicht bloß die Herren hier um den Schermützel herum, sie waren auch große Herren überhaupt und galten bei Hof und waren versippt und verschwägert mit allem, was reich und vornehm war. Ihr Liebstes aber war der ‚Dienst', und weil es immer schöne, stattliche Leute waren, so waren ihnen auch die schönsten und stattlichsten Regimenter immer nur gerade gut genug, und alles, was als Löschebrand in der Saarow-Pieskowschen Taufliste stand, stand zwanzig Jahre später in der Ranglister der Garde du Corps und Gendarmes. Es waren echte Junkers, eigensinnig und hochmütig, und ließen die Leute reden, und trotzdem sie nach Sitte jener Zeit über ihre Mittel hinaus lebten und eine wunderliche Wirtschaft führten, erhielten sie sich doch in einem guten und zuletzt wenigstens in einem leidlichen Vermögenszustande, weil sich in alten Familien immer wieder etwas zusammenerbt."

„Aber freilich…"

„…Der Krug geht so lange zu Wasser, bis er bricht, und als Pfingsten 93 kam und am Abend vorher das Fest eingeläutet werden sollte, da klapperte die Glocke, die beim Volke seit langem nur ‚der Löschebrandschen Glück‘ hieß und sieben Menschenalter lang über den Schermützel hin geklungen hatte. Das gab nun ein Kopfschütteln im Dorf und allerlei Sorg’ und Furcht im Schloß, aber Sorg’ und Furcht konnten den Spuk nicht bannen, und obwohlen der alte Gottlob Ernst von Löschebrand, der erst Anno 19 starb, und den ich selber noch gekannt habe, die Glocke mit sechs Pferden und einer schwarzen Decke darüber (als ob es ein Leichenzug wäre) nach Berlin fahren und einen frommen Spruch, an den er nicht recht glaubte, mit eingießen ließ, so war es doch von dem Tag an vorbei mit dem ‚Löschebrandschen Glück‘ und ist seitdem auch nicht mehr aufgekommen.“

All die Zeit über war mir der Neufundländer unausgesetzt zur Seite gewesen und nur ein paarmal bis an den Wagen vorgesprungen, um nach der Irme zu sehen. Der Emeritus aber öffnete mir immer mehr das Schatzkästlein seiner Erinnerungen, und als er hörte, daß ich zunächst nach Groß Rietz wollte, riet er mir, bei seinem alten Freund, dem Kantor, vorzusprechen und ihm Grüße zu bringen, „der werde mir mit Rat und Tat behilflich sein und mir zeigen, was zu zeigen sei“.

Dabei waren wir aus dem Walde heraus und bis in die Front eines etwas zurückgelegenen und hinter Efeu halbversteckten Steinhäuschens gekommen, über dessen Heckenzaun fort ein kleiner Pfirsichbaum blühte.

„Wie schön“, sagte ich. „Wem gehört dies Idyll an der Heerstraße?“

Der Alte lächelte vor sich hin. „Es wird wohl das des alten Emeritus sein.“ Und wirklich, es war es.

Eine Minute später schritten Großvater und Enkelin auf das Häuschen zu. Der Neufundländer folgte, verstimmt über die zu rasch abgebrochene Bekanntschaft. Irme drehte sich noch einmal um und nickte; dann verschwanden alle drei hinter dem Heckenzaun, und Moll und ich waren wieder allein.

„Er ist auch nur arm“, sagte mein Philosoph in ernster Betrachtung. „Und dabei neunundsiebzig. Es ist doch eigentlich eine traurige Geschichte.“

„Warum? Er sah ja nicht traurig aus. Ganz und gar nicht. Aber Sie sind ein Mammonjäger, Moll; Ihr drittes Wort ist immer Geld, und da kann ich schließlich nicht mehr mit. Ich hab Ihnen heute früh recht gegeben, aber Sie gehen ja viel zu weit und vergessen, daß ein Unterschied ist zwischen Pauvre-sein und Arm-sein. Armsein ist nicht so schlimm. Achten Sie mal darauf, immer die, denen das Leben das Leben schwer macht, das sind die tüchtigsten und klügsten. War nicht die Pieskowsche Wirtin eine kluge Frau?"

Theodor Fontane

Ernst Lubitsch

(1892–1947)

Man wird an die Szene eines Kriminal-Thrillers aus Hollywood erinnert, nicht nur, weil sie sich dort zugetragen hat am
30. November 1947. Ein wohlsituierter Herr, um die Fünfzig,
kommt von einer üppigen Mahlzeit zurück in sein Arbeitszimmer, um in einem bequemen Sessel, seinem alltäglichen Ritual
folgend, eine schwarze Havanna zu genießen. Sein Diener be-
tritt wie immer kurze Zeit später den Raum, um nach den Wünschen des Hausherrn zu fragen. Aber mit Entsetzen stellt er fest,
daß dieser, ganz entspannt zurückgelehnt im Sessel sitzend, tot
ist, die brennende Zigarre immer noch zwischen den Lippen.

Der Mann, der an jenem Tag auf diese Weise aus dem Leben
schied, war Ernst Lubitsch, ein weltberühmter Künstler, der die
Geschichte des Films entscheidend geprägt hat. Die überlieferte
Szene seine Todes hätte aus einem seiner vielen Filme stammen
können.

In Berlin geboren, führte sein beruflicher Weg direkt und ohne
Umwege zum Theater. Und das war nicht eines unter vielen,
sondern das Theater Max Reinhardts. Hier lernte der hochbe-
gabte junge Schauspieler alles, was zu diesem Beruf gehörte, hier
erhielt er die Chance, sein schauspielerisches Talent in vielen
Bühnenrollen zu erproben und zu beweisen. Und dennoch drängte es ihn danach, seinen Wirkungskreis zu erweitern. Es war der
Film, das neue technische Medium, von dem eine unwidersteh-
liche Anziehungskraft auch auf ihn ausging. Und so begann er
ab 1914 kleinere Filmkomödien zu drehen, vor und hinter der
Kamera agierend. Deren außerordentlicher Erfolg beim Publikum war der entscheidende Anlaß für die Mächtigen der Film-
studios, dem jungen Mann nun auch die Produktion größerer
und teurer Filme anzuvertrauen, vornehmlich historische Ko-
stümfilme, nach denen das Publikum verlangte.

Ernst Lubitsch errang schon 1919 mit seinem Film „Madame
Dubarry", mit dessen Premiere der neue UFA-Palast am Berliner Zoo eröffnet wurde, einen geradezu sensationellen Erfolg,
nicht nur in Deutschland, sondern in vielen europäischen Län-

dern und vor allem in den USA. Die Presse feierte ihn als den größten Film aller Zeiten, mit der denkbar großartigsten Besetzung, man kürte Lubitsch zum ungekrönten König aller Regisseure.

Hollywood mit seinen scheinbar unbegrenzten Möglichkeiten bestürmte ihn mit Einladungen, bis Lubitsch der Verlockung auf die Dauer nicht mehr widerstehen konnte. So ging er schließlich 1923 gemeinsam mit der Garantin bisheriger und künftiger Erfolge, mit seinem Star und Publikumsliebling Pola Negri, in die Weltmetropole des Films. Hier in den Paramount-Studios prägte er schon in den Zeiten des Stummfilms die Spezifik seiner filmästhetischen Auffassungen und Gestaltungsweisen aus. Sie waren so einmalig individuell geprägt, daß die Amerikaner dafür die Bezeichnung „Lubitsch-Touch" fanden. Gemeint war die unverwechselbare geistreiche, leicht frivole komödiantische Atmosphäre seiner Filmszenen, die nach Aufkommen des Tonfilms durch ironisch-hintergründige Dialoge noch eine Steigerung erfuhr. Dieser so gänzlich unerwartete und deshalb so überraschende Stil der Inszenierungskunst, den man in Amerika als überhaupt nicht typisch für deutsche Theater- und Filmschauspielerei empfand, wurde begeistert aufgenommen, obwohl die Handlungen seiner Filme nur ganz selten in Amerika spielten, sondern meistens in den Hauptstädten von „Old Europe". Der von Ernst Lubitsch kreierte Stil wurde zum dominierenden Kennzeichen der amerikanischen Filmkomödie über viele Jahre hinweg. Und immer war es Ernst Lubitsch selbst, der mit seinen Filmen für diesen Trend Zeichen setzte, ob mit „Trouble in Paradise" (1932), „Ninotschka" (1939), „Heaven Can Wait" (1943) oder besonders mit seiner treffsicher die Nazis attackierenden Filmsatire „To Be or Not To Be" (1942).

Obwohl Ernst Lubitsch zu den Großen des amerikanischen Films avanciert war, hing er sehr an Berlin, an der Stadt seiner Geburt und des Beginns seines künstlerisch so erfolgreichen Weges. Trotz seines sensationellen Erfolgs in den USA und gigantischer Gagen besuchte er jedes Jahr seine Heimatstadt, und er nahm die ihm immer wieder angebotene amerikanische Staatsbürgerschaft erst an, als ihn die Nazis 1935 durch Ausbürgerung endgültig aus Deutschland vertrieben hatten.

Beim alljährlichen Wiedersehen mit seinen Freunden in Berlin zwischen 1923 und 1933 empfand er nicht nur deren Freude über seinen sagenhaften Erfolg in den USA, deren Vergnügen beim Zusammensein in der Stammkneipe, wenn er seine Erlebnisse in Amerika mit gewohntem pointenreichen Witz und in einem unnachahmlichen Englisch mit Berliner Akzent erzählte. Er spürte auch, daß seine Freunde in Deutschland ihn sehr vermißten.

Ernst Lubitsch hatte in den frühen zwanziger Jahren, vor seinem Weggang nach Hollywood, entscheidenden Einfluß auf die Entwicklung der deutschen Filmkunst ausgeübt. Seine mitreißende, inspirierende und erfolgreiche Führung der Schauspieler bei den Dreharbeiten hatte die Rolle des Regisseurs grundlegend verändert. Wie Fritz Lang, Fritz Murnau und andere markierte vor allem Ernst Lubitsch die Tätigkeit des Regisseurs als konstituierendes Element für den Erfolg oder Mißerfolg eines Films. Der Name des Regisseurs sollte als Gütesiegel von Filmproduktionen gelten, er sollte Talente entdecken und zu Stars, zu Publikumslieblingen aufbauen, ob es sich um bis dahin nur dem Theaterpublikum bekannte große Schauspieler oder sogenannte Anfänger handelte. Er sollte für alles verantwortlich sein, alles bestimmen, von der Kamera über die Beleuchtung und den Ton bis zu den Kostümen und zur Architektur. Er lebte allen vor, daß dies nur durch harte, nahezu fanatische Arbeit vor und während der Dreharbeiten zu bewältigen ist. Ernst Lubitsch ließ seine Schauspieler und Schauspielerinnen immer fühlen, wie sehr er sie liebte und achtete. Verbunden mit fachlicher Kompetenz in allen Belangen wuchs daraus seine persönliche Autorität bei allen an der Filmproduktion Beteiligten, ob bei Hunderten von Komparsen, die er in manchen Szenen nach seinem Regiekonzept zu bewegen verstand oder in der intensiven Arbeit mit einzelnen Darstellern. Er war kleinwüchsig und kaum als schöner Mann zu bezeichnen, aber wenn er seinen Stars die jeweilige Szene, wie er sie aufgefaßt wissen wollte, vorspielte, beeindruckte er durch die genaue, großartige und überzeugende schauspielerische Interpretation der Rolle. Und wenn Ernst Lubitsch dann am Ende einer Filmeinstellung seine Meinung in die drei Worte „Das ist richtig!" zu kleiden pflegte, fühlten sich Darsteller wie

Mitarbeiter des Drehstabs glücklich, denn das hieß, sie waren gut.

Das Verständnis vom Film als synthetisches Kunstwerk bildete sich erst allmählich heraus. Aber es folgte der Kraft des erfolgreichen Beispiels, das nicht zuletzt Ernst Lubitsch gab, wie etwa mit dem Film „Das Weib des Pharao", mit dem er Bühnengrößen wie Emil Jannings, Albert Bassermann, Paul Wegener, Paul Hartmann populär machte, oder mit Filmen wie „Madame Dubarry" (1919) oder „Carmen" (1918) oder „Kohlhiesels Töchter" (1920), mit denen er am Theater kaum bekannte Darsteller wie Pola Negri bzw. Henny Porten und auch junge Schauspieler, die vom Theater kamen wie Harry Liedtke, zu Stars aufsteigen ließ.

Aber bei seinen Besuchen in Deutschland Ende der zwanziger Jahre mußte Ernst Lubitsch auch feststellen, daß die deutschen Filmfirmen einen anderen Kurs zu steuern begannen. Der Film sollte primär ein lukratives Geschäft sein, der Kunstanspruch ging zunehmend zurück. Das verband sich mit Verlusten an personeller Substanz, unter den Regisseuren und Schauspielern, die es vorzogen, im Ausland ihre Arbeit fortzusetzen. In den deutschen Kinos begannen ausländische Filme, vor allem aus den USA, zu dominieren, auch mit Darstellern und von Regisseuren, die Deutschland verlassen hatten. Aber 1933 war das alles schlagartig zu Ende. Die Nationalsozialisten waren sich der Wirkungskraft des Films sehr bewußt, deshalb übernahmen sie frühzeitig und rigoros die politische Regie der deutschen Filmproduktion und nutzten sie ohne Skrupel für ihre politischen Ziele und Zwecke.

Ernst Lubitsch besuchte nach dem Ende des Zweiten Weltkrieges mehrfach seine Heimatstadt, erschüttert von den materiellen und geistigen Trümmern, die der Krieg hinterlassen hatte, und vom schmerzlichen Verlust vieler seiner Freunde früherer Jahre, die die Nazidiktatur und den Krieg nicht überlebt hatten. Gesundheitlich war es nicht zum besten um ihn bestellt. Er begann dennoch einen neuen Film „That Lady in Hermine", den dann aber Otto Preminger 1948 für seinen inmitten der Dreharbeiten verstorbenen Freund und Kollegen vollendete.

Im gleichen Jahr gab es in Berlin eine Erinnerung an den großen Regisseur, die für die Lage in der geteilten Stadt kennzeichnend war. Sein Film „Ninotschka", eine Satire auf den sowjetischen Geheimdienst aus dem Jahre 1939, wurde nun endlich in deutscher Fassung aufgeführt. Auch Zehntausende aus dem Osten Berlins und anderen ostdeutschen Orten strömten in die Westberliner Kinos. Um sich an Lubitsch zu erinnern oder um Greta Garbo in der Hauptrolle zu bewundern oder um sich vor allem über diese in jener Zeit politisch pikante und brisante Filmstory köstlich zu amüsieren? Es herrschte jedenfalls große Aufregung in der Presse, der Filmspaß wurde zum Politikum. Eigentlich sollte bei diesem Filmereignis die Erinnerung an den Regisseur Ernst Lubitsch im Mittelpunkt stehen, aber das kam leider zu kurz. In jenen Jahren herrschte der Kalte Krieg.

Und diese feindlichen Verhältnisse zwischen Ost und West haben es schließlich auch verhindert, daß er seinem Wunsch, das alte Domizil noch einmal zu besuchen, nachgeben konnte. Hier hatte er, früher als andere seiner Kollegen, gut gebaut und damit den Platz gefunden, an dem er in Muße nachdachte und zwischen den Filmen die neuen Bilder vor seinem geistigen Auge entstehen ließ. Hier schrieb er seine ersten Bücher, hier legte er den Grundstein für den überwältigenden Ruhm, mit dem ihn Hollywood überschüttete.

Günter Witt

177

Die Maler

Sie waren die Entdecker des Saarower Paradieses, sie strebten hinaus aus den grauen Mauern der ständig wachsenden Städte, sie wollten die Entfremdung des Menschen von der Natur überwinden. Die glatte, rein akademische Behandlung der vielfältigen Welt durch die offizielle Kunst, die hohenzollernsche Hofmalerei eines Anton von Werner, erweckte überall Widerspruch bei den Künstlern. Es bildeten sich Abspaltungen, Künstlergruppen, die sich „Sezessionisten" nannten, Abspalter.

Die Bewegung der rebellierenden Künstler begann in Paris und wurde daher richtunggebend auch in Deutschland, zuerst in München, bald auch in Berlin. Hier scharte man sich um Max Liebermann. Auch die ersten Maler, die sich auf dem Dudel niederließen, betrachteten sich als Sezessionisten und nahmen an den teilweise juryfreien Ausstellungen teil, wo sie auch einige Bilder an das Ministerium verkauften. Diese Bilder wurden an die Nationalgalerie übergeben und sind vereinzelt dort noch vorhanden.

Bruno Krauskopf (1892–1960) machte den Anfang und baute sich auf dem Dudel ein Haus. Seine „Frühlingslandschaft" zeigt eine expressiv empfundene Siedlung von 1919. Das Land ist in der Maiblüte und atmet Frische und Helligkeit. Die Mutter Walter Rathenaus hat es erworben und 1923 der Nationalgalerie geschenkt. Wunderbar ein Blumenstilleben von 1925, das auf der Ausstellung der Akademie der Künste gezeigt und angekauft wurde. Dieses Bild wurde von den Nazis beschlagnahmt, zusammen mit den anderen von Bruno Krauskopf. Die Barbaren bezeichneten diese farbenfrischen Blumenstilleben als „Werk der Verfalls- und Judenkunst". Wie es kam, daß sie nicht auf Auktionen verhökert wurden, ist heute nicht mehr zu sagen.

Der Künstler durchlief eine Lehre als Chromo-Lithograph in Berlin, nahm am Kunstgewerbemuseum Abendunterricht und arbeitete tagsüber als Theatermaler. Den Krieg überlebte er als Zeichner im Generalstab. 1916 trat er der Sezession bei, wirkte auch als Vorstandsmitglied und im Arbeitsausschuß „Novembergruppe" (1918). Nach dem Krieg verdiente er sein Brot als Theatermaler und Entwerfer von Filmdekorationen bei der UFA. 1933 emigrierte er nach Stavanger in Norwegen und wurde 1937 als „entartet" verfemt, was bedeutete, daß zehn seiner Werke beschlagnahmt wurden. Nach dem Krieg übersiedelte er 1948 in die USA (New York), kehrte aber 1956 wieder nach Berlin zurück. Sein Haus in Bad Saarow hatte er an den Meisterboxer Max Schmeling verkauft.

Der fast gleichalterige Wilhelm Kohlhoff (1893–1971) lernte den Beruf eines Porzellanmalers. Obwohl Autodidakt, wurde er doch durch Lovis Corinth gefördert. Bereits im Jahre 1914 war er auf der Großen Berliner Kunstausstellung mit „Aus Mönchmühle" vertreten. Auch er muß Soldat werden, tritt aber 1916 mit ihrer Gründung der Berliner Sezession bei. Er bildet mit Bruno Krauskopf eine Ateliergemeinschaft. Aus dieser Zeit ist sein Selbstbildnis von 1915 bemerkenswert, das vom Preußischen Staat erworben wurde. Ein ernster junger Mann steht vor seiner Staffelei und arbeitet. Sein konzentrierter Blick wendet sich vom Gegenstand ab und blickt den Beschauer an. Vor dunklem Hintergrund bleibt der Kittel sekundär, nur der Kopf mit dem vollen Mund und dem energischen Kinn und die starke linke Hand bestimmen den Eindruck. Dieses Selbstbildnis erhält den Großen Preußischen Staatspreis.

Die Kritiker bescheinigten ihm ekstatisch-visionäre Züge in seinen Arbeiten. Es ist die Zeit, in der wieder nach dem Sinn des Lebens und nach dem Sein des Menschen überhaupt gefragt wird. Auch er ist Mitglied des Vorstandes der Berliner Sezession, nimmt an allen ihren Ausstellungen teil. Seine Bilder sind farbiger, weicher geworden, vielleicht ein Ergebnis seiner Studienreisen nach Südfrankreich. Sie führen ihn auch nach Paris und Mitte der dreißiger Jahre in die Türkei. Nachdem auch er als entartet gilt und acht seiner Werke beschlagnahmt werden (1937), schlägt er sich als Kriegsmaler bei der Wehrmacht durch. Er wird kurze Zeit entlassen, bald aber wieder eingezogen und gerät in sowjetische Gefangenschaft. Nach 1945 lebt er in Oberfranken an verschiedenen Orten, in Zell am Waldstein, Hof und Schweinfurt.

Seine enge Freundschaft mit Bruno Krauskopf führte ihn nach Bad Saarow. 1918 hat er Catharina Fischeder geheiratet, ihre Familie baut für die beiden ein Haus. Die junge Frau ist ebenfalls Malerin, hat auch verschiedene Sprachen studiert. Wie fast alle Künstler hängt sie einer freien Lebensweise an, ist für Freikörperkultur, kleidet sich aber andererseits schick und mondän. Ihre Welt sind die endlosen Diskussionen über die Kunst auf den lebenssprühenden Partys der Szene. Die Ehe verlief nicht glücklich, Spannungen führten zu Handgreiflichkeiten, die Familie warf den Maler Kohlhoff hinaus. Seit der Scheidung lebte die Frau allein in dem Haus und war im Ort als Moorhexe bekannt. Ihre beiden Kinder starben. Der eine Junge an Malaria, der andere fiel in Rußland. So vereinsamte die Frau, bleibt aber manchem Saarower als extravagante, völlig unkonventionell lebende Künstlerin in Erinnerung. Die Quelle wurde nach ihr benannte: Catharinen-Quelle.

Der dritte Maler, der hier erwähnt werden muß, ist Wilhelm Wagner (1887–1968), von Geburt ein Hesse. Als Gold- und Silberschmied ausgebildet, kam er über ein Grafikstudium in Barmen und am Kunstgewerbemuseum Berlin zum Beruf eines freischaffenen Malers. Wie die beiden anderen gehörte auch er der Berliner Sezession an und zog 1922 bis 1924 nach Saarow. Anerkannt von Liebermann und Corinth, mit denen er befreundet war, gehörte er zum festen Kreis um diese beiden Männer. Seine Arbeiten besitzen ein solides handwerkliches Fundament. Auch er machte die Hinwendung zum Expressionismus und zur neuen Sachlichkeit durch. Kunstreisen, die ihn nach Frankreich, Italien, Holland und England führten, bildeten sein Talent aus. Wie den anderen wurde ihm 1938 die Ausübung des Berufes verboten („entartet"), das hieß, daß er auch nicht mehr ausstellen durfte, und so schlug er sich als Innenarchitekt und Möbelgestalter durch. Die meisten seiner frühen Werke wurden bei einem Bombenangriff auf Berlin zerstört, seine Wohnung und das Atelier vollkommen verwüstet. Er zog nach Thüringen, kehrte aber 1948 wieder nach Bad Saarow zurück und malte in vielen Variationen seinen See als das beherrschende Motiv. Gesellschaftlich wirkte er in verschiedenen Auftragskommissionen mit und half seinen jungen und bedürftigen Kollegen.

Freimütig bekannte er, daß seine Malerei in Konkurrenz zu seiner zweiten Leidenschaft stand, der Gärtnerei. Das Gemüse

aus seinem Garten habe die Familie über so manche Verlegen-
heit gebracht, wie sie sich denn ernähren solle. – Sein Werk ist
nicht vergessen, seine Bilder hängen in mancher Saarower Wohnung und im Museum Frankfurt/Oder. Ein Berliner Hotel veranstaltete Anfang 1999 eine Ausstellung seiner Arbeiten. Im
Mittelpunkt sein Bild „Diensdorf am Scharmützelsee" aus dem
Jahre 1924. Es sollte von der Gemeinde angekauft werden.

Gisela May

(geb. 1924)

Die May ist eine Institution des Theaterlebens, man sah sie in „Hallo, Dolly" im Metropol und als Mutter Courage im Berliner Ensemble. Ihre herausragenden, vielseitigen Leistungen wurden mit hohen Ehrungen bedacht, sie hat in verschiedenen Ämtern für die Öffentlichkeit und ihre Kollegen gewirkt und sich um die Ausbildung des Nachwuchses verdient gemacht. Selbst als Fernsehmoderatorin verantwortete sie eine eigene Unterhaltungsreihe. Wenn sie auftritt, merkt man, daß sie ihr Handwerk gründlich gelernt hat. Undenkbar, daß sie eine Schwäche auf der Bühne zeigt, unmöglich, ihre bedeutenden Rollen auch nur zu zählen.

Ihre nachstehende Erinnerung an einen Abend in Rom zeigt zu gleicher Zeit, unter welchen Bedingungen sich die DDR-Künstler im Ausland bewegen mußten: Anreise–Auftritt–Abreise. Zu mehr reichte auch bei berühmten Leuten die Valuta-Kasse nicht. So sahen die heute oft als Vorwurf erhobenen „Reise-Privilegien" aus.

In Bad Saarow lebte Gisela May einige Jahre mit ihrem damaligen Mann, Dr. Georg Honigmann. Im Bericht seiner Tochter Barbara, den wir ebenfalls abdrucken (S. 127 ff.), wird sie als „die Schauspielerin" bezeichnet.

„Wir gastierten in Rom. Niemand von unserer kleinen Gruppe war je zuvor in dieser Traumstadt gewesen. Langhoff freute sich unbeschreiblich auf die Sixtinische Kapelle, auf all die Michelangelos im Petersdom und anderswo. Wir hatten nur einen Tag Zeit für diese Stadt. Es ging schon auf den Abend zu. Eine Pressekonferenz lag hinter uns, eine Probe im Theater. Nur wenig Zeit blieb für die ersehnte Besichtigung. Wir nahmen ein Taxi. Es ging praktisch um Minuten. Der Dom wurde zu einer bestimmten Zeit geschlossen. Das wußten wir.

Da machte unser lieber Ernst Busch, Protagonist unseres Programms, einen Vorschlag! In einem Song von Brecht, so meinte er, sollten Langhoff und Heinz ihm als Chor assistieren. Er versprach sich große Wirkung davon. Die Diskussion, die jetzt folgte, löste mindestens bei unserem Taxifahrer – und Italiener sind auf diesem Gebiet etwas gewöhnt – eine Wirkung aus, die das Gesangsterzett auf der Bühne nie hätte erreichen können. Heinz versicherte, daß er der schlimmste Brummer sei, den es je auf dem Gebiet des Gesangs gegeben habe. Zur Bekräftigung seiner Behauptung ließ er seine Stimme im tiefsten Baß durch seinen weiten Brustkorb strömen, versetzte alle Resonanzböden, die ihm in so unvergleichlichem Maße zur Verfügung standen, in lautstarke Schwingungen, um mit einem imponierenden Rasseln der Bronchien sein Stimmorgan als absolut gesangsuntauglich auszuweisen. Langhoff berief sich auf seine allbekannte Talentlosigkeit auf dem Gebiet des Singens. Es wäre ihm unmöglich, auch nur einen Ton sauber wiederzugeben. Seine Musikalität entfalte sich in anderen Bereichen.

Für Busch waren das keine Argumente. Er verlange keinen schönen Gesang, gab er ebenso lautstark zurück, sondern einen Chor. „Wir sind aber kein Chor!" erklang es im Chor. Der Streit zog sich hin bis zur Peterskirche. Auf engstem Raum in ein Taxi gezwängt – immerhin zählten wir mit dem Kraftfahrer fünf Personen –, wurde die Auseinandersetzung zum Nahkampf. Auf der Piazza vor dem Dom spuckte uns das Auto aus. Ich ließ „meine Männer" in verbissenem Gefecht zurück, stürmte die Kirche, war betäubt von der Schönheit der Säulenkonstruktion, den Deckengemälden, all den Renaissance-Herrlichkeiten, die mit einem Blick gar nicht zu erfassen waren. Um nichts auszulassen, kletterte ich noch die unzähligen Stufen im Turm nach oben. Atemlos stolperte ich auf die Plattform. Der Rundblick auf das Dächermeer von Rom, auf die Gebäude des Vatikans im Abendsonnenlicht war überwältigend. Vor mir breitete sich der riesige Domplatz aus. Die schnurgerade Allee, die zu ihm hinführt, vollendete in großzügiger Symmetrie die Schönheit des berühmten Komplexes. Und dann entdeckte ich sie! Unter all den Tausenden von Menschen, die über den Platz wimmelten, standen sie, klein wie Stecknadeln, eine Gruppe von drei Männern, wild mit ihren Armen gestikulierend. Die beiden Baskenmützen von Busch und Heinz machten sie absolut unverwechselbar. Die Abendsonne vergoldete ihre Gestalten. Und ich ahnte, daß wieder einmal das Theater und die Auseinandersetzungen darüber die persönlichen Wünsche Langhoffs in den Hintergrund gedrängt hatten, wie so oft. Auch Michelangelo konnte da nichts machen."

Ingeborg Meyer-Rey

(geb. 1920)

Ingeborg Meyer-Rey hat jahrzehntelang die Sommermonate in ihrem Ferienhäuschen in Bad Saarow verbracht. In den fünfziger und sechziger Jahren war sie die bekannteste Kinderbuchillustratorin der DDR. Eine Vielzahl von Bilderbüchern hat sie gestaltet, darunter so beliebte wie „Mischka, der Bär", von Bianki „Die erste Jagd", Fred Rodrians „Märchenschimmel", Eva Strittmatters „Brüderchen Vierbein" und von Benno Pludra „Vom Bären, der nicht schlafen konnte". Woche für Woche erfreute sie die Kinder mit ihren Zeichnungen im „Bummi", der überaus beliebten Kinderzeitung, der sie mit ihrer Titelfigur Namen und Gestalt gegeben hatte. 1979, anläßlich ihrer Auszeichnung mit dem begehrten Hans-Baltzer-Preis, hatte ich die Gelegenheit, ihr Werk in einer Laudatio zu würdigen.

„Wenn man sich deine ersten Bücher ansieht", sagte ich, „betrachtet man ein Stück Geschichte unseres Landes. Sie sind verblichen und vergilbt, weil wir damals nur schlechtes Material hatten, und sie haben noch die Lizenzerlaubnis der sowjetischen Militäradministration. Ich fand sie als Jugendliche hinreißend: ‚Die Märchen der Völker der Sowjetunion' und ‚Galja, die Tänzerin' und ‚Mädchenjahre'. Du hast nach dem unseligen Krieg mit deinen Arbeiten in den Kindern und den erwachsenen Mitbeschauern und Vorlesern wieder den Sinn für Freundlichkeit und Schönheit, für Menschlichkeit und Frohsinn geweckt und mitgeholfen, daß viele Menschen ihr Bild von der Sowjetunion revidierten und eine neue Generation ein unvoreingenommenes Verhältnis zur sowjetischen Kultur fand. Eines der frühen Bilderbücher hieß ‚Drei Kinder und ein Rollmops'; der Titel hat sich eingeprägt und die kleine Geschichte von Menschen in befreundeten Ländern, die du darin erzählst.

Überhaupt die Bilderbücher! Niemand von uns hat so viel für die Kleinsten getan. Eines der schönsten ist ‚Das neugierige Entlein', das 1952 erschien; es ist eines der vielen von dir, in denen Tiere vorkommen. Mir scheint, sie gelingen dir immer besonders gut. Marschaks ‚Tierhäuschen' ist ein Prachtbeispiel dafür.

Du nimmst die Kinder beim Zeichnen und Erzählen ganz ernst, hast keine Angst vor zu viel Gefühl, machst nichts komplizierter, als es ist. Durch diese Haltung hast du für uns jüngere Illustratoren viel Kredit beim Publikum erworben. Du hast für jenes Grundwohlwollen zwischen uns und unseren Lesern gesorgt, das nötig ist, daß sich Breite und Vielfalt der Handschriften und Auffassungen entwickeln können. Du selbst aber bist dir in deinem Wesen und deinen Kunstauffassungen treu geblieben. Nicht zuletzt diese Treue zu dir selbst hat dir die große Popularität gebracht. Die vielen ‚Sonnenorden‘, die dir die Kinder verliehen, werden dich für die bisher fehlenden aus Metall sicher entschädigt haben.

Als erste Illustratorin unserer Kinderliteratur, hast du einen Grundstein gelegt, auf dem wir alle aufbauen konnten. Dafür wollen wir dich heute ehren."

Gertrud Zucker

Armin Mueller-Stahl

(geb. 1930)

In Saarow-Dorf war er häufiger anzutreffen, dort lag sein Segelboot am Werl, hierher floh er an drehfreien Tagen vor der überschäumenden Popularität, die ihm allerorten entgegenschlug. Fünf Jahre hintereinander wählte ihn die Leserschaft der Fernsehzeitung zum beliebtesten Schauspieler der DDR. Es werden um die 100 Filme sein, in denen er mitwirkte, und das zumeist in Hauptrollen. Eigentlich wollte er Musiker werden, er spielte Geige und Klavier und hat auch Lieder und anderes komponiert. Dabei hat er den Mut besessen, seinen Beruf als Geiger und Musikwissenschaftler sozusagen über Nacht zu verlassen, da ihn die Schauspielkunst gepackt hatte. Er begann 1952 beim Berliner Ensemble, ging dann auch an die Volksbühne, bevor er in das Ensemble des Fernsehfunks eintrat.

In fast allen bedeutenden Film- und Fernsehproduktionen war er dabei. Dabei war er nach dem Wechsel der Hochschule nur ein Jahr im neuen Studium, bis man ihn wegen mangelnder Befähigung entließ, worin sich wieder einmal zeigt, daß auch die Fachleute schwer irren können.

Mit der Würde und Bürde ungewöhnlicher Popularität fertig zu werden, ist keine leichte Aufgabe. Armin Mueller-Stahl ist durch viele Filme und Fernsehsendungen Millionen bekannt, und er muß hart daran arbeiten, nicht in ein Rollen-Klischee abgedrängt zu werden. Man mag bedauern, daß seine Aufgaben am Theater den Stempel des Gelegentlichen tragen, hier eine große, vielversprechende Entwicklung nicht folgerichtig fortgesetzt worden ist. Diesen Tribut hat der Darsteller der aufreibenden Arbeit besonders beim Fernsehen zahlen müssen, aber er ist dabei auch dank seiner ungewöhnlichen Begabung und schöpferischen Disziplin der Gefahr entgangen, sich festlegen zu lassen. Er spielte in Ulrich Theins Fernsehfilm „Columbus", er war der Wolfgang Pagel in Kaspriks Verfilmung von Falladas Roman „Wolf unter Wölfen", er verkörperte den Leßtorff in Helmut Sakowskis Fernsehroman „Wege übers Land" und den Lindow in dem ebenfalls von Sakowski geschriebenen Fernsehroman „Die Verschworenen". Neben solch „schweren" Rollen aber hatte Mueller-Stahl den Mut, sich auch einen gemeinhin weniger beachteten Bereich unterhaltender Fernsehfilme zu erobern. In mehreren Folgen, zuletzt in „Das unsichtbare Visier", brachte er den Typ eines Kundschafters auf den Bildschirm, der nicht nur mit Intelligenz und Unerschrockenheit, sondern mit Witz arbeitet. Der Darsteller kann hier eine Verschmitztheit einsetzen, einen trockenen Humor, der bis in schnoddrige und doch genau bedachte, ausgefeilte Wendungen eines knappen, zupackenden Umgangs-Deutsch reicht. Diese Annäherung der Kundschafterfigur, also eines gemeinhin allzu untadeligen Helden, an den Schalk ist eine besonders eindringliche, plastische Arbeit des Schauspielers.

Musikalität und geistige Disziplin sind für den Schauspieler grundlegende Voraussetzungen seiner Arbeit. Das zeigt er als Menelaos in der Operette für Schauspieler „Die schöne Helena" (Inszenierung Benno Besson an der Berliner Volksbühne 1972) und in vielen klassischen Rollen, etwa dem Wurm in „Kabale und Liebe", dem Marquis Posa in „Don Carlos", dem Narren in Shakespeares Komödie „Was ihr wollt". Gerade dieser Narr, in einer Inszenierung, die seit vielen Jahren nicht mehr auf dem Spielplan ist, offenbarte die Fähigkeiten des Schauspielers Mueller-Stahl besonders eindringlich: Inmitten eines bunten Wirbels von Phantasie, Laune, Zufall, Poesie, Liebe und Verwechslungen stand er auf der Bühne – im weißen Harlekinskleid, mit weißgeschminktem Gesicht, die Laute unterm Arm. Er mischte melancholische Töne unter all die Tollheiten polternden Spaßes und sentimentaler Torheiten. Aber gerade auf den Narren hörte man – denn von ihm ging Überlegenheit aus, geistige Disziplin und absichtsvoll ins Groteske gekleidete Lebensweisheit. Da war zwingende Musikalität, der eigenartige Reiz einer modulationsfähigen Stimme, da waren genau durchdachte Bewegungen, ein wenig marionettenhaft zuweilen, dann wieder weich und fließend, und es entstand eine Figur, die ganz organisch die verschlüsselte Philosophie William Shakespeares zum Ausdruck brachte. Genauso vergnüglich geriet die lässige Müdigkeit des Menelaos, die eine lächerliche Trottelhaftigkeit bis zum Entsagungvoll-Gelangweilten transportierte und in schmelzender Musikalität verströmte.

Dabei ist Armin Mueller-Stahl kein Schauspieler, der es dem Zuschauer leicht macht. Sein Gesicht ist zumeist verschlossen, wenn auch stets gespannt, zeugend von inneren Energien. Und so gestaltete Mueller-Stahl junge Menschen, die ihre seelischen Konflikte in sich bergen, die eine gewisse Sprödigkeit des Gefühls vortäuschen, weil sie Labilität und Wehleidigkeit hassen, weil sie sich einer großen Aufgabe unterordnen, die den Einzelnen zwingt, in den Hintergrund zu treten. Denken wir hierbei an den Michael im DEFA-Film „Königskinder" oder an den jungen Elektromonteur in dem gleichfalls in Babelsberg produzierten Streifen „...und deine Liebe auch!". Wie weit gespannt die darstellerischen Möglichkeiten Mueller-Stahls sind, bewies er durch die Gestaltung zweier ganz gegensätzlicher Rollen in zwei anderen DEFA-Filmen: In „Nackt unter Wölfen" spielte er den Höfel, in „Ein Lord am Alexanderplatz" einen Wissenschaftler. War dieser dem Weiblichen gegenüber befangene Akademiker mit köstlicher Ironie und einer gleichsam anmutig dargebotenen Schwerfälligkeit gespielt, so machte Mueller-Stahl hinter der Bewegungslosigkeit, der beherrschten Starre des „körperlichen" Gesichts des Antifaschisten Höfel gleichsam ein zweites, seelisches Gesicht fühlbar, in dem tausendfältige Empfindungen toben, in dem sich Schmerz und Angst spiegeln, das gepackt wird von Verzweiflung und Verzagtheit und das doch wieder zur Ruhe findet, zur Zuversicht, zur Ausgeglichenheit.

Eine solche Begabung war in der DDR nicht notwendigerweise unpolitisch. Durch seine Rollen und natürlich durch die Wirklichkeit in seinem Umfeld entwickelte sich seine kritische Haltung, die sich zeigte, als Künstler und Schriftsteller gegen die Ausbürgerung Wolf Biermanns protestierten. Als sein damaliger Chef spürte ich, daß er mehr und mehr auf Rollen drängte, die ihm einen wesentlichen Beitrag zur Lösung damaliger Probleme abverlangten. Doch diese Filme waren rar gesät, und so war es ein Glücksfall, daß er in „Geschlossene Gesellschaft" unter der Regie Frank Beyers in Partnerschaft mit Jutta Hoffmann eine Aufgabe übertragen bekam, die seinen Wünschen entsprach.

Doch der Film wurde nach nächtlicher Ausstrahlung in die Versenkung gelegt, obwohl er zu dem Besten gehörte, was in der deutschen Nachkriegsfilmproduktion gelungen ist. Die Igno-

ranz der Oberen gegenüber dieser Leistung, die Angst, die ange-
packten Probleme der Vereinzelung, der Entfremdung des Indi-
viduums von der Gesellschaft öffentlich zu diskutieren, brachten ihn in eine Schaffenskrise, und er entschloß sich, das Land
zu verlassen. Ich habe wohl eines der letzten Gespräche mit ihm
geführt und versucht, ihn zu überzeugen, daß sein Feld hier sei.
Aber es war schon alles entschieden.

Er hat dann in der BRD und in den USA nach kurzer Anlauf-
pause sehr viel gearbeitet, schwere Helden mit seinem Leistungs-
vermögen sind überall rar, und so bekam er die Gelegenheit, in
erstklassiger Besetzung unter erstklassiger Regie zu spielen. In
Erinnerung sind die Filme „Oberst Redl" (Istvan Szabo), „Eine
Liebe in Deutschland" (Andrzej Wajda) und so manche Rolle in
Fernsehproduktionen. Die ganz große Ehrung, der Oscar, war
in Sicht, aber der Vorschlag kam nicht durch. So steht die Krönung noch aus, aber der Kandidat ist würdig.

Die Natur

Versuchen wir zunächst, die geologischen Zusammenhänge zu erschließen.

Bekannt ist, daß der norddeutsche Boden sich als Ergebnis der Eiszeit darstellt. Wenn wir nach Osten über den Scharmützelsee schauen, liegt eine flachwellige Grundmoränenlandschaft vor uns, also ein Gebiet, in dem die Massen von Verwitterungsschutt, die, durch Gletschereis vom Untergrund losgelöst, eine Zeitlang mitgeführt wurden und beim Abschmelzen liegenblieben. Wir erkennen sie an ihrem sandigen Material mit geschliffenen Geschieben (Feldsteinen). Welche Ausmaße solche Geschiebe haben konnten, zeigen die Rauener Steine. Stauchte das Eis aber den Schutt zusammen, so haben wir eine Staumoräne vor uns. Wir erkennen sie in den Rauenschen Bergen, in den Dachsbergen nördlich Silberberg, in dem Brandberg zwischen Wendisch Rietz und Bugk, in den Erhebungen um Alt- und Neugolm; den Lausebergen, Soldaten- und Dubrow-Bergen sowie Sydows Bergen östlich Pfaffendorf.

Das abtauende Eis ließ nun wieder seine eigenen Spuren zurück, die in Schmelzwasserrinnen und Seen bestanden. So zieht sich in unserer Gegend eine Hauptschmelzwasserrinne von Fürstenwalde-Süd über Petersdorf, den Scharmützel-, Glubig-, Spring-, Gruben-, Melang- und Godna-See bis nach dem Unterspreewald. Während man früher die Entstehung der Seen der Ausschürfungswirkung der starken Schmelzwasser des abtauenden Eises zuschrieb, neigt man heute zu einer Erklärung, welche die Bildung von Toteis zur Grundlage hat und schließt auch die Rinnenseen mit ein. Wenn nämlich bei Klimaverschlechterung die Eisbewegung stockte und das Eis schmelzend in Schollen zerfiel, wurde es von den Schmelzwassern überschottert und blieb vor dem Auftauen bewahrt. (In tiefen Kiesgruben Finnlands findet man es noch heute.) Hatte sich der Boden nach langen Zeiten dann endgültig erwärmt, blieben mit dem einsinkenden Schutt Wasserbecken zurück. Das mag dem Laien unglaubhaft erscheinen; aber er hat zu bedenken, daß das Eis in einer Mächtigkeit von 500 m über dem Lande ruhte. Das Toteis kann auch diese Entstehung gehabt haben: In besonders harten Wintern froren bereits vorhandene Seenbecken völlig aus. Überschüttete sie dann der vorwärtsschreitende Gletscher mit Moränenschutt, blieb das Eis erhalten, um nach endgültiger Erwärmung wieder aufzutauen.

Eine andere Wirkung zeigt die Wiedererwärmung in der Bildung von Binnenlanddünen. Das sind durch Wind aufgeschüttete Sandhaufen, die feine Staubbeimengungen enthalten. Ihr Zustandekommen erklärt sich aus dem starken Luftaustausch zwischen den Eisfeldern der Gletscher und einem Warmluftgebiet. Die Sichelform der Dünen ist meist noch zu erkennen. Wir finden sie südöstlich Dahmsdorf und weiter von Wendisch Rietz bis Hubertushöhe und Küchensee mit südlicher Ausdehnung bis zum Alten Wochowsee. Niemals findet man in ihnen Steinchen, was aus ihrer Entstehung verständlich wird.

Unerwähnt blieb noch jener Boden, der Brandenburg als „des Reiches Streusandbüchse" in Verruf brachte. Das ist der Talsand, der die Urstromtäler auskleidet. Er ist eine Ablagerung der Schmelzwasserströme. Solche Sandflächen finden sich hauptsächlich östlich Beeskows, umkleiden aber auch als schmale Streifen den Nordteil des Scharmützelsees.

Das ist der Boden, durch den der Landmann seine Furche zieht und auf dem der Förster seine Bäume pflanzt. Wir machen dabei die Beobachtung, daß der Bauer auf der Grundmoräne arbeitet und die Kiefer die Talsandgebiete inne hat oder auf dem Dünensand ihr Leben fristen muß. Die Erklärung ist einfach. Die Grundmoräne hat den besseren Boden, die genügsame Kiefer wurde verdrängt.

Aus Erfahrung wissen wir, daß der Kiefernwald recht verschiedenes Aussehen haben kann. Eine besonders arme Form überzieht die Dünen. Die harten Flechten, die unser Fuß im Sommer krachend zertritt, überziehen den Boden. Die Büschel des Silbergrases stehen in der Nähe, und auch das Widertonmoos findet sich in dieser Einförmigkeit. Wenn wir aber das gleiche trostlose Bild auf anderen Sandfeldern sehen, so waren meistens übertriebene Holznutzung und zu starke Streuentnahme die Ursachen der Verödung.

Weit häufiger herrscht das Bild des zwergstrauchreichen Kiefernwaldes vor, in dem die Heidelbeere den Ton angibt, häufig mit der Preiselbeere in Gesellschaft. Auch Heidekraut tritt auf. An sonnigen Stellen taucht dann noch das Landschilf auf. – Wenn man oft hört, daß die Kiefer ein Baum des Sandes ist, so stimmt das wohl; aber welcher Anpassung sie fähig ist, beweist ihr Vorkommen auf unseren Mooren und Verlandungszonen. Wie sehr sie aber dabei „leidet", das liest man ihr vom Leibe ab. Sie ist dicht mit grauen Flechten überzogen und sieht dadurch struppig aus, ihre Höhe beträgt einige Meter, die Nadeln bleiben kurz und dicht gedrängt; im Herbst werden die Nadelspitzen gelb. Begleitpflanzen sind kümmerliche Birken, das Wollgras mit seinen weißen „Flocken", die Büsche des Sumpfporstes (unter Naturschutz!), das hellgrüne Torfmoos und die auffallenden, gewölbten Polster des Bleichmooses. Wir wenden uns jetzt dem Wasser zu. Welch ein anderes Pflanzenbild. Wir sind ja von Kindheit an an diesen Gegensatz gewöhnt; aber wir erkennen mindestens soviel daraus, daß die Pflanzen nicht einfach durcheinander wachsen, sondern daß eine Gesetzmäßigkeit zu Pflanzenvereinen besteht. Im Röhricht steht vor uns das Schilf, der Rohrkolben, der große Hahnenfuß mit seinen gelben Blüten und der schöne große rosafarbene Blütenstand der Schwanenblume. Vor dieser Gesellschaft taucht – dem Wasser zu – ein breiter Binsengürtel auf, und an einigen Stellen gedeihen die weiße und die gelbe Teichrose mit ihren großen Schwimmblättern.

Langsam verlandet der See durch den Pflanzenwuchs, bis wir dann im Erlensumpfmoor den Endzustand der Verlandung vor uns haben. Wir finden es häufig. Die Bäume stehen auf großen Bulten, und zwischen ihnen blickt uns das klare Wasser an. Bleibt es ganzjährig, so leuchtet uns hier die schöne Wasserfeder der Sumpfprimel mit ihrem rosafarbenen Blütenstand entgegen. Die trockneren Erlensumpfmoore erkennen wir an der Gegenwart der Himbeere, des Buschwindröschens, des Schattenblümchens (Verwandte des Maiglöckchens), der Wasserschwertlilie und der Sumpfkalla. Flechten fehlen hier ganz, und die Moose haben sich auf die Bulten zurückgezogen.

Eine Pflanzenwelt ist nicht ohne Tierwelt denkbar. Aber wie die Pflanzenwelt in einem Wald verarmte, den kapitalistische

Geldgier zum Einheitswald, zur bloßen „Holzfabrik", herabgewürdigt hatte, konnte es um die Tierwelt nicht anders stehen. Wie reich ist sie im Mischwald, wo Laub- und Nadelbaum zusammenstehen. Wir aber wandern in der „märkischen Kiefernheide". Säugetiere bekommen wir nicht viel zu Gesicht, denn sie sind in der Mehrzahl nächtliche Tiere. Wir treffen wohl einen Fuchsbau. Reineke ist in der letzten Zeit in seinem Bestande angewachsen. Kaninchenbaue sehen wir seltener. Wir treten heran, ob wir uns auch nicht täuschen. Die Losung klärt uns auf. Unter den Bäumen finden wir unmittelbar am Stamm Stellen, von denen Flechten und Moose fortgescharrt sind. Wir haben Rehbetten vor uns. Hier verbrachte ein Reh die Zeit seiner Ruhe. Wir untersuchen unten sorgfältig die Borke des Stammes. Zwei bis drei Haare vom Fell des Tieres bestätigen unsere Vermutung. In einiger Entfernung fällt uns ein Stückchen blankgescheuerte Borke am Stamm auf. Wir untersuchen und finden zahlreiche Rehhaare. Hier fegte ein Bock und bezeichnete damit sein Wohngebiet. Ja – auch bei den Tieren herrscht Ordnung.

Reicher ist die Vogelwelt vertreten. Wie erfreuen ihre Lieder und Locktöne den einsamen Wanderer, und mancher wüßte gern den Namen des Sängers, um später zu Hause über seine Lebensäußerungen etwas nachzulesen. Für den Anfänger soll hier eine bescheidene Handreichung versucht werden.

Unser Buchfink ist bestimmt den meisten Menschen aus den städtischen Anlagen her bekannt. Sein Lockton „pink pink" gab ihm seinen Namen. Sein Singen hat man im Volk so gefaßt: „titi titi s'ist Frühjahr". – Und jetzt hören wir oben in der Birke eine ähnliche Strophe, nur viel feiner flötend und länger. Im ersten Augenblick glaubt man, einen besonders begabten Finken vor sich zu haben. Aber das ist der Fitislaubsänger, ein unscheinbares grau-grünes Vögelchen, nicht immer leicht zu entdecken. Sein Verwandter, der Weidenlaubvogel, zeigt sich besser und macht sich dadurch bemerkbar, daß er unermüdlich „zilp zalp zilp zalp…" tönt. Vom Park und von Gärten her ist die Kohlmeise meistens bekannt. Sie lockt wie der Fink „pink pink". Wir warten. Jetzt folgt „zizidäh zizidäh…" Das ist ihr Ruf. Nicht so häufig ist die Blaumeise. Ihre Unterseite ist gelb, das schwarze Längsband der Kohlmeise fehlt. Oberkopf, Flügelspitzen und Schwanz sind hellblau. Wir hören die „zizidih zizidih… tetetettett". Den Nadelwald liebt auch die Tannenmeise, die uns mit ihrem „wize wize" oder „si täh täh" lockt. Ihre Unterseite ist weißlich, der Scheitel schillert metallisch blau, die Oberseite ist grau-blau gefärbt, der Nackenfleck weiß. Noch eine Meise kommt uns zu Gesicht, die Haubenmeise. Sie ist an der schwarz und weiß gesprenkelten spitzen Federhaube zu erkennen. Sie läßt sich mit „zizigürr zizigürr…" hören. Soeben glauben wir, eine singende Lerche im Fluge gesehen zu haben. Sie pfeift und trillert und endet mit einem schönen „Ziah, zia zia…" Das war der Baumpieper. Am Waldrand scheint ein Sperling mit leuchtend gelber Brust zu sitzen. Wir vernehmen „didididi – dih". Man übersetzte seinen Gesang recht launig mit: „Ich hab dich so lieb". Wir sahen die Goldammer. –

Da trommelt es im Walde. Wir wissen schon, daß das ein Specht ist. Schallt es aber jetzt gedehnt „kliäh kliäh" zu uns herüber, dem noch später „krikrikrikri…" folgt, dann war es der Schwarzspecht. – „Rätsch rätsch…" klingt es auf. Der rötlichbraune Eichelhäher entdeckte uns und warnte.

Wir wenden uns wieder dem Wasser zu und erwarten mit der anderen Pflanzenwelt auch eine andere Vogelwelt. Stolz zieht der Haubentaucher allein oder in Familie seine Bahn auf dem freien Wasser. Haube und Halskragen kennzeichnen ihn genügend. „Gröck gröck" ruft er. – Von weither schallt es dumpf aus dem Röhricht „ra-pluumb". Das hat der braun gesprenkelten Großen Rohrdommel den Namen „Moorochse" auch „Moorkuh" eingebracht. Wir bekommen sie bestimmt nicht zu sehen; aber ihre Stimme fällt jedermann auf. Sie gehört zu den Reihern und hat auch fast die Größe des Fischreihers. Munter tummeln sich auf dem Wasser die schwarzen Bläßhühner, auch Lietzen genannt. Durch ihr lautes „Köw köw" machen sie sich weithin bemerkbar. Die taubengroßen Möwen mit den dunklen Köpfen, die man auf den Gewässern der großen Städte des Binnenlandes so häufig sieht, treffen wir auch hier wieder. Es sind Lachmöwen. Ihr Ruf klingt hart „Kriää kriää". –

Außer der Wildente oder Stockente, die bekannt ist, sehen wie die kleine bunte Krickente. „Krihlick krihluck" schreit sie.

Der Scharmützelsee

Unser Ort ist nicht nur seiner behaglich eingerichteten Pensionen und Hotels, seiner gepflegten Anlagen und sonstiger Einrichtungen wegen beliebt, sondern insbesondere wegen seiner schönen Lage am Scharmützelsee. (Bitte nicht verwechseln mit dem Schermützelsee. Der liegt bei Buckow in der Märkischen Schweiz.) Seinen Namen soll er einem im 14. Jahrhundert (1348) in seiner Nähe stattgefundenen „Scharmützel" verdanken, nach welchem der falsche Waldemar aus der Mark flüchten mußte. Etymologen erklären den Namen aus den slawischen Wort-Stämmen zarny – schwarz und miele – seicht. Der Scharmützelsee ist einer der schönsten märkischen Seen und mit einer Länge von etwa 11 km und einer Breite bis zu 2 km auch der größte See in der Mark Brandenburg. Seine Tiefe beträgt 28 Meter. Theodor Fontane nannte ihn das „Märkische Meer" und bezeichnete ihn als die schönste Perle in der Zauberkette der märkischen Seen.

Eine Reihe von Seen und der Storkower Kanal verbinden den Scharmützelsee mit Berlin. Urlauber, die Freunde des Wassersports sind und in Berlin wohnen, haben daher die Möglichkeit, ihre Ferieneindrücke durch eine reizvolle Anreise auf dem Wasserwege zu bereichern.

Die westlichen Ufer sind von der Mitte ab nach Norden zu sehr steil und enthalten bei Silberberg umfangreiche Tongruben, in denen sich interessante geologische Formationen zeigen. Das östliche Ufer ist flacher.

An verschiedenen Stellen der weiteren Umgebung des Scharmützelsees treten Braunkohlevorkommen durch die dünne Decke des Moränenmaterials hindurch. Ein größeres Braunkohlenlager ist 1910 auch auf der Ostseite des Sees entdeckt worden. Daß Kohle im Grunde vorhanden war, wußte man bereits seit 1865. Die damaligen Funde schienen jedoch nicht abbaufähig zu sein. Der Abbau der einstmals bei Rauen und Petersdorf (1842 entstanden hier bereits die ersten Gruben) gelegenen Braunkohlenlager ist schon seit längerer Zeit wegen zu geringer Ausbeute eingestellt worden.

Der Scharmützelsee ist wahrscheinlich beim Abfluß der Schmelzwässer der Eiszeit entstanden. Er zieht sich in ziemlich gerader Richtung von Norden nach Süden hin. Eingebettet in kilometerweite Waldungen, umgeben von Höhen, die, wie die Rauener und Dubrow-Berge bis 110 Meter über den Spiegel des Sees aufsteigen, bietet der See mit seinen zwei Inseln, dem Großen Werl und dem Kleinen Werl, und seinen weit in den See hineinragenden Halbinseln und Buchten Landschaftsbilder von größtem Reiz. Die ganze Gegend scheint wie verzaubert, und manche Sagen sind lebendig geblieben. So soll im sagenumwobenen Scharmützelsee eine ganze Stadt mit all ihren Schätzen versunken sein.

Wie frühgeschichtliche Funde beweisen, ist bereits in der Steinzeit die Landschaft am Scharmützelsee besiedelt gewesen. Davon zeugt ein walzenförmiges Steinbeil, das bei Saarow gefunden wurde. In die Jungstein- und Bronzezeit führt uns das Gräberfeld bei Wilmersdorf. Einige hundert Gräber wurden aufgedeckt, und Hunderte von Urnen mit Leichenbrand und von Gefäßen als Beigaben zutage gefördert. Alle gehören sie der „Lausitzer Kultur" an, für die besonders die Buckelurne typisch ist. Die Urnen werden im Beeskower Heimatmuseum aufbewahrt. Als der germanische Stamm der Semnonen während der sogenannten Völkerwanderung unsere Heimat verließ, besiedelten die Wenden (Sorben) das Gebiet. Die beiden Ortsnamen Saarow und Pieskow erinnern noch an jene Zeit. Während die Wortbedeutung von Saarow nicht eindeutig ist, wissen wir jedoch mit Sicherheit, daß Pieskow „Ort auf dem Sande" bedeutet (slaw. piesc – Sand, pieskowy „Ort auf dem Sande"). Als die deutschen Fürsten dann im Mittelalter das sorbische Land eroberten, riefen sie deutsche Siedler ins Land. Das geschah hier durch den Ritter von Strehle im Auftrage seines Lehnsherrn, des Markgrafen von Meißen. Den Stammsitz hatten die Strehles zunächst in der Burg in Storkow (bereits 1209 erwähnt), später wohnten die Besitzer der „Herrschaft Beeskow-Storkow" in der Burg zu Beeskow. So entstanden überall deutsche Dörfer, die aber oftmals den Namen der früheren sorbischen Siedlung behielten. In sehr vielen Orten saßen Ritter jenes von Strehle als seine Lehnsleute. Das alles geschah im 13. Jahrhundert.

Aus der Geschichte des Sees weiß man weiter zu erzählen, daß er im Jahre 1462 vom Kurfürst Friedrich II. erworben wurde. Auf den Gütern Saarow (Stammsitz), Silberberg, Pieskow und Radlow saßen jahrhundertelang die Löschebrands, ein altes Raubrittergeschlecht, dessen männliche Sprossen ihren Ehrgeiz darin sahen, sich als Haudegen und Landsknechte einen Namen zu machen. Einer von diesen Löschebrands – ein listiger, verschlagener alter Junker – kaufte Anfang des 19. Jahrhunderts von König Friedrich Wilhelm III. den Scharmützelsee für bar bezahlte 2 Taler.

Das kam so: Der See sollte 2000 Taler kosten. Der alte Löschebrand zahlte aber in Lieferscheinen und Bons, die ihm selbst von der königlichen Domänenkammer für Lieferungen als Zahlungsmittel aufgezwungen wurden, weil dem König durch seine Kriegsführung das Bargeld knapp geworden war. Die immer sehr genauen preußischen Beamten zählten nun den Haufen Papierbons nach und stellten fest, daß sie nur den Gegenwert für 1998 Taler darstellten. Der alte Löschebrand tat, als wenn es ihm nicht darauf ankäme, griff großzügig in die Tasche und zahlte die fehlenden 2 Taler in bar. Er hatte keinen schlechten Kauf getan. Ende des 19. Jahrhunderts brachte der See durch seinen Fischreichtum bereits die stattliche Summe von 2000 Taler Pacht ein.

Noch vor 100 Jahren lag der See einsam und verträumt da, von Wäldern und Feldern umgeben, die zu den angrenzenden Rittergütern gehörten. Im Jahre 1906 gründete die Landbank die Villenkolonie Saarow und Pieskow. Die Landbank, die bereits um 1900 das Rittergut Saarow besaß, erwarb auch das gegenüberliegende Rittergut Pieskow und parzellierte den Grund und Boden. So erwuchs, besonders nachdem 1912 die Bahnlinie Fürstenwalde – Beeskow eröffnet worden war, hier am See die „Villenkolonie Saarow-Pieskow". Zu dem bescheidenen „Dorf Saarow" gesellte sich, da sich das Moor als heilkräftig erwies, das „Bad Saarow". Heute umschließen Bad Saarow und das nach dem Kriege angegliederte Pieskow die ganze Nordhälfte des Scharmützelsees.

Wenn der alte Fontane nach 1912 nach Saarow-Pieskow gekommen wäre, hätte er bestimmt ein anderes und besseres Urteil über die beiden Orte gefällt.

Wilhelm Kemcke

Anny Ondra

(1903–1987)

Die Umstände ihrer Geburt sind etwas verwickelt. Als Tochter eines tschechischen Offiziers, der in der österreichisch-ungarischen Armee diente und im polnischen Tarnow stationiert war, wird sie zwar dort geboren, wächst aber in Prag auf. Noch als Schülerin wirkt sie als Statistin in verschiedenen Aufführungen eines Theaters mit. Sie ist kapriziös, graziös, sehr temperamentvoll und fällt mit diesen Eigenschaften einem Filmregisseur auf, als er eine „Lulu"-Aufführung besucht. Auf der Stelle engagiert er die sechzehnjährige Schülerin für eine Hauptrolle. Sie spielt die „Dame mit dem kleinen Fuß" im gleichnamigen Film und ist von nun an immer wieder in der Rolle komischer, junger, gespielt naiver Mädchen besetzt, so in der Wiener Produktion „Hütet eure Töchter" und „Führe uns nicht in Versuchung" in der Regie Sidney M. Goldins. Der tschechische Film, der eine bedeutende Rolle in Europa zu spielen begann, besetzt sie fast ausschließlich als Komikerin, denn sie hat Witz und Charme und kann groteske Situationen glaubwürdig gestalten. Es ist nur logisch, daß sie auch in deutschen Produktionen des Stummfilms bald zu sehen ist.

Die Engländer werden auf sie aufmerksam und entdecken neben ihrer leichten Art auch Eigenschaften, die sie zur Charakterdarstellerin entwickeln. Ihre Einnahmen gestatten es ihr jetzt auch, sich an der Ondra-Lamac-Gesellschaft zusammen mit dem Regisseur Carl Lamac, mit dem sie erste Produktionen in den zwanziger Jahren gedreht hat, zu beteiligen. So sieht der neu aufgekommene Tonfilm sie als Sängerin, Tänzerin und Artistin in „Die vom Rummelplatz". Von den Produktionen werden französische, tschechische und deutsche Fassungen hergestellt, in denen sie gleichermaßen in den betreffenden Sprachen brilliert. Ihre Stärke sind die Operetten, man sieht sie in der „Fledermaus", „Mamselle Nitouche" aber auch im „Hexer" oder im „Zinker". Ihr Werkverzeichnis ist lang, und doch wird durch den Weggang Carl Lamacs aus Deutschland nach dem Machtwechsel ihre Karriere jäh verändert. Gerade war sie dabei, neben den

gewünschten komischen Effekten nun auch diffizilere Töne an-
zuschlagen, als ihr der feinsinnige Regisseur fehlt. Ab und zu
spielt sie noch in Familienfilmen, mit Rühmann im „Gasmann"
nach Spoerl, aber dann tritt eine lange Pause ein.

So sieht man sie oft in Bad Saarow, wo sie gern mit ihrem
Ehemann Max Schmeling ein unbeschwertes Leben führt, bis,
durch einen Blitzschlag verursacht, ihr schönes Haus abbrennt.
Es wieder aufzubauen, fehlt ihnen der Mut. Die Verhältnisse
haben sich hier zugunsten der Nazigesellschaft verändert, so daß
sie ihrem Mann vorschlägt, in einem hinterpommerschen Gut
ein Leben fernab vom Berliner Trubel zu führen. Sie müssen 1945,
wie viele Deutsche, aus diesem Land fliehen und siedeln sich
danach in der Lüneburger Heide an. Ein letztes Mal steht sie
noch in „Schön muß man sein" 1950 vor der Filmkamera, wenn
man eine Episodenrolle in Käutners „Die Zürcher Verlobung"
nicht rechnet.

Das Traumpaar Ondra/Schmeling war für unsere Eltern und
Großeltern ein fester Begriff, sie standen sogar einmal in „Knock-
out" gemeinsam vor der Kamera. Ihre Ehe hielt über fünfzig Jahre.

Emöke Pöstenyi

(geb. 1942)

Zuerst ein Stück Biographie, ein Stückchen Erinnerung:
Familie Pöstenyi, das war der Vater, Textilspezialist, Jurist,
Betriebsdirektor, in stürmischer Jugendzeit ein Fußballstar, haft-
bar zu machen also für die sportlichen Ambitionen seiner gelen-
kigen Töchter Emöke und Ildiko. Getanzt wurde auf Geheiß
der Mutter, die ihre Töchter um der Grazie und der guten Haltung willen ins Ballett schickte, zumal wenn sich eine hochauf-
geschossen, dünn und rückenkrumm darbot, wie die neunjähri-
ge Emöke. Da sich die verordnete Tanzerei zum Vergnügen
auswuchs, wurde weitergetanzt. Spezialbegabung der jugendli-
chen Tänzerinnen: Kautschuk-Nummern. Doch nicht um solcher gewiß beachtlicher Verrenkung willen wurde die jugendliche Tanzbegabung eines Tages Talentefahndern aus der DDR
vorgestellt, die sich eigens nach Budapest begeben hatten, weil
sie sich „gerade von ungarischem Temperament einiges erhoff-
ten", wie Günter Jätzlau, damals Ballettmeister am Nationaltheater Weimar, später Begründer und Leiter des Fernsehballetts,
sagte. Sein Expertenauge fiel auf Emöke Pöstenyi, obgleich an
der jungen Person „alles ein bißchen zu lang und unfertig" war.
Ausgerüstet mit Abitur und Tanzdiplom nach neunjähriger
Ausbildung fuhr die Achtzehnjährige nach Meiningen, strebte
jedoch alsbald fort von Traulichkeit und Tradition hin zum Berliner Friedrichstadtpalast, der in Tänzerkreisen, zumal in thüringi-
scher Idylle, ausführlich und sehnsüchtig besprochen wurde.
Mit dem Engagement klappte es, schon weil sie die richtigen
Maße hatte fürs Showtanzen: 1,71 m, 54 kg, Abmessungen, mit
denen man dem klassischen Ballett, selbst wenn man ihm gewachsen wäre, entwachsen ist. 1,71 m, das sind auf der Spitze
1,80 m. Julia, Odette, Dornröschen im Gardemaß. Man finde
mir den Romeo, diese Julia auf Händen zu tragen. Oder der Tanz
der kleinen (!) Schwäne.
Also: Friedrichstadtpalast. Es machte Spaß, auf der Bühne zu
stehen, vor einem großen Publikum, die Dritte von links. Es
machte Spaß, daß der Körper einem gehorchte. Tanzen macht

einfach Spaß. Dazu das bunte Artistenvolk, das ständig wechselnde Programm. Auch das war vergnüglich, ein Halbdutzend Mädchen in einer großen Gemeinschaftswohnung in Prenzlauer Berg. Alles in allem, der Beruf war „ganz lustig, aber es war auch nicht mehr". Anderes wäre ebenso möglich gewesen, sie zeichnete gern, entwarf Modelle. Eine andere Möglichkeit hieß Fernsehballett. Mit zwanzig ist man auf An- und Abruf bereit, etwas Neues auszuprobieren.

Also: Fernsehen. Dort herrschte Anfang der sechziger Jahre Pionieratmosphäre, eine schöne, schöpferische Unregelmäßigkeit. Ideen waren gefragt. Einer hatte die Idee mit den Tanz-Zwillingen. Und so wurde, zum Entzücken des Publikums, Ähnlichkeit hergestellt mit der paßgerechten Susan Baker, wie Emöke ein Bewegungstemperament. Emöke und Susan.

Zum Spaß am Tanzen kam jetzt Verantwortung für die zwei, die Tanzerei war unversehens unabänderlich zum Beruf geworden.

Die Adlershofer hatten sich beachtliche Lehrer für ihr junges Fernsehballett geholt: Tom Schilling, den Polen Konrad Dwewetzki, den Kubaner George Lefebre, Schüler von Bejart.

Als der Kubaner in seine Heimat zurückkehrte, stand die Tänzerin Emöke vor der Gruppe und führte seine Arbeit weiter. Unversehens kam eigenes hinzu, baute sie tänzerische Passagen ins Trainingsprogramm ein, erfand kurze Auftritte. Liebe zur Choreographie entstand. Die Truppe schlug vor, herauszugehen ins Studio, sprich auf den Bildschirm. Es wächst der Mensch mit seinen größeren Zwecken, doch versierte Regisseure standen den Bemühungen der Nachwuchsbegabung skeptisch gegenüber: Sie sei zu „ungefällig, schwierig, eckig" für einen runden Unterhaltungsabend.

Doch Emöke ließ sich nicht beirren, und so wurde sie ein Fall für den nationalen Choreographen-Wettbewerb. Mit „Alltag der Venus" kam sie auf Platz 2, zwei Jahre später mit „H_2O", einer heiteren Geschichte über die Entstehung des Wassers, auf Platz 1.

Der Kunstpreis – zusammen mit Susan Baker und Walter Schumann – blieb nicht aus, es folgten der Preis der Kritiker in Montreux und ein Preis in Varna für „Gesang der Schwäne".

Sie arbeitete in Dresden für die Semper-Oper und in Berlin für den Friedrichstadtpalast, die Staatsoper und die Komische Oper: „Der Dompteur" und „Bolero" sind Titel aus diesen Jahren. Überall erlebte sie Zustimmung und Ermutigung. Die Choreographie war kein Hobby für eine Tänzerin, die von der Bühne abgegangen war, sondern die geistig anspruchsvolle Arbeit einer klugen Frau, die im Ballett Anspruch und Unterhaltung miteinander verbinden will. Im Deutschen Theater Berlin machte sie eine Choreographie mit Schauspielern, für „Die Geisel" von Brendan Behan in Thomas Langhoffs Regie.

Als Emöke Pöstenyi auf der Leiter der Reife schon weit oben steht, kommt mit der politischen Wende eine neue existentielle Frage auf sie zu. Nicht, daß sie fürchtete, keine Arbeit zu finden, doch was wird nach dem Ende des Fernsehens der DDR aus dem Ballett?

Alles wundert sich: Wie kann ein Fernsehsender ein Ballett unterhalten? Das läßt sich so nicht wiederholen, aber das Ballett arbeitet weiter, von Monat zu Monat, mehr als je, es behält sein altes Publikum und gewinnt ein neues hinzu, im anderen Teil des Landes.

ARD und ZDF überreichen ihr 1991 den Telestar, ein Jahr später bekommt das Ensemble die Goldene Kamera. Alles hilft, auch die vielen Berichte in westdeutschen Zeitungen über die Exoten aus dem Osten.

Seit 1992 ist das Fernsehballett eine GmbH. Der Mitteldeutsche Rundfunk, die Filmgesellschaft Pro Vobis, die Musikagentur Berkovics und das Ensemble selbst sind die Gesellschafter. Zweieinhalb Millionen DM im Jahr müssen verdient, das heißt ertanzt werden, sozusagen mit der Füße Arbeit. Und dafür brauchen sie nicht wenig Charme, Schweiß und Mühe, 18 Damen und 8 Herren, der zweite Choreograph Ference Salmayer, die Assistentin, der Korrepetitor, der Mann für die Organisation, der Geschäftsführer, die Sekretärin, der Fundusverwalter und nicht zuletzt die Künstlerische Leiterin, Emöke Pöstenyi. Vermutlich kämpft sie gegen manche Sorgenfalte.

Dabei lacht sie gern und empfängt Gäste, und wenn man sie in ihrem Garten sieht, mit erdigen Händen, versteht man, warum er von Jahr zu Jahr schöner wird. Der Mann, mit dem sie verheiratet ist, Wolfgang Kohlhaase, in seinem Selbstverständnis eher ein Farmer als ein Gärtner, mäht zwar gelegentlich die Wiese, lieber aber sitzt er, wenn nicht an einem Drehbuch, bei den Freunden, die zu Besuch sind.

Emöke hat exorbitante Rezepte für ungarische Bohnensuppe, geschichteten Kohl, selbstgesuchte Pilze. Sie hat drei Katzen und liebt das Leben auf dem Lande inzwischen nicht weniger als das Ballett. So steigt sie also gern und ungern in ihr etwas schnelleres Auto und fährt zum SFB, in den Berliner Probesaal.

P.S. Aus einem Interview ohne Fragen:
- Was das Schöne am Tanzen ist? Daß du deinen Körper bewegen kannst, wie ein Instrument. Je mehr du übst, desto schönere Töne kommen, die Anstrengung verschwindet.
- Nichts für träge Leute.
- Ich bin träge wie die meisten, auch anfällig für Konfekt und Schlagsahne. Aber in diesem Beruf bist du für deinen Körper verantwortlich. Ich werde aggressiv, wenn eine Tänzerin Fett ansetzt.
- Es ist unvergleichlich schön, wenn etwas entsteht, was vorher nur in deinem Kopf war, wenn deine Gedanken in den Bewegungen der Tänzer zu dir zurückkommen.
- Und immer diese merkwürdige Angst: Fällt dir das nächste Mal wieder etwas ein? Wo ist die Geschichte und wie erzähle ich sie? Ich habe früher besser geschlafen. Man hat noch so viel zu entdecken.

Rosemarie Rehahn

Helmut Preißler

Mein Ort 1987

Wo ich zu Hause bin,
haben vor Zeiten
abwandernde Gletscher
Ballast abgeworfen:
Geröll und Geschiebe,
erratische Blöcke
und Sand, sehr viel Sand.

Doch zwanzig Jahrtausende
haben ein Humushäutchen
darüber gespannt,
draus sprießen silberne Gräser,
Robinien und Kiefernwälder
und vielhundertjährige Eichen.

Zwischen zwei Hügelreihn,
die beinah zu Bergen sich buckeln,
streckt sich mein lieblicher See,
der blau ist an heiteren Tagen,
umfangen von Röhricht und Weiden
und Stränden und freundlichen Orten.

Wo ich zu Hause bin,
bringt jeder Mai Triebe,
schluchzen die Sprosser in Nächten,
flötet am Tag der Pirol,
hämmern und lachen die Spechte,
lärmen die lustigen Leute.

Jedermann hat hier
sein tägliches Brot
und sein Fröhlichsein auch
und sein Bett für die Nacht.
Wälder sind Grün, und der See
lebt! – Neue Eiszeit ist fern,
wenn der Mensch sie nicht macht.

Mein Ort 1997

Wo ich mein Haus baute einst,
hat eine Flut
von Erben und Käufern
Ballast abgeworfen:
Angehäuftes Vermögen,
gierig, sich zu vermehren –
Geld, sehr viel Geld.

Nun werden, wo sich die Häuser
bescheiden versteckten,
zwischen Robinien und Kiefern,
Bäume gefällt,
und Miethäuser wachsen gewichtig
und illustre Villen
rund um den lieblichen See.

Und da, wo sein Ufer
beinah zum Berge sich buckelt,
wo Wald war und in ihm geborgen
die Häuschen und Zelte der Kinder
für Ferienzeiten,
thronen massige Sporthotelhäuser,
spiegelt sich Glanz erlesener Wagen,
leuchtet, so weit das Aug' reicht,
statt der Felder und Wiesen
der Golfplätze makellos reines
wirkliches Grün.

Wo ich mein Haus baute einst,
ist Natur zur Ware geworden,
hat das Geld seinen Wert
und das Dasein hat seinen Preis,
Wohlhabendsein wird zur Pflicht,
denn die blühenden Landschaften blühen
für jedermann nicht.

Helmut Preißler

(geb. 1925)

Mitunter fragt man mich vorwurfsvoll: Wie kann man in Zeiten ökologischer Krisen und Katastrophen die Schönheit der Natur besingen; wie von harmonisch sich erfüllender Liebe schreiben, wo Scheidungen im Lande fast so häufig geworden sind wie die Hochzeiten; wie kann man Behutsamkeit, Zärtlichkeit, freundliche Zuwendung beschwören, wo es scheint, daß Roheit, Gewalt und Entfremdung verheerend sich ausbreiten. Es müßte doch auch in der Dichtung Betroffenheit zu spüren sein; von all den Zweifeln und Ängsten der Menschheit, von den Gefährdungen und Verheerungen, von denen man weiß, kann doch der Dichter nicht schweigen!

Freilich nicht. Aber muß in jedem Gedicht, in jedem Buch davon die Rede sein? Wenn man schwärmt von dem, was einen freut, verschweigt man dann das Leid, das in der Welt ist? – Auch mich schrecken die Skelette gestorbener Wälder; aber macht das meine Freude über grüne Bäume kleiner? Mich schmerzen die riesigen Wunden in unserer Heimaterde, die weggebaggerten Wälder und Dörfer; doch um so inniger liebe ich die heilen Wälder, die Dörfer mit den Lebenszeichen von Generationen. Mich erschreckt der Terror der rücksichtslos Starken in Kasernen, Brigaden und in den Schulklassen schon. Ich weiß gut, wie schwer es oft ist zu vertrauen, arglos und freundlich zu sein, Zuneigung und Liebe zu zeigen. Und doch erlebe ich Liebe und Treue, behutsames Werben und Zärtlichkeit. Noch weiß ich von vielen, die glücklich sind miteinander, trotz aller Ängste und Sorgen und Nöte. Noch kenne ich Menschen, die Menschlichkeit üben und ausstrahlen; noch weiß ich von heilen Familien und heilen Landstrichen.

Grün sind die Kiefern, Robinien und Birken, die Kastanien und Eichen da, wo ich lebe und glücklich bin mit meiner Frau, die mich liebt und die ich liebe seit drei Jahrzehnten. Warum soll ich nicht davon reden? Warum nicht schwärmen von meiner Landschaft? Ich habe doch das Glück, hier zu leben, zu lieben in dieser leidlich gesunden Natur. Noch lebt der See, an dem ich zu

Hause bin, und ein Millionenprojekt hat begonnen, daß er gesundet. Noch atmet die Erde, ist die Welt um mich grün. Und von uns hängt es ab, ob die Pflanzen und Tiere leben werden, ob Schönheit und Segnungen der Natur erhalten bleiben. – Doch wir Menschen umsorgen und bewahren nur, was wir lieben, was uns wert und teuer ist. Ein Mensch, dem der Sinn für Schönheit verkümmert, wird sie nicht achten. Wer von Liebe nicht weiß, wird den Nächsten nicht lieben, schon gar nicht den Fremden. Wer Ehrfurcht nicht kennt vor Lebendigem und Geschaffenem, der wird nichts pflegen, nichts schützen, der sucht seinen Nutzen, der nimmt mit Gewalt und zerstört, den kümmert kein fremdes Leid. Nur was uns lieb und wert ist, wollen wir vor Schaden und Schmerzen bewahren. Doch immer mehr Menschen lieben nur sich – und die toten Dinge mehr als die lebendigen, und die Natur ist ihnen fremd geworden.

So viele ziehen aus den Städten ins Grüne, um sich zu erholen; sie tummeln sich in der Natur, ohne sie wahrzunehmen. An die Seen und in die Wälder schleppen sie mit, was ihnen lieb ist und unentbehrlich: Den Recorder und Tonbänder, den Fernseher gar, den Klapptisch, den Grill und die Holzkohle, die Partydinge in Plaste und Blech. Und dann löschen sie mit dem Recorder die Stimmen der Tiere und Bäume; dann verpesten sie mit den Dünsten von brennendem Fleisch die Lüfte; dann schänden sie mit den Resten ihrer Gelage die Schönheit der Wälder und Strände. – Aber ich denke: Wer den Baum nicht sieht, wer die Stimmen der Tiere nicht hört, den machen die ökologischen Krisen ernsthaft nicht heiß. Wen der Zauber eines Sees nicht anrührt, der läßt den Recorder laufen, den Bootsmotor aufbrüllen, der kippt seinen Abfall und Müll über Bord. Wer die Ruhe und Schönheit der Natur nicht wahrnimmt, der lärmt und wirft seinen Müll in die blühenden Büsche und köpft mit Lust junge Bäume.

Ach, wie viele erregen sich über die Gifte in Äckern und Flüssen, und sie tilgen das Grün auf den Wegen mit Herbiziden. Wie viele reden zornig und bekümmert über unsere zerschundene Landschaft und protestieren gegen den Bau von Atomkraftwerken, aber sie leben in überheizten Räumen, und der Fernseher läuft, ohne daß jemand hinsieht, die Lampen brennen in leeren

Zimmern. So viele beklagen die Tiere in den „Kombinaten für industrielle Mast", die Rinder in den Boxen, die zu eng sind, sich hinzulegen, Tiere, gehalten zu „Höchstleistungen" im Gebären und Fleisch- und Milchproduzieren, aber sie füttern ihr Kätzchen, ihr Hündchen mit Schabefleisch und mästen sich selbst.

Von alledem wissen und reden die Leute, und auch der Dichter soll's tun; ich bin ja dafür, doch fürchte ich sehr, das Reden wird nicht viel nützen. Schizophrenie ist eine Krankheit; die heilt man nicht durch Besprechen. Man muß ihre Ursachen aufdecken und zu neuem Verhalten sich aufraffen. Mir scheint, die Ursache dafür, daß wir Menschen der Natur und den anderen Lebewesen so Schlimmes zufügen, ist unsere Entfremdung von ihnen; das neue Verhalten, das heilsam sein könnte, wäre erneute Zuwendung, behutsame, liebevolle, wären Achtung und Ehrfurcht vor allem, was lebt, damit Natur uns wieder vertraut wird.

Das Leben in den großen Städten, in unseren Wohnzellen und Werkhallen, im Sog von Lärmen und Hasten, umgeben von toten Dingen und mit ihnen lebend, unterwegs von Ort zu Ort mit den schnellen Wagen und Bahnen und Flugzeugen, bedacht auf Erfolg und Leistung und Nutzen – das hat unsere Sinne für alles Natürliche, für das absichtslos Schöne verkümmern lassen, hat uns hastig und laut gemacht und rücksichtslos auch. Wir hören nicht mehr die leisen Töne, bemerken nicht mehr die behutsamen Gesten; Liebe schrumpft zur Befriedigung von Lust; Natur dient einzig dem Zweck und dem Nutzen. Doch der Mensch, dem Liebe nur Lust ist, Natur nur Mittel zu leben, der hat beides verloren; der wird hemmungslos genießen und die Natur ausbeuten, bis sie siech ist und unheilbar krank. Das wird schon bald so sein, wenn wir uns nicht besinnen und selbstloser lieben lernen.

Darum beschwöre ich Zärtlichkeit und Schönheit, rede ich von den kleinen und großen Wundern des Lebens, die es noch gibt, von denen ich weiß. Ich muß sie zeigen – und ein klein wenig hoffe ich, sie könnten manch einen sehnsüchtig machen nach Liebe und Harmonie, und er geht behutsamer um mit den Menschen und Tieren und Pflanzen, mit all dem, was mit uns und um uns lebt und wodurch wir leben. (Juni 1989)

Wolfgang Gans Edler Herr zu Putlitz
(1899–1975)

Er stammte aus dem alten Brandenburgischen Rittergeschlecht, das auch Verwandte in Saarow hatte. Putlitz übernahm das Haus, als er 1952 in die DDR übersiedelte. Er hatte eine lange und verschlungene Reise hinter sich. Als das Haus frei wurde, übernahm es der Ministerrat der DDR und vermietete es an Wieland Herzfelde.

Als Militär erzogen, in der Garde gedient, trat er doch nach der Novemberrevolution 1918 nicht in die Reichswehr ein, sondern ging in die Wirtschaft. Er hatte ein Volkswirtschaftsstudium in Berlin absolviert und seine Sprachkenntnisse in Oxford vervollkommnet, als er 1925 dann in den diplomatischen Dienst eintrat. Nach Diensten als Attaché in Posen, in den USA und Paris ging er als Leiter der Konsularabteilung nach London, danach als Gesandtschaftsrat nach Holland. In dieser Zeit oder schon früher wirkte er als Mitarbeiter des englischen Geheimdienstes gegen Nazideutschland. Sein Agentenführer, Klop Ustinov, der Vater des bekannten Schauspielers Peter Ustinov, holte ihn unter Einsatz seiner Person aus Holland heraus. Putlitz hatte erfahren, daß die Gestapo hinter seine Tätigkeit gekommen war. Eine Verhaftung drohte, er beschloß überzulaufen.

Ustinov hatte Putlitz während seiner Londoner Zeit angeworben, und über ihn erfuhr London wichtigste Informationen über den Stand der deutschen Wiederbewaffnung vor dem Krieg, die als die bedeutendsten bezeichnet werden, die eine Person übergeben hat. Aus der Zusammenarbeit ergab sich eine Vater-Sohn-Beziehung zwischen Ustinov und Putlitz. Dessen Informationen wurden direkt an Vansittard und Churchill weitergegeben.

In diesem Zusammenhang ist vielleicht interessant, daß Ustinov, ein Mann mit hohen Verdiensten für England, im Alter keinerlei Pension o. ä. bekam. Er lebte davon, seine Bücher ins Antiquariat zu tragen: „Ich habe das alles gemacht, aber sie lassen mich hier sitzen. Meine Frau und mich, ohne einen Penny", klagte er dem Schriftsteller Peter Wright.

Im Kriege war Putlitz zeitweise in den USA und arbeitete

dann am „Soldatensender West", der aus England Antifapropaganda unter den deutschen Soldaten betrieb. Wahrscheinlich seit dieser Zeit arbeitete er auch für den Geheimdienst der Sowjetunion, das genaue Datum des Beginns dieser Zusammenarbeit ist nicht bekannt, die Tatsache aber bestätigt. In England war er befreundet mit zwei der vier Cambridge-Spione, die für die Sowjetunion unschätzbare Informationen aus England geliefert haben, darunter der auch an anderer Stelle in diesem Buch erwähnte Kim Philby. Mit einem der vier hatte er eine Zeitlang eine Liebesbeziehung.

Er kehrte 1946 nach Deutschland zurück. Als Persönlicher Referent des Ministerpräsidenten von Schleswig-Holstein brachte er es zum Oberregierungsrat, ging zwei Jahre später wieder nach England und nahm die englische Staatsbürgerschaft an. In der DDR seit 1952, lebte er vor allem als freier Schriftsteller, hielt sich oft in seinem Saarower Haus auf. Seine Erinnerungen aus der Diplomatenzeit veröffentlichte er in einem weit verbreiteten Buch: „Unterwegs nach Deutschland". Als Nationalratsmitglied wirkte er noch in der Nationalen Front mit und erhielt auch Ehrungen. Seine Tätigkeit im Ministerium für Auswärtige Angelegenheiten war nur von kurzer Dauer, als zu groß war wohl die Gefahr angesehen worden, daß er seine alten Neigungen zur Geheimdienstarbeit nicht ablegen würde.

Gans zu Putlitz ist eine geheimnisumwitterte Gestalt, wir wissen sicherlich längst nicht alles über ihn, zum Ortsbild des alten Saarow aber gehörte er mit allen seinen Geheimnissen als ein Vertreter eines der ältesten Brandenburger Geschlechter.

Götz R. Richter

(geb. 1923)

Die Seefahrt ließ den geborenen Sachsen auch nach dem Kriege nicht los, die Ferne rief ihn dann als Journalisten nach Afrika, und als gewissenhafter Lehrer begann er in seinem Tagebuch die bewahrenswerten Ereignisse zu notieren, was heute zu einem schier unlösbaren Auswertungsproblem führt. Er steht auf der Seite der unterdrückten und um ihre Befreiung kämpfenden Afrikaner, verfolgt ihre Anstrengungen bis heute. Den Jungen Savvy aus Liberia kennen wohl alle Leser im Osten. Auch der Geschichte dieses Kontinents, seiner kolonialen Vergangenheit spürt Richter nach. Feinfühlig und in Solidarität zu den Helden seiner Romane steht der Autor in seiner schriftstellerischen Haltung. Das Werkverzeichnis umfaßt mehr als 20 Romane, seine Gesamtauflage ist auf über dreieinhalb Millionen Exemplare angewachsen, ohne die Übersetzungen in andere Sprachen zu berücksichtigen. In seiner Schublade liegt ein neuer Roman „Die große Safari". Doch welcher der großen Jugendverlage kümmert sich heute darum? Und die Leser müssen weiter warten?

Der Schriftsteller über sich: „Ich bin mit 14 Jahren als Schiffsjunge zur See gegangen. Das Schiff fuhr nach Afrika. In aufregenden Büchern und Filmen hatte ich viel über diesen ‚dunklen Erdteil' gelesen. Ich erlebte dann, daß dort Menschen durch ‚Weiße' ungerecht behandelt wurden. Nach dem Krieg erzählte ich den erlebnishungrigen Kindern von Afrika; und weil ich ein Lehrer war, wußte ich, daß ich die Wahrheit sagen mußte und erkannte, daß ich zu wenig wußte. So begann für mich als Lehrender eine Zeit des Lernens. Ich las und las. Ich fand den Marxismus; und er wurde mir ein Licht, das Helligkeit in meinen dunklen Kopf brachte. Bei diesem Licht begann ich zu schreiben über mein Erlebnis Afrika für Kinder, denn in ihnen steckt die große Möglichkeit der Zukunft."

Das Wort Frieden

Ich habe eine Geschichte gesucht für unsere Veranstaltung, eine, in der es um Frieden geht. Aber ich habe die von Markus

Matanza gefunden, Lehrer im südlichen Afrika, im Jahre 1982 fünfundfünfzig Jahre alt.

Am späten Nachmittag dringen weiße Soldaten in sein kleines Haus ein, schleppen ihn fort in den Kellerraum unter der alten, verfallenen Kirche, schlagen auf ihn ein.

„Sag uns, was du weißt. Oder…"

Er sagt nichts.

Sie schlagen. Sie wechseln sich ab. Sie schlagen.

„Mach' endlich dein Maul auf!"

Er sagt nichts.

Am Mittag des anderen Tages sieht er seine Peiniger nur noch mit einem Auge.

Sie schleppen ihn auf den Hof zu einem leeren, oben offenen Benzinfaß. Sie drücken ihn hinein und legen ein Brett über seinen Kopf, quer über die Öffnung. Zwei setzen sich drauf. Sie rauchen.

Sie zwängen einen Gartenschlauch an ihm vorbei. Dann kommt das Wasser; es steigt kühlend und brennend um ihn empor, bis es sein Stöhnen erstickt. Er spürt nicht mehr, wie sie das Faß umstülpen.

Als er aus der Ohnmacht erwacht, weiß er aber: „Ich habe nichts gesagt." Dann schläft er auf der Erde ein – oder die Sinne schwinden ihm wieder – bis er erneut Wasser gurgeln hört und einen hellen Schrei.

Sie haben einen seiner Schüler geholt. Jakob Wabele. Zwölf. Schwierig. Läßt sich leicht ablenken, aber …

Markus Matanza richtet sich mit aller Kraft auf. Das erste Mal öffnet er die blutverkrusteten Lippen. „Neeiiin!"

Sie drücken den Kopf des Knaben unter Wasser.

„Du kannst ihm helfen. Nur du. Du weißt…"

Ja, er weiß, diese da würden den Knaben ertränken.

Da verrät er das Waffenlager.

Als er wieder zu sich kommt, ist es Nacht. Jemand hat ihn mit einer Decke zugedeckt; und unter dem Kopf, das ist wohl sein zusammengeknüllter Mantel. Er spürt, daß jemand bei ihm sitzt.

„Jakob?" Der Mund schmerzt.

Ja, er ist es. Er sieht ihn jetzt verschwommen.

Jakob sagt: „Sie wollen uns jetzt in Frieden lassen."

Markus Matanza lauscht der Stimme nach. „Frieden...?", will er sagen. Aber das Wort schmerzt zu sehr. Er kann den Jungen mehr fühlen als erkennen. Aber er weiß, daß er in seinem kleinen Haus ist, in der Stube, wo der Tisch steht, auf dem noch die Hefte liegen müssen.

Er fühlt die Hand des Knaben auf seiner Stirn. Da geht etwas ganz Warmes durch Markus Matanza hindurch, bis in sein Herz.

Er möchte lächeln.

Er kann nicht.

Er möchte weinen.

Er kann nicht.

In seinem Mund ist Blut. Er spürt es quillen, wie den Haß, der über ihn kommt.

Er weiß nicht, wie er noch leben soll.

Neun Tage aus meinem Tagebuch

22. April 1993/Mittwoch

Beim Blättern im Terminkalender wurde ich erinnert, daß ich am 16. Mai eine Rede halten soll: Zur „Jugendweihe" – Weiß ich denn für junge Leute, HEUT!, Rat? – Soll ich ihnen meine Irrtümer als „Proviant" mit auf den Lebensweg geben?

Wollte ICH denn Rat, als ich vierzehn war? – Ich kann mich daran nicht erinnern. Ich weiß nur, daß ich hinaus in die Welt wollte! Dieser Wunsch hat alle anderen klein gehalten.

Erinnerung an meine Konfirmation: Ich wollte nicht auf die Knie und bin vorher zum Pfarrer gefahren und habe ihm das gesagt. Und er war klug und hat ALLE im Stehen „gesegnet". – Da war was los auf dem Dorf! – Der Mann hat Ärger bekommen, mit Eltern und mit seinen Herren. Doch er hat's getan; und ich habe ihm als Soldat, aus Belgien, einmal einen Brief geschrieben. Er war im Krieg auf Kreta – und dort unter der Erde.

23. April 1993/Donnerstag

Eine Nachricht: In Kalifornien ist ein Mann, angeklagt des Doppelmordes, nachdem seine Hinrichtung zweimal bei der Vorbereitung dazu unterbrochen und ausgesetzt wurde – immer mit Meldung in den Medien – zum dritten Termin nun, in der Gaskammer, wörtlich: „...zum Tode gebracht worden. Der konnte nach sieben Minuten festgestellt werden."

Viele Leute beim Rundfunk, beim Fernsehen, bei der Zeitung schwärmten von den USA wie kleine Jungen vom großen Bruder.

Ich halte nichts mehr von „großen Brüdern".

25. April 1993/Sonnabend

Heute habe ich erst zwanzig Zeilen für meine Jugendweihrede am 16. Mai geschrieben und mich dabei ertappt, daß ich schon wieder Verschönerung der Zukunft betreiben wollte. Dabei hatte ich vor, bei MEINER Wahrheit zu bleiben; und die ist erfahrene Wirklichkeit. Aber soll ich vor den jungen Leuten diese Moral ausbreiten:

Jeder ist sich selbst der Nächste.

Jeder muß seinen Preis selbst auf dem Markt aushandeln.

Jeder neben Euch ist in irgendeiner Weise Konkurrent.

Das ist keine Zeit für Rück-Sicht, sondern für Fort-Schritt.

Erfolg zählt, sonst zählt nichts.

Alles muß sich rechnen lassen.

Soll ich ihnen DAS sagen?

Sicher ist, sie können kaum noch auf dem Weg der Mütter und Väter weitergehen; denn die neue Verkündigung lautet: „Der Weg führte nicht nur in die Irre, sondern ins Unrecht."

UN-RECHTES Leben, also?

Da gab es doch schon mal UN-WERTES LEBEN!

Ich lese meinen Text laut, setze mich in Gedanken dort in den Saal. Aber WO hinsetzen? Unter die „Großen"? Freilich will ich denen was sagen, aber eigentlich ist der Tag...

Zwischen die Mädchen? Zwischen... Also zwischen die Jungen! „Ihr werdet in die Welt fahren und mit eigenen Sinnen erleben, ob sie so ist, wie euch von anderen dargestellt. Prüft! Vergleicht! Aber laßt euch Zeit mit einem Urteil!"

„Nehmt nie ein Gewehr mit! Wer es auch will, nehmt es von keinem!" Ihr werdet NOT erleben und OBEN und UNTEN und

215

solltet nie vergessen, was SOLIDARITÄT heißt: daß einer den anderen brauchen und einer für den anderen dann zur Stelle sein wird.

„Nehmt SOLIDARITÄT in die Hände, nicht so sehr in den Mund!"

Oder rede ich von meinem „Alten Elefantenjäger"?

Meine Helden sind jetzt alt, wie ich. Sie sind doch ICH – und wieder nicht und ganz andere.

Ein neues Buch soll werden. Ich muß meinen Helden kennenlernen. Ich horche in ihn hinein und staune wieder über seine Gedanken, die so einfach und nie doppeldeutig sind.

Mein alter Elefantenjäger sagt:

Ich habe gejagt. Du hast gejagt.
Ich habe getroffen. Du hast nicht getroffen.
Es ist gut. Du kommst an mein Feuer.
Wir essen von dem, was ich getroffen habe.
Und wir reden miteinander.

Du hast gejagt. Ich habe gejagt.
Du hast getroffen. Ich habe nicht getroffen.
Es ist gut. Ich komme an dein Feuer.
Wir essen von dem, was du getroffen hast.
Und wir reden miteinander.

Ich habe gejagt. Du hast gejagt.
Ich habe getroffen. Du hast getroffen.
Ich esse an meinem Feuer von dem,
was ich getroffen habe.
Du ißt an deinem Feuer von dem,
was du getroffen hast.
Es ist nicht gut.

26. April 1992/Sonntag

Ich wollte heute sehr früh an den Computer und hätte jetzt schon gut eine Seite Text auf Diskette, wenn ich nicht überwältigt worden wäre – von meiner Neugier: Mal den Sat-Empfänger „überprüfen"! Und was erlebe ich? – EINEN NEUEN SENDER! „CNN", der beim Golfkrieg sein „internationales Debüt" hatte.

(Das ist wörtlich so über die meisten Sender gegangen.) Schließlich hat man mit dem Kriegsbeginn gewartet, bis die Direktübertragungen aus Bagdad „abgesichert" waren.

Wie schön, wenn das einfach erlogen wäre: ist aber nicht. Und George Bush hat vor kurzem gesagt: „Die USA sind jetzt in der Lage – in the position –, sich keinen Wunsch in der Welt versagen zu müssen."

Übrigens: Heute war es wie im Sommer – mit Sonne und 25 Grad WÄRME!

27. April 1992/Montag

Beim Ordnen der geschriebenen Erinnerungen finde ich täglich Zettel mit Notizen zu Gedanken, die irgendwann, durch irgendeinen Auslöser, gekommen sind.

Der erste: „Ausländer raus!", meint ja nicht WEISSE, sondern die, denen man an HAUT UND HAAREN ansieht, daß sie „anders" sind als die Mehrheit. Und weil sie NICHT wie die Mehrheit sind, sind sie MINDERHEIT und nicht nur ANDERE, sondern auch SCHWÄCHERE. Das letzte reizt zum Schlagen. – Also: Minderheiten reizen Mehrheiten? –

Noch einer: – Gott kann nicht schreiben, soll aber sprechen. Doch zwischen dem Laut seines Wortes und dem Verstehen lauert der Irrtum; vor der Niederschrift die Sehnsucht nach Vollkommenheit; vor der Weitergabe die Versuchung, Verkünder einer Lehre zu werden.

1. Mai 1992/Freitag

Was für ein Datum! Und was ist daraus geworden? – Dabei sind doch Beweg-Gründe in der Atmosphäre einer jeden Stadt oder auch nur Gemeinde, ja fast jeder Familie. Zumindest hier, wo die „Leute", das „Volk", erfahren haben, 1989, was die STRASSE bedeuten KANN – nämlich Mit-Reden und sogar Mit-Regieren. – Warum DAS heute nicht? Als Probe auf die Bedeutung des strapazierten Wortes „DEMOKRATIE"!

Ich war damals, Herbst 89, wie in einem Glückszustand – (ich halte ERKENNTNIS für Erfahren von Glück.) –, weil ich meinte, die Art und Weise der Regierung einer sozialistisch geprägten Demokratie sei ganz offensichtlich gefunden worden:

Die Kontrolle des Parlaments durch das VOLK. Die gewählten Vertreter debattieren in der „Volkskammer" die Politik, die, entsprechend den Abstimmungsergebnissen, umgesetzt werden muß. Wird sie NICHT umgesetzt, hat man also nur schöne Worte für das Volk, geht das letztere auf die Straße und verschafft sich Geltung – wartet auf keinen Fall vier Jahre bis zur nächsten Wahl. – so einfach. Im Herbst 1989 hat die Kontrolle funktioniert! – Wieso eigentlich? –

Ich habe soeben in meinem TAGEBUCH 1945 gelesen – und zwar Datum 27. April. Da steht eingeschrieben: „Der Traum vom Fronteinsatz ist ausgeträumt. Unsere letzten Zwei-Mann-U-Boote sind zerbombt worden. Doch heute haben wir eine noch größere und höhere Aufgabe bekommen: Durchbruch nach Berlin. Den Führer retten! – Die Stimmung ist brausend groß."

Vier Tage später, mit dem Datum 1. Mai und der Anmerkung „abends": „Ich muß noch einmal einschreiben. Es ist etwas für mich ganz Unfaßbares – vielleicht ist es aber auch nur ein Gerücht; doch wenn, dann ist es bedrohlich, wie noch nie eins vorher: Der Führer soll tot sein! Ich war im Funkwagen; aber die Funker sagen, eine solche Meldung ist nicht gekommen. Sollte es aber doch wahr sein, dann ist klar, daß alles zu Ende und verloren wäre."

Am 2. Mai: Dönitz hat gesprochen. Der Text ist von den Funkern vervielfältigt worden und an die Zugführer verteilt. Wir sollen sie jedem der Männer zum Lesen in die Hand geben. Ich schreibe jetzt die ersten Sätze dieser Rede in mein Tagebuch, als Zeugnis dieser Zeit, für den, der das Tagebuch einmal findet.

„Meine Kameraden. Der Führer ist gefallen. Getreu seiner großen Idee, die Völker Europas vor dem Bolschewismus zu bewahren, hat er sein Leben eingesetzt und den Heldentod gefunden. Mit ihm ist einer der größten Helden deutscher Geschichte dahingegangen. In stolzer Ehrfurcht und Trauer senken wir vor ihm die Fahnen."

Und nur für mich ist geschrieben: „Nun gilt noch eins: anständig zu sterben."

Ich war zu dieser Zeit einundzwanzig Jahre alt.

Das mag unglaubhaft erscheinen. Doch es ist mein Erlebnis und nur meine Erinnerung. Die ist innen, tief innen drin.

Ich habe von Menschen gehört, die versuchen, Erinnerungen abzutöten oder aus sich herauszureißen, denke aber, daß sie sich dabei schwere und unheilbare Verletzungen zufügen werden – sind doch dort, im Innern, auch der Charakter und das Gewissen.

In bin Jahrgang Dreiundzwanzig. Im August Dreiunddreißig wurde ich also zehn. Ich konnte den Tag kaum erwarten; denn dann, erst dann, durfte ich Mitglied im Jungvolk werden. Ein Jahr später, zum elften Geburtstag, bekam ich ein Braunhemd geschenkt. Ich weiß noch heute, wie es roch. Ich weiß von vielem, wie es gewesen ist, weil ich es – oft am selben Tag noch – aufgeschrieben habe, auch später.

Meine Mutter hatte ein kleines Lebensmittelgeschäft im Oberdorf: das andere, ältere und größere, im Unterdorf, war vor uns das einzige gewesen – wir also Konkurrenten. Das spürte nicht nur Mutter, sondern auch wir Kinder. Mein Vater war, so weit ich zurückdenken kann, Zeitschriftenbote. Die schwere Arbeit in der Glashütte, vorher, hatte er, wegen des Karbids, aufgegeben. Das bedeutete aber auch: Ohne Giftzulage kam weniger Geld ins Haus.

Wir wußten das nicht; oder Maria, die „Große", wußte mehr und sagte nichts. Ich sah nur, daß es bei Mutter verweinte Augen gab, und sie tat mir leid. Ich versuchte, sie zu trösten, sagte, alles würde noch gut, wie in den Geschichten, den mich anrührenden in den Zeitschriften und Heften, die Vater mit dem Fahrrad an jedem Tage zu den Kunden brachte. Die Tränen meiner Mutter schienen mit einem mir unheimlichen und Angst verbreitenden Wort zu tun zu haben: ZINS. Ich fragte, doch konnte die Erklärungen nicht verstehen, wußte nur, daß meine Eltern schon lange davon redeten, ein eigenes Haus zu bauen; kein großes, ein kleines, aber mit genügend Platz für jeden, drin zu wohnen: Mutter, Vater, Maria und mich. Wir alle hatten auch schon auf viel, viel Papier daran gezeichnet und mit den Gedanken ausgemalt.

Dann aber, drei Monate nach Baubeginn, sackten die Fundamente und unsere Hoffnungen. Unter dem Bauland lag Moorerde. Der einzige Maurer, mein Onkel, arbeitslos, grub und schüttete, schüttete Steine und herangefahrenen Kies. Karrte und schüttete. Schüttete.

Auch der Kredit legte den Baugrund nicht trocken. Die Hoffnungen sanken, die Zinsen nicht.

Das war im Jahr Zweiunddreißig, und ich, neun, hätte natürlich nicht erklären können, was es mit dem Zins auf sich hatte, doch da war etwas, das mir schon unter der Haut saß und wie ein Schmerz war, der uns nicht verlassen würde, „bis das ganze verfluchte System kaputtgeschlagen worden war". SYSTEMZEIT, sagten die Leute zu dem allen – und wußten auch nicht recht, wie alles zusammenhing.

Daß ein Mann mit einer Partei und SA und SS bereitstand, das zu tun: nämlich, „kaputtschlagen, zu schlagen, zu schlagen… „Das wußten fast alle und hatten Angst, daß es geschehen könnte – aber doch auch die Hoffnung, daß es geschähe. All das hatte etwas mit „arm" und „reich" zu tun; und die Reichen, die machten den Zins. Schon meiner Mutter wegen haßte ich sie. – Ein Satz wie:

„Daher fordern wir, 11., die Abschaffung des arbeits- und mühelosen Einkommens, die Brechung der Zinsknechtschaft", ging mir dann als Elfjährigen schon ein: und dieser „Punkt 11" war nur einer der verführerischen Punkte im Parteiprogramm der Nazi-Partei/NSDAP.

Der „Führer" kam, und das Volk wurde „Gefolgschaft".

Im Duden/Herkunftswörterbuch lese ich unter anderem:

„…bezeichnete VOLK schon früh die Masse der Bevölkerung (im Gegensatz zu einer Oberschicht).

Oberschicht – Unterschicht – Obermensch – …?

18. Januar 1993/Montag

ES IST WIEDER KRIEG! Und keiner streitet ernstlich, wer ihn provoziert hat, und zwar deshalb, weil das kein Thema ist; anders mit der „sorgfältigen" Vorbereitung (with greatest exactness!). Wie gehabt, genau vor zwei Jahren. Es feiern Mächtige den Jahrestag eines Verbrechens – mit einem neuen. Denn was da im Irak abläuft, ist für diese in Sicherheit lebenden Männer; denn Krieg ist noch immer IHR Geschäft – ein Happening zum Festtag.

Der erste Schlag – das Wort der Bombardierung ist jetzt

SCHLAG – „fand vor drei Tagen statt". Ein paar hundert MA-SCHINEN sind vom Flugzeugträger „Kitty Hawk" gestartet. (Immer wieder so hübsche Namen: „Kitty" kommt von KÄTZ-CHEN, und „Hawk" kann ein ADLER sein, aber auch ein GAU-NER.) Die Maschinen sind also gestartet und haben, so die Angaben, irakische Raketen-Abwehrstellungen bombardiert. In-wieweit diese tatsächlich getroffen oder sogar zerstört worden sind, war nicht zu erfahren – nur, daß neunzehn „Zivilisten ver-sehentlich" getötet wurden.

19. Januar 1993/Dienstag

Aus dem Halbschlaf heute früh eine Erinnerung, plötzlich, völlig unerwartet. Sie war sicher mehr als zwanzig Jahre aus meinem Bewußtsein verschwunden. Ein Erlebnis, über das ich damals, trotz aller Bemühungen, nicht fähig war zu schreiben. Nur den Titel hatte ich sicher: POLENBLUT.

1951. Ich war seit drei Jahren Neu-Lehrer und stand kurz vor meiner 1. Lehrprüfung, als ich einen sehr heftigen „Hexenschuß" bekam. Der Arzt schickte mich zur Physio-Therapie. Nach der anstrengenden Unterwasser-Massage lag ich auf einer der Prit-schen. Links, hinter einer „Spanischen Wand", wurde jemand vom Masseur geknetet und gewalkt; ich mußte es nicht sehen – ich bekam es mit durch das Stöhnen und Ächzen. – Ich war fast im Eindämmern, da fing der Stöhner und Ächzer an zu reden; und ich wußte sofort: DEN kennst du! Aber erst als er lachte, wußte ich, wer einen halben Meter von mir entfernt lag.

Möbel-Böttger! Er war im Vorstand der liberalen Partei, in die ich eintrat, als ich Lehrer geworden und mir vom Direktor gesagt wurde, meinen guten Willen zum Neuen könnte ich gut in der „demokratischen Partei" beweisen.

Ich wußte nicht, daß Möbel-Böttger während des Krieges im besetzten Polen bei einer Sanitätsabteilung Dienst getan hatte. Er erzählte von dieser Zeit. Ich habe heute in meinem Tagebuch gelesen, und höre ihn wieder:

„Dienstag und Freitag kamen sie. Junge Polenweiber. Große Klasse! Die bekamen auch extra Verpflegung dafür, mußten das also nicht etwa umsonst machen. Also, ich sage Ihnen: Titten hatten die…! Mein lieber Scholli! So was hatte ich noch nicht gesehen… Und genau auf DIE mußten wir die Läuse setzen. Man! Mit der Pinzette. – Wegen Serum. War ja wichtig. Typhus und so…"

Ich bin danach aus dieser demokratischen Partei ausgetreten. – Möbel-Böttger ging nach dem Westen. – Vielleicht ist er wieder zurückgekommen? Wegen des Geschäfts? Schließlich war es sein Eigentum!

27. Januar 1993/Mittwoch

Mein Gegen-Datum habe ich heute mit dem Los gezogen: 1978. – Das liegt fünfzehn Jahre zurück! Ist DDR-Zeit! – Und ich war in Angola!

EIN Wort war damals nicht nur eins von Wörtern, sondern vom besten der Worte; das weiß, wer dabei war. Und die Kleinen konnten es besser, als die Großen: SOLIDARITÄT. Wenn es heute gesagt wird, will es wohl denselben oder einen gleichen Sinn vorgeben, aber der ist nicht zu verwirklichen. Es können die OBEN und die UNTEN nicht solidarisch sein, sondern nur die UNTEN – über die Länder und Kontinente hinweg, weil die OBEN, überall, sich einig sind gegen die UNTEN, weil sie haben wollen, aber nicht teilen.

Das ist seit Jahrtausenden so, und AUFSTEHEN dagegen, die Aufstände! – war Notwehr; nicht mit der Hoffnung, Herrschaft zu erringen, sondern nur als Menschen – auf den Füßen und nicht auf den Knien – zu leben.

Die wahrhafte Literatur schreibt davon, wie sich der Mensch immer und immer wieder aufrichten will, wenn er gefallen ist oder niedergestoßen worden ist. Er will aufrecht gehen und andere mitnehmen und mit ihnen ein kurzes Glück in den Gedanken erfahren. – Wo sonst in dieser Welt? – Bis die helle Zeit des Lebens wieder verwischt wird und überschwemmt vom Gleichmaß der Notwendigkeiten in grauen Tagen und finsteren Nächten.

Denn DAS denke ich: Das Leben der gewöhnlichen, normalen, essenden, trinkenden, liebenden, hassenden, weinenden, lachenden, wartenden, eifrig dienstbaren Menschen wird nicht bestimmt von der Sehnsucht nach den sogenannten „hohen Idealen" – die sind meist hohle Ideale.

Mag das nach Menschenverachtung klingen, es IST nicht so; denn all diese Menschen, die mitlachen, mitweinen, mitjubeln, mitverdammen, mithelfen, mitschlagen, mitverbinden, mittöten, mitlöschen, mittrauern, mitsingen, mittrinken, mitlaufen, mitmachen – alle diese Menschen sind es auch, die die realen Werte unserer Erde durch ihre Arbeit MITERSCHAFFEN haben! Ob mir die Mitmacher gefallen oder nicht. Sie sind da – und demokratische Mehrheit. Ohne sie gibt es keinen Faschismus. Ohne sie gibt es keinen Sozialismus. – Wir haben das alles erfahren. Diese MASSEN, die in der Lage sind, die Straßen und Plätze, wie ich gelesen habe, SCHWARZ VON MENSCHEN ZU MACHEN, sind zugleich unsere einzig verbliebene Hoffnung; denn wenn DIE einmal NICHT mitmacht, wenn DIE sich verweigert, der Gewalt oder der Arbeit, wenn die Unteren sich verweigern den Oberen – wenn DIE sagen: Arbeitet IHR! Schießt IHR! Hungert IHR! Schlaft IHR unter den Brücken... dann kann sich die Hoffnung DOCH erfüllen, kann Menschlichkeit werden.

Deshalb Bruder Sisyphos, ich helfe dir mit deinem Stein!

Carl Ludwig Schleich
(1859–1922)

Sein Name verbindet sich mit einer Entdeckung, die seither Millionen kranker und verletzter Menschen als segensreich empfanden. Durch ihre Anwendung verliefen ärztliche Eingriffe schonender, ja in nicht wenigen Fällen bot sie die einzige Möglichkeit, das Leben des Patienten bei komplizierten Operationen zu retten. Es war Carl Ludwig Schleich, der 1892 dieses Ergebnis seiner Forschungen vorlegte: Die Lokalanästhesie durch Einführung der Infiltrationsanästhesie, also die schmerzlose örtliche Behandlung. Heute zählt sie zum selbstverständlichen Grundbestand medizinischen Wissens und Könnens, vor hundert Jahren war sie eine wissenschaftliche Großtat, die das Tor zu neuen Entwicklungen und Erkenntnissen auf diesem medizinischen Spezialgebiet aufstieß. Sie könnte für sich allein schon als Krönung des Lebenswerks eines Arztes und Wissenschaftlers Bestand haben. Aber Carl Ludwig Schleich hinterließ auch ein umfängliches Werk als Schriftsteller, er veröffentlichte zahlreiche philosophische Abhandlungen, Essays, Gedichte und Aphorismen. Und seine Lebenserinnerungen „Besonnte Vergangenheit" (1920) zählten nach ihrem Erscheinen zu den meistgelesenen Büchern in Deutschland.

Carl Ludwig Schleich wurde in Stettin als Sohn eines Augenarztes geboren. Nach dem Besuch des Gymnasiums in Stralsund studierte er Medizin in Zürich, wo er Gottfried Keller kennenlernte, und in Greifswald. 1883 holte ihn der berühmte Rudolf Virchow als Assistent an die Berliner Universitätsklinik Charité. Aber schon fünf Jahre später eröffnete Schleich eine eigene Klinik in Berlin, in der er nicht nur seine medizinischen Forschungen betrieb, sondern auch als praktischer Arzt wirkte. Sein fachlicher Ruf und seine menschliche, fürsorgliche Art im Umgang mit seinen Patienten waren in Berlin stadtbekannt.

Die medizinische Forschung und das Wirken als Arzt nahmen Carl Ludwig Schleich zwar sehr in Anspruch, seine Entdeckungen brachten ihm nach anhaltender Skepsis, ja sogar Ignoranz seiner Fachkollegen gegenüber seinen Neuerungen dennoch

Anerkennung und Ruhm. Aber er begrenzte seinen Lebenskreis nicht auf das Gebiet der Medizin. Er war von Haus aus ein geselliger Mensch, er suchte die Mitteilung seiner Gedanken an andere, er brauchte immer Zuhörer und Leser. Und er hatte vieles zu bieten.

Glänzend waren seine veröffentlichten Berichte über medizinische Kongresse, bemerkenswert seine polemischen Aufsätze zu strittigen Fragen der medizinischen und psychologischen Wissenschaft, gern gelesen seine schöngeistigen, literarischen Schriften.

Das trug dazu bei, daß sich um ihn ein Kreis persönlicher Freunde bildete, zu denen bedeutende Zeitgenossen wie Richard Dehmel und August Strindberg zählten. Aber auch mit Leuten, denen er zufällig begegnete, ob auf Kongressen, in der Stammkneipe oder in der Sprechstunde, ja selbst auf der Straße suchte er das Gespräch. Und man hörte dem Herrn Geheimrat gerne zu, der sich bis ins Alter seine jungenhaft-spitzbübische, humorvolle Art erhalten hatte, der für seinen treffsicheren Witz bekannt war, manchmal auch auf Kosten anderer, aber nie jemand verletzend.

Seine Lebenserinnerungen widerspiegeln das Wesen und den Charakter dieses großartigen Wissenschaftlers, Arztes und Schriftstellers auf ganz besonders unterhaltsame und anregende Weise. Andere Schriften von ihm und Schilderungen seiner Zeitgenossen deuten indessen darauf hin, daß sein Leben durchaus nicht immer nur Sonnenseiten hatte. Sein Heiterkeit ausstrahlendes Gemüt wurde immer wieder auch durch tiefe Depressionen verdunkelt. Die lange Zeit der Mißachtung seiner epochalen Entdeckung traf ihn sichtlich schwer. Daß ausgerechnet er, der als Redner durch Esprit und Eloquenz seine Zuhörer faszinierte, in kein Lehramt an der Medizinischen Fakultät der Berliner Universität berufen wurde, hat er wohl nie verwinden können.

In Bad Saarow hielt er sich gern auf, er nutzte die Vorzüge des Sanatoriums, die Gespräche mit seinem Kollegen Dr. Paul Grabley, und endlich beschloß er hier sein Leben im Jahre 1922. Manche seiner Gestalten sind heute noch bekannt, so auch sein Konrektor Freese aus seinem Buch „Besonnte Vergangenheit".

Günter Witt

Konrektor Freese

Die bei weitem hervorragendste, wirkungsvollste und uns alle begeisternde Lehrkraft des herrlichen Stralsunder Klostergymnasiums war der damals etwa sechzigjährige Konrektor „Leupold" Freese, genannt Poseidon. Ein schöner, feingeschnittener Gemmenkopf vom Habitus eines römischen Senators; glattrasiertes, etwas welkes Gesicht mit schlaffen, leicht beim eifrigen Sprechen sich blähenden, bläulichen Wangen (daher und von seinem imponierenden Griechentum überhaupt der Name Poseidon!), mit schmalen Lippen, aristokratisch glattgescheiteltem, noch dunklem Haar und überaus innigen, blauen, lustigen Schalksaugen. Dieser unvergeßliche Mann war von einer in unserer Erinnerung und wachsenden Reife von Jahr zu Jahr immer höher bewerteten Gediegenheit und Universalität des Denkens und hat alle seine Schüler auf das lebendigste und nachhaltigste beeinflußt. Das klassische Altertum spann er uns so tief in die jungen Herzen, daß keiner von uns ehemaligen Stralsunder Gymnasiasten jemals begreifen wird, wie man von Bildung ohne intensive Kenntnis des Griechentums überhaupt sprechen kann.

Freilich lebte dieser unser allgeliebter Lehrer, von dem nicht Schnurren zu erzählen oder nicht gemeinsam zu schwärmen von zweien sich zufällig nach Dezennien treffenden Stralsundern einfach eine Unmöglichkeit war – dieser Herrliche, Gute lebte freilich so absolut im Banne jener klassischen Zeit, daß er sicherlich in Athen oder in Rom besser Bescheid wußte als in Stralsund, was er einmal mit äußerster Naivität bekundete. In einer sogenannten Arbeitsfreistunde, in welcher „Allgemeines" besprochen werden sollte, baten wir ihn, er möchte uns doch etwas von der Belagerung Stralsunds durch Wallenstein erzählen. Darauf sagte er mit tiefbekümmertem Gesicht in seinem singenden vorpommerschen Halbplatt: „Oach – meine Lieben – je! – Das weiß ich nich, das is nach meiner Zeit!" Ach! diese gemütliche, etwas maulfaule, behäbige, drollige Mundart, deren er sich ganz leger bediente, noch dazu meist ohne jede korrekte grammatikalische Satzbildung; eine ganz schnelle, abrupte Gedankenhackerei, fast ein Versuch zu einer Stenographie der Sprache mit meist fortgelassenem Prädikat; Subjekt und Objekt blitzartig nebeneinander gepackt, mußten genügen.

Meist sprach er mit uns Plattdeutsch, und ich kann noch ganze Homerszenen in seiner Art vorpommerisch rezitieren: „Je, de oll'n Griechen de seggten nich, Ajax dat wir'n grotmächtigen Held, de stünn in de Schlacht as wi'n Boom, nee, de Homer de mockt anner Vergleiche, de wi as Beleidigung upfaten würr'n. Ajax stünn, seggt Homer, as en Esel, de den Barg vollbepackt rupkrupen sall. Em kümmern de Schläg' nich, de rechts un links up em runnerprasseln." Und so zahllose Szenen. Plattdeutsch war in Stralsund um jene Zeit noch allgemein gesellschaftliche Umgangssprache, auch in den besten Kreisen. Wir untereinander sprachen fast nur Platt. Einmal aber mußte Freese schon zu einem festlichen Hochdeutsch greifen, das dann amüsant genug ausfiel. Es ist schwierig, diese Sprache schriftlich zu fixieren in ihrer Absonderlichkeit, in dem Ziehen der Worte in singendem Ton. Es ist kaum möglich, die vielen „Je!" und „Ooch!" anders als mündlich, gleichsam schauspielerisch zu imitieren. Ich bin mir deshalb nicht sicher, ob es mir gelingen kann, die volle Komik dieses Idioms Nichtvorpommern oder Nichtmecklenburgern schwarz auf weiß anschaulich zu machen. Ich bitte also, bei den folgenden Erzählungen mir die Schwierigkeit, ein echtes Original redend hier einzuführen, zugute halten zu wollen. Sollten diese Anekdoten auch nur für Freese-Schwärmer und Vorpommern einigen Reiz haben, so wollte ich doch einmal im Leben diese nie vergessenen Folgen liebgewordener Szenen, wenn auch schließlich nur für ihre wenigen noch lebenden Zeugen, dokumentarisch retten.

Dieses Original hatte sich eine ihm ganz allein gehörige „Freese-Sprache" geschaffen, die schwer erlernbar war und studiert sein wollte. So kam er einst in die Klasse und sagte: „Je – mein lieber Teichen! Schwings Eltern haben mich – und da wollt' ich!" Als wir alle mit Teichen anfingen, über diese Satzbrocken zu lachen, sagte Freese ärgerlich: „Na denn nich. Denn nachher lassen Sie!" Ohne förmlichen Kommentar würden Uneingeweihte den Sinn dieser Sätze nie erfassen. Aber wir, jahrelang geschult, wußten genau, was er meinte. Das sollte heißen: „Teichen, Schwings Eltern haben mir mitgeteilt, daß ihr Sohn Nachhilfestunden im Griechischen haben solle, und da möchte ich Sie, Teichen, fragen, ob Sie bereit sind, gegen Bezahlung dieses Amt eines Nachhilfelehrers zu übernehmen!" Gewiß eine anständige Leistung einer mündlichen Kurzschrift. „Oll" Freese hat unsere moderne Sprachstenographie – wie A.E.G. – K.d.W. – M.d.R. – ganz richtig vorausgeahnt.

Das klassische Beispiel seiner (anakoluthen) prädikatlosen Sprechweise war seine wirklich und wahrhaftig in Stralsund gehaltene Abiturienten-Entlassungsrede, welche ich fast wörtlich wiedergeben kann – einen so tiefen Eindruck hat sie auf mich gemacht. Er ist nur ein einzig Mal zu diesem öffentlichen Auftreten gekommen, aber die Stralsunder sprachen noch jahrelang von diesem großen Ereignis! Nämlich der Direktor der Anstalt, dem die Pflicht obgelegen hätte, uns in einer besonderen Aulafeier, die öffentlich war, zu entlassen, war erkrankt und Freese von ihm beauftragt worden, statt seiner die Ansprache an die „Muli und das Volk" zu halten. Wie ein Lauffeuer ging diese Nachricht durch die Stadt. Alle Honoratioren und Bürger derselben hatten ja unzählige Schnurren von dem lieben alten Sonderling gehört. Ihn amtieren zu sehen, das konnte sich niemand entgehen lassen, und so war denn am Morgen des Festtages die Aula gefüllt mit den bekanntesten Persönlichkeiten, den Offizieren, Ratsherren, Kaufherren und Reedern der Stadt mit ihren festlich geschmückten Damen.

Da ließ sich „Oll-Freese" also vernehmen:

„Je! Meine Lieben! De Härr Direkter is krank. Nich slimm, äwerst ornd'lich. Na, und da sall ik nu. Je. Das is ja woll so. Denn nachher muß ich ja woll. Die Entlassungsrede. Die jungen Leute! Och! frei! (Mit gehobener, komisch skandierter Deklamation:) ‚Dahin des Schulstaubs schlimme Pein!' Hinaus! Je, das Studium. Der Beruf. Die Wahl. Vater, Mutter, Freunde raten. Klugsnakers gibt's immer. Meinen häzlichen Glückwunsch! – Je, da seh' ich welche, die wollen Philologie. Wie sagte Goethe? ‚Neue Sprache, neues Leben!' Auch Englisch und Französisch. Och, vergessen Sie nich das Klassische, das Fundament. Es kommt die Sehnsucht. Vergessen Sie nicht Ihren alten Freese! Lernen Sie, später lehren Sie! Meinen häzlichen Glückwunsch!

Je, da seh ich welche, de wollen Jurisprudenz. Je. Das ist der

Staat. Der grüne Tisch. Der Herr Landrat. Die Waage der Gerechtigkeit. Sie wissen: blinde Justitia. Halbblind: Mitleid, Strenge! Je, der Paragraph. Pflicht und Gewissen. Die Menschenseele. Wie sagt Goethe? ,Es gibt kein Verbrechen, als dessen Urheber ich mich nicht denken könnte!' Denken Sie auch daran bisweilen, wenn schwere Strafen! Referendar, Assessor, Präsident. Meinen häzlichen Glückwunsch!

Ach! Da seh' ich welche, die wollen Medizin. Je, die Naturwissenschaft. Die Welt vom Kleinsten. Das Mikroskop. Wie sieht die Welt lütt aus! Ganz lütting – lütt. Je, das is das Geheimnis des Kleinen. Große Bedeutung. Volkswohl. Heilung, Mitgefühl. Wie sagt Virchow? ,Die Medizin involviert den Begriff des Heilens!' Je, das is schön. Ich habe keine Sorge. Meinen häzlichen Glückwunsch!

Je. Zwei wollen Mathematiker. Na nu? Je. Absonderlich. Das Skelett der Dinge! Wo ist das Individuum? Alles Typizität. Abstrakt. Aber geistreich. Meinen häzlichen Glückwunsch!

Je, da seh' ich welche, die wollen – Theologie – ach! Du lieber Gott! (Alles platzte heraus!) Je, lachen Sie nicht, die Stunde, sie kommt, der Zweifel, der Rabe hackt ins Genick, bohrt, beißt, man weiß nicht aus noch ein; die Welt, das Schlechte scheinbar belohnt, das Gute an die Wand gedrückt, das Brave übersehen! Spott! Kein Glaube. Kanzel. Vergebliche Sonntagspredigt: einer schläft; je, es ist schmärzlich! Oh, lachen Sie nicht, die Stunde kommt, es ist furchtbar, die Qual, das liebe Brot; weiß nich aus noch ein. Martyrium! Mein häzliches Beileid!"

So gehalten in Stralsund um 1880. Zahlreiche Zeugen werden es bestätigen. Wer diese gewiß einzigartige Rede aufmerksam liest, wird sehen, wieviel Assoziationen von Herzlichkeit, Menschenliebe und tiefer Weltkenntnis hier herausgesprudelt wurden von einem Manne, dessen Naivität so ursprünglich war, daß ihm folgendes passieren konnte. Er rief mitten in der Demosthenesstunde: „Och! mein lieber Wegely! Was lachen Sie da so?" – „Ach, entschuldigen Sie, Herr Professor, mir tat eben das rechte Bein so weh!" Darauf Freese steinernst: „Da, dann is das was anderes!"

Alle zwei Semester bei der Versetzung in ein neues Klassenlokal ereignete sich folgendes: von Tigerström, ein Schüler von unnatürlicher Körperlänge, saß regelmäßig auf der dritten Bank in einer Reihe hinter mir. Ich selbstverdientermaßen auf der ersten Bank. Programmgemäß alle Jahre in der ersten Stunde bei Freese streckte ich beide Beine weit vor in den geheiligten Wandelraum der Lehrer zwischen erster Bank und dem Katheder. Freese kam, sah meine Pedale und winkte mit gutmütig-schelmischen Zeigefinger gegen meine Beine, was: „Weg da!" heißen sollte. Ich erstaunte heuchelnd, beugte den Oberkörper neugierig vor, ohne die Beine im geringsten zu rühren. „Wie meinen, Herr Professor?" – „Oh, weg da! Die Füße!" – „Ich verstehe immer noch nicht!" – „Oh, mein Lieber, Ihre Beine!" – „Ach so! Ja, das wird wohl Tigerström sein! Ach, bitte, Tigerström, nimm doch deine Beine zurück!" Während ich nun die Beine mit steifem Kreuz zurückzog, machte Tigerström die entsprechende Ruderbewegung des Oberleibs. Freese merkte das nie, sondern hielt eine längere Rede: „Je, das Wachstum! Die Knochen, aber nicht die Lungen und das Herz. Da kommt Nasenbluten, Siechtum. Och! Nehmen's sich in acht, lieber Tigerström!" Dieselbe Szene ließen wir Rüpels sich alle Jahre ein paarmal abspielen. Freese war ein rührend gütiger Mensch, der seine Schüler innigst liebte. Obwohl wir ihn neckten – Jugend ist nun einmal spatzenrupferisch grausam –, hingen wir schwärmerisch an ihm.

Für gewöhnlich herrschte bei ihm ein aus der Zwischenpause in die Unterrichtsstunde frei übernommenes allgemeines, meist plattdeutsches Gebrabbel. Ein summender, ungeniert brummender Lärm. Das nahm er gemütlich hin und begann: „Na, heute haben wir unseren geliebten Demosthenes! Na, fangen Sie an, mein lieber Wegely! Ich übersetze vorweg. Hören Sie! ‚Als Philipp sah, daß, obwohl die Lazedämonier, trotzdem indessen die Truppen, weil immerhin, obgleich eine Umgehung der Truppen, welche wenn – schon Philipp, belehrt durch eine Erfahrung, die'" – wir fingen an zu lachen.

Da wurde er aber ärgerlich. „Na, dann lassen Sie. (Stampfen!) Der arme Lehrer will – und kann nicht! Je! Die Einschachtelungen, die vielen Gen. abs. (absolute Genitive = griechische Konstruktionsform), es ist zu schwer, na! dann woll'n wir noch einmal. ‚Als Philipp usw.'"

Für gewöhnlich also war es immer laut bei seinem Eintritt.

Einmal aber hatten wir uns vorgenommen, mit Freese zu schmollen. Wir glaubten, ihm etwas vorwerfen zu können. Also auf allgemeinen Klassenbeschluß: tiefste, peinlichste Stille im Klassenzimmer. Das war ihm äußerst auffallend. Er stutzte sofort beim Hereintreten. „Och, was haben Sie?" Er wurde beinahe blaß und aufgeregt, es war ihm überaus ungemütlich. Er versuchte, mit uns zu scherzen. „Na, schlecht präpariert, Wegely? Noch unterm Tisch ein bißchen Nachhilfe? Na, macht nichts. Nur Mut. Unser lieber Demosthenes. Fangen Sie an! (Die Stille nützend.) – Och! was haben Sie, was ist? Na dann – ach, Primus! – was soll – was is? – reden Sie!" Da legte der los! „Herr Professor! Sie haben Carl Kröger, bloß weil er aus dem Haus vom Gastwirt Möller herauskam, beim Direktor angezeigt wegen verbotenem Restaurationsbesuch, und der ist bloß bei seinem Onkel gewesen." – „Och so! Je, aber der Onkel war doch schon vor acht Tagen abgereist?" – „Na, jedenfalls hat Kröger nicht Bier getrunken. Ihn zu denunzieren…" – „Och, das verbitt' ich mir. Das ist unverschämt – je, sehn Sie, Primus und junge Freunde! Der arme Lehrer: er muß, die Pflicht, der Eid, das Gewissen. Was soll er tun? Je, aber wenn Kröger nicht pokuliert un nich ‚Poch, Poch' gespielt hat, je, denn nachher, denn is das was anners. Das will ich man gleich nachher dem Direktor berichten." – „Na, dann danken wir auch schön, lieber Herr Professor!" Sofort ging das gewohnte Gebrabbele und Geschwabbele los, und Freese dozierte vergnügt und sichtlich erleichtert unseren lieben Demosthenes.

So ulkig Freese war, er war ein Mensch von großer Tiefe und geradezu idealer Weltanschauung, der einen warmen, sonnigen und weisen Humor spielen lassen konnte. Wir lasen eine Anthologie griechischer Lyriker: auch Sappho und Anakreon kamen heran. Pindar nannte er einmal: „den alten Gleim", den Kriegslied-Dichter Friedrichs des Großen. Solche modernen Parallelen liebte er sehr. Als wir Sapphische Oden lasen, fragten wir naiv genug, was sapphische Liebe sei. Er sagte: „Och, meine Lieben, es is eigentlich nichts für Primanerohren. Aber Sie werden später doch. Je, es ist so: Der Grieche, die Sonne, die Glut, der blaue Himmel, das warme Meer, je! Das Nackte ist ganz was anderes as bi uns. Da kommen sie beim Baden – sie schmiegen sich, sie taxieren: Schultern, Hüften und so – je! und denn der böse Leumund! Oh, wenn Sie später mal was hören – glauben Sie's nicht – es ist nichts Schlimmes, glauben Sie Ihrem alten Freese. Überhören Sie es. Lassen Sie die schmutzige Phantasie nicht in die Sinne. Sie wissen – Phantasus, je! is der nich der dritte Diener des Hypnos, des Schlafgottes? Je! wer sind die beiden anderen? Oh, hören Sie, wie sinnig die Griechen waren: Eikelos, der Bildner, je! der Gaukler, achten Sie. Gleichklang: Eikelos, Gaukelos, Gaukler – och! er greift gliksam Blumen, Spielkarten aus der schwarzen Nacht; je – und Phobetor, der Spinner der Furcht; och! Das ist der Alpdruck, der Angsttraum, der Vampir auf der Brust!" So lenkte er uns schnell von dem heiklen Thema ab.

Einst lasen wir Anakreon. Wir mußten ihm Übertragungen auf das Katheder hinaufreichen. „Haben Sie, mein lieber Schleich? Och, was seh' ich? In Reimen? Sieh, sieh! Och – nee – nee, min Jung! Dat is nix! Je! warum haben die Griechen keine Reime? Auffällig, nich! Je, ich will's sagen. Reim is Echolalie, Nachahmung des Echos, Koselaute, Zärtlichkeit! Och! Sie wissen, Echo ist das Weib, das nie von selber spricht, aber, einmal angeredet, nie wieder aufhören kann. Je, das sind die witzigen, bißchen boshaften Griechen. Denken Sie, Aristophanes, Satire: Lysistrata, Vögel! Je! aber das Reimen ist Echoimitation. Die Griechen aber brauchten es nicht zu imitieren, hatten Originalecho, in den Bergen war Echo überall, populär. Reimen ist aber was Festtägliches, Außergewöhnliches; Balladengesang, feierlich, darum dichtet der Norddeutsche in Reimen. Wo kein Echo in Natur oder selten, da entsteht Reimdichtung. Na, Sie haben in Reimen: Anakreon. Ach, du lieber Gott! Je, mein lieber Schleich. Seien Sie nicht bekümmert. Sie werden noch von Atreus' Söhnen singen. Je! aber Liebe – ist schwer! Och! Trösten Sie sich: es hatte auch jemand. Ein großer Dichter! Bitte, sehen Sie nach, Primus, daß uns ja kein Sekundaner hört, es ist nur für Primanerohren." Es mußte wirklich jemand die Klassentür spaltweise öffnen. Wie im Theater. „Nein, Herr Professor, es ist niemand an der Tür!" – „Na, dann will ich's sagen! Ein großer Dichter hat auch versucht, Anakreon: Die Zikade. Goethe!!" (Mit vorgehaltenen Händen, heimlich und verächtlich:) „Jämmerlich! Trösten Sie sich, mein lieber Schleich! Je. Ihre Reime! Auch jämmerlich!"

Ein andermal kam er auf Perikles. „Er hatte einen Zwiebel-
kopf, Schinoskephalos. Je! man sagt: Verbrecher! Unterschlagung.
Je! das war so. Sie wissen: die Akropolis, das ist das Rathaus hier
auf'm Markt. Da ist der Areopag. Das Landgericht. Och! Sie kennen den Archogeronten: das ist der Landgerichtsdirektor Prie-
schke, Sie wissen. Der Ekklesiast, Sie kennen ihn, den Staatsanwalt Neumann, och! ich seh' sie alle sitzen. Perikles ist angeklagt.
,Je', saggt der Staatsanwalt. ,Perikles! es ist erwiesen. Du hast in
die Kasse gegriffen. Geklaut! Wie kommst du dazu? Was soll
das?' Je, und Perikles sagt: , Einen Augenblick.' Geht an die Dür
und kümmt rein – mit Phryne! Ganz nackt und seggt gor nix,
blot: ,Dat ist min Geliebte: Phryne!' Und die Richter hebben em
freispoken. Je, das gibt's bloß in Griechenland: die Sonne, das
Licht, die Schönheit, nee, in Stralsund geiht dat nich. Dor kümmt
hei in Kasten! Na, nu an die Arbeit!" (...)
So brachte er uns ein Bild aller wichtigen Staatsaktionen in
Rom oder Athen bei. Wie oft haben wir mit ihm regelrecht
„Ostrazismus" gespielt, d. h., wir mußten in der Aulavorhalle auf
Bänken ringsum sitzen und das Scherbengericht gegen Aristides
mit Spielmarken als eine richtige Theaterszene mit Pro- und
Kontrareden aufführen. Mehrfach hielt er die Anklagerede gegen Sokrates als Verführer der Jugend, wobei einer von uns als
völlig geknickter Sokrates auf dem Kentheder sich von ihm an-
donnern lassen mußte. Er warf ihm dann (ganz modern, wie in
unserer Zeit der geistvolle M. Moszkowski) vor, daß er sich von
Plato habe als Sprachorgan benutzen lassen, aber für die revolutionäre Stimmung in der aristokratischen Jugend Athens völlig
verantwortlich sei!
Die griechischen Dramen analysierte er mit uns auf das tiefste
und geistreichste, und nirgends habe ich die schönen Griechen-
chöre so tief als die Stimmen des Gewissens, der Seelenkämpfe
und zugleich der öffentlichen Meinung auslegen gehört. Er sagte einmal: „Ja! der Chor – das is, was man im stillen Kämmerlein
denkt, wenn man Ödipus is, un zweitens: was sagt die Stralsunder Morgenzeitung zu der Affäre in Aulis! Das beides zusammen sagt der griechische Chor!" Solche Chöre führten wir im
Gehschritt, er voran, mit Vor- und Rücktritt wie in einer Prozession, skandierend und im Text und Rhythmus des „Actis

äelliu to kalliston" durch unsere schönen Klosterschulgänge ziehend auf, und in der gotischen Aulavorhalle brüllten wir laut und klagend die wundervoll tönenden, reich vokalisierten Verse!

Die Versmaße wurden uns durch praktische Chorübungen eingeprägt. Das heißt: er sprach die Trochäen, Jamben, Anapäste usw. uns vor, und wir skandierten sie unter seinem Dirigentenkartenstock ihm nach. Dazu erbat er von uns von Mal zu Mal das Mitbringen von klassisch schönen Versen, auch von deutschen Dichtern. Dabei gab's manchen Spaß.

Mein Freund Wilhelm Kobes, noch heute ein warmherziger Poet, führte ihn an. Freese fragte: „Och, Kobes, haben Sie auch Verse?" – „Jawohl, Herr Professor!" – „Och, dann geb'n Sie her!" Kobes reichte einen Zettel zu ihm hinauf, auf dem stand:

Er deckt ihn in das eine
Und schnitt ihm beide Beine
Ganz kurz vom Rumpfe ab! –

Freese stutzte. „Och! mein lieber Kobes! Was ist das? Was soll das? Woraus dürfte das sein?"

„Das ist aus einem nachgelassenen Drama Heines: Prokrustes!"

„Och! Kobes. Heine, Prokrustes? Das is interessant. Ich erinnere mich gar nicht. Heine? Prokrustes? Heinrich Heine? Och, Kobes, Sie irren. Woher kennen Sie, woher wissen Sie?"

„Ja, Herr Professor, ein alter Onkel von mir, der sammelt Handschriften, und da hab' ich dieses Fragment Heinrich Heines mal gesehn!" – „Och, das is interessant. Kobes der Quellenforscher. Na, das muß ich nachher gleich mal Kollegen Thümen (dem deutschen Lehrer) zur Begutachtung mitteilen. Na aber. Schön, lassen Sie uns zusammen." Und so brüllte die ganze Klasse: Heine. Prokrustes. Jamben.

Er deckt ihn in das eine
Und schnitt ihm ab die Beine
Ganz kurz vom Rumpfe ab! –

Wir durch Kobes eingeweihten Lümmel wollten uns dabei totlachen. Ganz sicher waren aber wir doch die Angeführten.

Denn ich bin heute überzeugt, der alte, gute Vater Freese durchschaute den ganzen Rummel, er war aber großherzig genug, uns den Spaß zu lassen; so liebte er die Jugend, und mit so viel Humor beherrschte er die Situation. Er kam nie auf die Heine-Affäre zurück.

Er war eben ein Lehrer, der mit uns lebte und strebte und besser als wir selbst die geheimsten Fasern der Schülerpsyche kannte und wie ein heiterer Griechen-Jüngling-Greis uns in unserer Kindheit selbst auf seine Kosten jauchzen ließ. Zeichnete er uns doch, mit seinen Riesenpatschen den Ballettanz der jungen Griechinnen in der Luft markierend, die Szene plastisch vor, wie Anakreon gehöhnt wird von den jungen Tänzerinnen. „‚Anakreon! Geh, was willst du unter uns! Du bist ein Greis!‘ Je, was sagt Anakreon? ‚Weiß ist mein Haar, aber seht das grüne Weinlaub darin, so grün ist mein Herz, und jeden Frühling blüht es wieder für die Schönste unter euch!‘" Dann bekam sein Gesicht einen so überirdisch schönen Glanz, daß wir ihn tiefergriffen dort oben sitzen sahen, Weinlaub im Haar, in dionysischer Verzückung, selbst ein Anakreon, den ein gütiges Geschick vor dem Winter des Herzens bewahrt hatte. Er war gleichsam immer mitten unter unseren Scherzen. Dafür haben wir ihn aber auch sehr geliebt. Jeder der Schüler wäre für seinen alten Freese durch das Feuer gegangen.

Er war eine der gewiß enorm seltenen Naturen, welche den Mut haben, es im Vollgefühl eines goldenen Herzens ruhig darauf ankommen zu lassen, ob man sie bewundert oder verlacht. Er hatte den Humor, über sich lachen zu lassen, wenn er nur mit der durch ihn veranlaßten und heraufgezauberten Komik den Nagel auf den Kopf traf.

Als ich, vom Stettiner Gymnasium kommend, als Tertianer zum ersten Mal eine Stunde bei Freese hatte, konnte ich mich vor elementaren Heiterkeitsausbrüchen über den allzu drolligen Mann gar nicht halten. Ich lachte immer hell in die schon tolerantere Schulgenossenschaft hinein. Freese merkte natürlich sofort, daß mein Lachen ihm galt. Jeder andere Lehrer würde wohl disziplinarisch dagegen seine Würde gewahrt haben. Freese keineswegs. Mit einer wahrhaft göttlichen Seelenkenntnis sagte er mir ein über das andere Mal bei meinen Lachausbrüchen: „Och, seht den Fremdling! Er lacht. Er amüsiert sich. Schon wieder. Je, mein lieber junger Herr aus Stettin. Das is hier nicht anners.

Nach Korinthus von Athen gezogen
Kam ein Jüngling, dort noch unbekannt!

Je, sieh mal an. Der Fremdling. Er macht sich mausig!"

Er war der größte Psycholog. Ein wahrer Weiser am Baltenstrand. Ich denke oft an ihn. Er war unser aller alter, noch bis in unsere eigene Reife hineinwirkender Mentor. Er wäre für Könige der richtige Erzieher gewesen. Vor seinem Humor schmolz jede Form von Anmaßung, und er sah uns allen bis ins Herz. Ein Virtuos der Knaben- und Jünglingsseele.

Beim Abiturientenentlassungsfest gab er uns allen eine private Prognose mit. Wir alle haben uns verdutzt angesehen, wie er uns kannte.

Mir sagte er: „Je, mein lieber Schleich. Gewiß. Talente. Guter Kopf, alle Achtung. Weg wird gemacht. Könnte bedeutend. Villeicht Erfindungen. Entwicklung. Je, aber die Dämonen. Da ist Gefahr. Och. Denken Sie Herkules. Die Hydra siebenköpfig im eigenen Busen. Je, es wird schon gehen. Aber mir ist bange!"

Wie wußte der Mann etwas von meinen Dämonen? Alter Freese, ich danke dir, ich habe mich redlich bemüht, sie zu bezwingen.

Ich sah ihn zum letzten Male beim Abschiedsbesuch, bevor ich Stralsund verließ. „Wohin gehen Sie, mein Lieber?" „Nach Zürich!" – „Och – nehmen Sie sich in acht. Sie werden Heimweh, je, die See, das Meer, es läßt seine Söhne nicht los!" – „Aber, da ist ja ein großer See, Herr Professor!" – „Je, aber nicht – die See, Junker Naseweis!"

Er sollte recht behalten. Mich überfiel die Sehnsucht zur Heimat mitten in rauschenden Studentenfesten ganz elementar. Ich magerte ab wie ein vergessener Kanarienvogel.

Aber auch nach dem alten Freese habe ich Heimweh.

Annerose Schmidt

(geb. 1936)

Die da aus dem Auto stieg war eine junge Frau. Blond, schlank, grazil fast, elegant, knapp um die Mitte Dreißig. Es war heiß, und es war nicht zu übersehen, daß die Figur von bester Proportion war; das Auto, aus dem sie gestiegen war, ein Mercedes, ein Westwagen mit Leipziger Kennzeichen – im Sommer 1970 mitten in der DDR ein untrügliches Zeichen, daß seine Besitzerin prominent sein mußte. Welch wundervolle Luft – es war der erste Satz, den die Besucherin sagte, noch bevor sie Bürgermeister Schröder, mit dem sie und ihr Mann verabredet waren, einen Guten Tag wünschte.

Das mit Bad Saarow war purer Zufall gewesen. Annerose Schmidt wohnte mit den Kindern noch in Leipzig, der Mann, Musikjournalist beim Rundfunk, in Berlin. Er hatte keine Lust mehr, die Familie nur an den Wochenenden zu sehen. Ein Umzug nach Leipzig kam nicht in Betracht, damals war es nur Rundfunkprovinz. Die „Stunde der Musik", eine segensreiche und äußerst erfolgreiche Einrichtung staatlicher Musikpolitik, funktionierte im Bezirk Frankfurt/Oder hervorragend. Wie so oft war das ein Verdienst eines einzigen tatkräftigen Menschen, einer Frau. Ziehen Sie zu uns, hatte die Mitarbeiterin der Konzert- und Gastspieldirektion in Frankfurt geraten. Wir können hier im ehemaligen preußischen Hinterhof ein wenig Prominenz gut vertragen. Und es war wieder ein Zufall, daß Oberförster Brand aus dem schönen, großen Haus am Friedrich-Engels-Damm, Villa hätte man früher dazu gesagt, ausziehen wollte, zu groß war es geworden, nachdem die Kinder ausgeflogen waren.

Die Bedingungen für die künstlerische Arbeit konnten kaum besser sein. Niemanden störte es fortan, wenn noch bis in die beginnende Nacht Beethovens Appassionata oder Brahms' Klavierkonzerte aus dem Haus dröhnten. In Leipzig hatte die Pianistin mehrere Prozesse führen müssen, um ihr Recht auf das Üben durchsetzen zu können. Zwar hatte sie die Gerichtsverfahren gewonnen, aber wer wollte schon mit den Nachbarn im ewigen Streit liegen? Hier in Bad Saarow sagten höchstens ein paar seltene späte Passanten: die Schmidt übt noch. Nun waren sie und ihre Familie Saarower Bürger, und in den Sommermonaten kam es unten vom See aus den Lautsprechern der vorbeifahrenden Schiffe der Weißen Flotte: hier wohnt die Pianistin Annerose Schmidt, Nationalpreisträgerin, zu Hause in den berühmtesten Konzertsälen der Welt. Und vielleicht klang da ein wenig Stolz mit auf die prominente Mitbürgerin. Mehr noch als die künstlerischen Erfolge aber waren es fast alltägliche Eigenschaften und Begebenheiten, die der Künstlerin im Bewußtsein der Saarower Anerkennung verschafften – vier Kinder hatte sie geboren, nicht gerade typisch für Künstler, den Sohn im Saarower Armee-Lazarett. Einmal in der Woche sah man sie am Nachmittag in der Schlange vor der Fleischerei in der damaligen Fürstenwalder Thälmannstraße stehen, ein Buch in der Hand, um das stundenlange Warten wenigstens sinnvoll zu überstehen. Ihre sprichwörtliche Arbeitsdisziplin und der Verzicht auf staatliche Protektion hatten sich schnell herumgesprochen.

Allzuviel wußten die Saarower sicherlich nicht über die Pianistin. Dieses oder jenes aus den Fernsehsendungen vielleicht, die sie selbst moderierte, um dem Nachwuchs eine Chance zu geben, aus den Artikeln in den Tageszeitungen. Eine ihrer Interviewaussagen hatte sich vielleicht sogar eingeprägt, daß Kunst zunächst einmal harte Arbeit sei und auf vieles Angenehme verzichtende Disziplin erfordere. Im Lexikon hatte dieser oder jener vielleicht gelesen, daß sie in der Lutherstadt Wittenberg geboren war, ihren ersten Unterricht in Klavier und Musiktheorie von ihrem Vater erhalten habe, einem Schüler des berühmten Sternschen Konservatoriums in Berlin, der das Studium abbrechen mußte, als seinem Vater, einem mecklenburgischen Pastor, das Geld ausging, nachdem er den beiden älteren Söhnen das Studium der Medizin bzw. der Theologie bezahlt hatte. Der angehende Kapellmeister mußte sich als Gutsinspektor verdingen, verdiente sein Geld schließlich als Organist und dann als Direktor der Musikschule in Wittenberg. Etwas Geniales war um Bernhard Schmidt, jedenfalls hat seine Tochter Annerose nicht einmal auf der berühmten Leipziger Musikhochschule soviel über Musik und ihr innerstes, immer noch geheimnisvolles Wesen erfahren, soviel pianistisches Handwerk erlangt, soviel über die

Künste des Kontrapunktes, die Geheimnisse der Interpretation gelernt, wie bei diesem Mann, der alle seine verborgensten Wünsche, seine Sehnsüchte nach glänzender Karriere nun auf die Tochter übertrug. Allerdings konnte es passieren, daß er in seinem rastlosen, vielleicht sogar rasenden pädagogischen Eifer voller Zorn über eine unzureichende Leistung auch einmal mit einer Partitur den Kopf seiner Schülerin traf. – Aber das stand nicht im Lexikon, das wußten nur wenige Freunde oder ein paar Journalisten.

Nein, eine fröhliche Kindheit war das nicht. Unterricht beim Vater, üben, üben, üben. Schule und Lernen, das oft genug abends und nachts, keine Zeit für Spiele. Freundschaften konnten so nicht gedeihen. Eine einsame Kindheit und Jugend. Arbeit und Disziplin die Losungsworte. Sie war noch neun, als sie die Bühne eines Konzertsaales betrat mit Werken von Bach und Liszt, die Sonate pathetique opus 13 von Beethoven, eine Ballade von Chopin, Polacca brillante von Weber – und eine Uraufführung des väterlichen Mentors, Introduktion und Melodie aus einer Märchensuite. Das war keine Literatur für Kinder, anspruchsvollste Meisterwerke vielmehr waren in diesem Programm. In das Erstaunen des Publikums und in seine Begeisterung mischte sich auch Rührung über soviel künstlerisches Format eines Kindes. Konzerte in Halle, der damaligen Landeshauptstadt von Sachsen-Anhalt, folgten. Die Kritiker überschlugen sich. Am 16. Januar 1948 trat sie vor eine staatliche Prüfungskommission der Kammer der Kunstschaffenden und erhielt nach eindringlichem Examen einen Ausweis. Unter der Rubrik „Beruf" konnte man lesen: Konzertpianistin; die mit Abstand jüngste deutsche Berufsmusikerin hatte ihre Laufbahn begonnen. Aufnahmen des Mitteldeutschen Rundfunks und des Berliner Rundfunks, damals noch in der Masurenallee, ließen die musikalische Welt aufhorchen. Da überrascht es nicht sonderlich, daß das Schlagwort vom Wunderkind durch die Presse ging. Erfüllt waren diese Tage und sehr erfolgreich, aber die eigentliche Welt des Kindes war an diesem Mädchen vorbeigegangen, die entdeckte sie erst in den eigenen Kindern.

Da war der Wechsel nach bestandener Hochschulreife nach Leipzig wie ein Sprung in die Freiheit. Mit siebzehn nach bestandenem Abitur kam sie in die Klasse von Professor Hugo Steurer, einem hochangesehenen Klavierpädagogen. Der erste Pianistenstar der jungen DDR war er gewesen. Mit den Leistungen seiner Schülerin konnte er nicht mithalten, das Schicksal vieler Lehrer. Er schickte sie zum einzigen gesamtdeutschen Pianistenwettbewerb, den sie mit Glanz und Gloria vor der westdeutschen Konkurrenz gewann. Auch auf dem internationalen Robert-SchumannWettbewerb in der Berliner Staatsoper errang sie den ersten Preis. Als einzige deutsche Teilnehmerin war sie unter den Gewinnern des Chopinwettbewerbs 1955, einem der berühmtesten Klavierwettbewerbe überhaupt, natürlich nicht ahnend, daß sie anderthalb Jahrzehnte später in die Jury berufen werden würde und wieder für das Jahr 2000.

Schon nach dreijährigem Studium in Leipzig absolvierte sie die Hochschule mit besonderer Auszeichnung. Nun wollte sie dort Aspirantin werden. Der Rektor spielte ihr einen fatalen Streich. „Nicht der Typ für eine sozialistische Hochschule" hatte er auf dem Antrag vermerkt. Steurer protestierte nicht, nahm seine Schülerin nicht in Schutz, akzeptierte das politische Urteil, trug es mit – was ihn übrigens nicht im geringsten daran hinderte, wenige Monate nach seinem Versagen die DDR zu verlassen. Aber eine westdeutsche Konzertagentur aus Frankfurt a.M. war auf dem Schumann-Wettbewerb auf sie aufmerksam geworden. Damit begann das, was man eine steile Karriere nennt. Sie begann in der Bundesrepublik Deutschland, nicht in der DDR, die sonst so sorgsam Talente beobachtete und förderte. Als Wilhelm Kempff, damals schon eine Klavierlegende, die junge Pianistin zu seinem hochrenommierten Beethovenkurs ins italienische Positano einlud, eine Auszeichnung zweifellos, befand der damalige für die Musik zuständige stellvertretende Kulturminister der DDR, Kempffs Beethoven-Interpretation entspreche nicht sozialistischen Kriterien, die zu definieren er allerdings schuldig blieb, schuldig bleiben mußte, da die Deutung von Musik nur höchst vage und äußerst vermittelt ideologischen oder gar politischen Einflüssen Raum gibt. Die Reise zu Kempff wurde verboten.

Eine Flut von Einladungen kam aus den Niederlanden, aus Dänemark und Schweden. Eine holländische Zeitung zählte die

Zwanzigjährige zu den zehn Besten ihrer Zunft in der Welt. Die Studios der bundesdeutschen Rundfunkanstalten öffneten sich. Nun endlich wollte auch die DDR am Erfolg der jungen Musikerin partizipieren. Franz Konwitschny und sein Gewandhausorchester luden sie zu einer Englandtournee ein, von nun an war sie ständiger Gast bei dem berühmten Orchester. Die Dresdner Philharmonie folgte – an die zweihundert Konzerte sollte Annerose Schmidt bis heute mit dem Orchester spielen. Dann kamen Kurt Sanderling und das Berliner Sinfonieorchester, die Staatskapellen in Dresden und Berlin, die Rundfunk-Klangkörper. Aus London meldeten sich Rudolf Kempe und das Royal Philharmonic Orchestra, Klaus Tennstedt und London Sinfonic, das Concertgebouw-Orchester Amsterdam lud ein, die Tonhalle in Zürich. Annerose Schmidt spielte zu den Salzburger Festspielen, den Wiener Festwochen, zum Prager Frühling, zum Warschauer Herbst, spielte in Moskau und Leningrad, Kiew, Riga... zum Helsinki Festival, auf dem Flandern Festival in Brüssel, dem Holland Festival, den Berliner Festtagen, den Dresdner Musikfestspielen, in Bulgarien, Rumänien, Jugoslawien, in der Schweiz, in Italien, dann ging die Reise nach Japan, in die USA, die weltberühmten Orchester in Chicago und Cleveland hatten eingeladen. Mit dem Gewandhausorchester spielte sie in New York, Boston, Washington..., in Kanada. Einladungen kamen aus Korea, aus Portugal.

Schallplattenproduktionen entstanden in der DDR, wurden von westeuropäischen Verlagen übernommen, wurden in Japan gemacht – Werke von Beethoven, Schubert, Schumann, Brahms, Scarlatti, alle Klavierkonzerte Mozarts mit Masur und der Dresdner Philharmonie, die Klavierkonzerte von Chopin – es wäre langweilig, die Aufzählungen fortzusetzen. Sie dokumentieren einen glänzenden künstlerischen Aufstieg.

Und doch gab es ein Auf und Ab auf diesem Weg. Das war nicht musikalisch bedingt. Dem oft unerforschlichen Ratschluß der Kulturverantwortlichen gefiel es, der Pianistin plötzlich und ohne Angabe von Gründen die Reiseerlaubnis zu verweigern, manchmal nur wenige Stunden vor der Abreise. Das mußte zu Spannungen mit den Veranstaltern in Westeuropa führen, die Konzerte ausfallen lassen mußten oder die Telefone heiß laufen ließen, um in letzter Minute Ersatz zu finden. Die Konzertagentur in Frankfurt, die den Erfolg von Annerose Schmidt auf dem internationalen Musikmarkt begründet hatte, kündigte in einem sehr schmerzlichen Brief die Zusammenarbeit auf, zu unsicher war das Geschäft mit Annerose Schmidt, sehr zur Freude der Künstleragentur der DDR, die juristisch sowieso die Alleinvertretung für alle Künstler des Landes besaß. Auszeichnungen gab es – zweimal den Nationalpreis der DDR, die Kunstpreise der Städte Leipzig und Frankfurt/Oder, den Robert-Schumann-Preis, die Béla-Bartók-Medaille aus Ungarn, die hatte sie auch verdient. Als sie Anfang der sechziger Jahre mit dem Rundfunksinfonieorchester Berlin unter dem unvergessenen Rolf Kleinert, einem der vorzüglichsten Dirigenten überhaupt, auch die beiden ersten Klavierkonzerte Bartóks gespielt hatte, in denen der Komponist auch alle avantgardistischen Mittel der zwanziger Jahre genutzt hatte, schrie der damalige erste Sekretär des Komponistenverbandes in den aufbrausenden Beifall das gängige Schlachtwort „Formalismus", ein ideologisches Verdikt. Annerose Schmidt hat übrigens ihre DDR-Auszeichnungen nach der Wende nicht zurückgegeben, sie waren ihr für überragende musikalische Leistungen zu Recht verliehen worden. Einige wenige andere Künstler, die die Orden zwar einst mit Freude und Dank entgegengenommen hatten, sahen augenscheinlich in der Rückgabe zu nun ungefährlichem Zeitpunkt eine Möglichkeit, ihren angeblichen Widerstand gegen die DDR mit dieser Geste eilfertig bekunden zu können.

Eine wichtige Zäsur brachte das Jahr 1987. Annerose Schmidt nahm eine Berufung als Professorin an die Berliner Hochschule „Hanns Eisler" an. Lange hatte sie gezögert, hatte Anträge aus Leipzig abgelehnt, hatte nur Kurse im In- und Ausland gegeben. Natürlich, sie wollte erworbene Erfahrung weitergeben, eigenes musikalisches Vermögen jungen Leuten vermitteln – eine triviale Feststellung, welcher Lehrer möchte das nicht? Es ging ihr um weit mehr. Längst hatte sich im internationalen Musikleben abgezeichnet, daß nicht mehr das Werk des Schöpfers im Mittelpunkt der Interpretation stand, sondern der Interpret selbst, er hatte sich immer mehr vor das Werk, seinen Gehalt, seine Botschaft geschoben. Zu „events" mußten die Aufführungen verkommen. Das Sensationelle um jeden Preis, auch den des Verrats am Komponisten, das Einmalige, das Nie-Dagewesene, das noch Nie-Gehörte mußte es sein. Es ist nicht zu bestreiten, daß das internationale Musikleben mehr und mehr zum marktschreierischen Spektakel degeneriert. Das liegt ursächlich an den Marktmechanismen, es liegt mit an unverantwortlichen Pädagogen, an dem rapiden Absinken des geistigen, nicht des handwerklichen Niveaus der Hochschulen. Dagegen anzukämpfen, auch darum ging es Annerose Schmidt. Um es mit einem Wort von Adorno über Wilhelm Furtwängler zu sagen, es ging ihr um „die Rettung eines bereits Verlorenen ... dem Interpretieren das wiederzugewinnen, was es im Augenblick des Verblassens verbindlicher Tradition einzubüßen begann". Es ist in ihr die gleiche „Idee des Rettens von Musik" lebendig wie in dem wohl einzig wirklich genialen Dirigenten. Technik, Handwerk vermitteln, gewiß ist das ihre Aufgabe, aber Musik ist mehr, ist auch Geist, transzendiert über das rein Musikalische hinaus. Ihre pädagogische Anstrengung ist auch Beschwörung, Musik zu retten.

Den 9. November 1989, zumindest für die Ostdeutschen der wichtigste politische Einschnitt nach dem Zweiten Weltkrieg, erlebte sie in Tokio. Ein tiefes Aufatmen.

Die Eisler-Hochschule ist nun in Gefahr. Schließlich existiert im Westteil der Stadt die erfolgreiche Hochschule der Künste. Schnell sind Kräfte da, auch auf musikalischem Gebiet, vieles im Osten durch Plattmachen zu evaluieren. Mit 27 zu 4 Stimmen wählen die Gremien der Hochschule „Hanns Eisler" im März 1990 Annerose Schmidt zur Rektorin. Sie nahm an – ein Sprung in eisiges, abgrundtiefes, unbekanntes Gewässer. Sie begegnete Neidern, Intriganten, Heckenschützen. Sie bekam aber auch viel Hilfe aus Ost und West, auch vom Berliner Senat, der Regierung. Man kann es abkürzen: wenn heute die Hochschule noch existiert und gedeiht – Annerose Schmidt hat einen immensen Anteil daran. Fünf Jahre leitete sie die Geschicke des Instituts, schränkte ihre Konzerttätigkeit zugunsten der Hochschule wesentlich ein, ein Opfer, sich selbst schwer abgerungen. Dann aus dem Hinterhalt eine abgefeimte Rufmordkampagne. Mit absurden Verleumdungen, ideologischen Verdächtigungen, mit Methoden also, die der Westen sonst nur für die DDR-Gewaltigen

reserviert hatte, versuchte man, eine augenscheinlich unbeque-
me Ostberliner Rektorin abzuschießen. Was war geschehen? Für
die Abteilung „Jazz, Rock, Pop" hatte sie auf Anraten von Klaus
Doldinger, dem ausgezeichneten Musiker und Komponisten
(„Das Boot"), den Amerikaner Jiggs Wiggham verpflichten wollen. Der Senat entschied sich für einen anderen Jazzmusiker aus
den USA. Obwohl fachlich durchaus von großer Kompetenz,
erwies der sich als eine Plage für die Hochschule. Auf gröblich-
ste Weise vernachlässigte er seine professoralen Lehrpflichten,
zeichnete sich durch penetrante Faulheit aus. Von der Rektorin
zur Rede gestellt, randalierte er, denunzierte die Rektorin beim
Senat und in der Öffentlichkeit der Presse wegen Antiamerika-
nismus, Rassismus und Antisemitismus, nutzte seine farbige und
jüdische Abkunft, sein eigenes Versagen hinter ideologischen
Versatzstücken zu verstecken. Dieser Vorwurf traf eine Frau,
deren zutiefst humane und tolerante Weltsicht bekannt war, die
viele jüdische Freunde hat, mit vielen jüdischen Musikern musi-
ziert hatte und zudem ja einen anderen Amerikaner verpflichten wollte. Eine Pressekampagne übelster Art begann. Ein Teil
der Berliner Zeitungen verweigerte ihr das Recht auf Gegendar-
stellung. Die Hintermänner dieser Aktion blieben im Dunkeln.
Der damalige Senator für die Hochschulen bot dem widerlichen
Treiben nicht Einhalt, gewährte weder Fairness noch gar Schutz,
er versagte. Die Verleumdungen wurden ohne Prüfung hingenommen, der Protest der Studenten dieser Abteilung und ihrer
Lehrer nicht zur Kenntnis genommen. Das Ende der Geschichte: Annerose Schmidt trat zurück, der von der Regierung einge-
setzte Musiker wurde nach Westberlin versetzt, verschwand auch
dort nach kurzer Zeit auf Nimmerwiedersehen.

Der von der Rektorin ursprünglich vorgesehene Jiggs Wiggham erhielt nun doch seine Berufung, übernahm dazu die Leitung der Rias-Bigband. Der Senat hatte falsch entschieden, hat
sich jedoch nie zu seinen Fehlern bekannt, den Rücktritt einer
hochverdienten Rektorin „mit Bedauern" zur Kenntnis genommen und akzeptiert.

Jeden Morgen noch fährt die Professorin nach Berlin, ihre
Studenten aus Japan, China, Korea, Frankreich, Skandinavien
und aus Deutschland zu unterrichten – aus Deutschland kom-

men übrigens, so scheint es, immer weniger – ein Menetekel für unser Land? Sie fährt zu Tourneen, als Jurorin zu Wettbewerben, zu Kongressen. Und aus dem Haus am Friedrich-Engels-Damm dringen immer noch bis in die beginnende Nacht die Klänge des Klaviers. Und der stille Passant, der vielleicht immer noch vorbeigeht, denkt: die Schmidt übt noch. Ob ihm in den vergangenen fast drei Jahrzehnten die allmähliche Veränderung im Spiel der Pianistin aufgefallen ist? Bei aller technischen Bravour ist es wohl nachdenklicher geworden, „philosophischer" gar, und in Beethovens Sonaten und Brahms' Konzerten geht es vielleicht noch dramatischer, erbarmungsloser zu – aber auch trostreicher. Hintergründiger allemal ist das Spiel geworden.

Im Sommer 1998 weihte sie das neuerrichtete, schöne Kurtheater in Bad Saarow ein.

Dieter Boeck

Max Schmeling

(geb. 1905)

In seinen „Erinnerungen" breitet Max Schmeling sein Boxer-
leben vor dem Leser aus. Er war der erste deutsche Boxer, der
seinen Lebensunterhalt als Sportler mit seinen Einkünften aus
dem Sport bestreiten konnte. Dennoch verlief sein Leben wie
auf einem Wellental, von höchsten Höhen eines gefeierten Stars,
anerkannt beim Volk und auch bei der Naziregierung, die ihn
für ihre Zwecke manipulieren wollte, stürzte er in die Armut
der Nachkriegszeit, aus der er sich anfangs mit der Börse von
Kämpfen und Ringrichtereinsätzen wieder ein Vermögen als Unternehmer verdienen konnte.

Mit Bad Saarow war er seit 1929 verbunden. Er liebte den
Sommersitz, wo er seine Frau Anny Ondra, eine damals bekannte
und beliebte Filmschauspielerin, geheiratet hatte und mit ihr
glückliche Jahre verbrachte.

„Etwas von der Sorge, die alle Menschen erfüllte, mag im Spiel
gewesen sein, als ich mich um diese Zeit entschloß, angesichts
der allgemeinen Unsicherheit mein Geld anzulegen und mir ein
Grundstück zu kaufen. Meine Wahl fiel auf Saarow-Pieskow,
einen kleinen idyllischen Ort am Scharmützelsee, eine Autostun-
de südöstlich von Berlin. Ich war ein paarmal dort gewesen und
hatte dabei das Entstehen einer anmutigen Künstler-Kolonie mit-
erlebt, die durch ein kleines Waldstück von dem ehemaligen
Fischerdorf getrennt war. Inzwischen wohnten dort der Schauspieler Harry Liedtke und der Maler Bruno Krauskopf, Walter
Kollo und Victor de Kowa.

Das spitzgiebelige, strohgedeckte Haus, in das ich mich auf
den ersten Blick verliebt hatte, war, als ich es erwarb, erst im
Rohbau fertig. Nebenan wohnte der Bildhauer Joseph Thorak,
der allgemein als große Hoffnung galt. Wir freundeten uns rasch
an, vor allem mit seiner Frau, und haben manchen Abend in
unbeschwerter Runde bei ihm verbracht.

Ende 1931, als Anny Ondra ein paar Tage Drehpause hatte,
waren wir wieder, fern dem Großstadtbetrieb, den ich jetzt häufiger mied, in Saarow-Pieskow. Tagsüber streiften wir durch die

246

Wiesen und am schilfbewachsenen Ufer entlang oder liefen durch die schwermütigen, von weiten, sandigen Heideflächen unterbrochenen Wälder, sofern ich nicht ohnehin, um meine Kondition zu halten, ausgedehnte Waldläufe machte.

Die Abende verbrachten wir vor dem Kamin. Schon vor längerer Zeit waren wir mit dem Förster des Reviers bekannt geworden, der die neue Prominenz am Orte sichtlich genoß. Er machte mich eines Tages auf eine vakante Jagd aufmerksam. Sie lag bei Müncheberg, unweit von Saarow-Pieskow, und kurzentschlossen, nach einigen Probenächten auf dem Hochsitz, pachtete ich sie; vor allem wohl, weil mir diese Stunden ein neues Verhältnis zur Natur vermittelten, das von dem des Spaziergängers oder dem des Waldläufers denkbar verschieden war; jene nämlich sind immer Eindringlinge, während der Jäger im Idealfalle sich als Teil der Natur selber erlebt.

Bald wurde auch dies von Mißgünstigen gegen mich verwendet. Der fünfundzwanzigjährige Boxer als Jagdherr provozierte zahlreiche Neider. Sie warfen mir aristokratische Attitüden vor, meinten, ich wolle meine einfache Herkunft verleugnen. Saarow-Pieskow hatten sie noch hingenommen, meinen Umgang mit der Welt der Schriftsteller und Künstler mir schon offen verübelt. Aber die Jagd machte nun das Maß voll. Dahinter mochte auch die Verärgerung stehen, daß ich meine Karriere ganz auf Amerika gestellt hatte und in Deutschland allenfalls Schaukämpfe bestritt.

Mich überraschten diese Angriffe sehr. Denn ich hatte aus meiner Herkunft nie ein Hehl gemacht, gleichzeitig aber immer zu erkennen gegeben, daß ich sie hinter mir lassen wollte. Meiner Eltern und Vorfahren habe ich mich nie geschämt: ich war stolz auf meinen Vater, ich liebte meine Mutter. Aber ich habe nie eingesehen, warum mich das hindern sollte, etwas aus meinem Leben zu machen.

Was die Jagdleidenschaft angeht, so habe ich es immer als besonders absurd empfunden, wenn man einem Boxer daraus einen Vorwurf machte. Denn fast alle Eigenschaften, die er nötig hat, sind auch für den Jäger erforderlich; das gute Auge, die blitzschnelle Reaktion, die Treffsicherheit. In jedem richtigen Boxer steckt immer auch ein Gutteil Jagdinstinkt. Wenn die Lage es erfordert, muß man viele Runden abwarten können, um den Augenblick zu erfassen und energisch zu nutzen, der alles entscheidet.

Auch habe ich die Jagd nie als ein aristokratisches Vergnügen und Vorrecht empfunden; eher im Gegenteil. Wer immer durch den Wald geht, nimmt mit geschäftiger Aufmerksamkeit ein Knacken im Unterholz, eine flüchtige Bewegung zwischen den Stämmen, den Lärm eines auffliegenden Schwarms wahr. Unwillkürlich zeigt sich darin der Urjäger in uns allen. Und wer zur Jagd geht, sucht gerade nicht eine Position in der Gesellschaft, sondern macht den Schritt zurück in die Natur. Nie habe ich mich einfacher, nie weniger prominent gefühlt als auf dem Hochsitz.

Das Jahr endete mit einer heiteren Katastrophe. Anny Ondra und ich hatten uns zum Weihnachtsfest versprochen, keine Geschenke auszutauschen. Ganz wohl fühlte ich mich dabei nicht und zog wieder einmal den bewährten Damski zu Rate: ,Mußt du Kompromiß machen und ihr eine Kleinigkeit schenken', radebrechte er. Als mir nichts einfiel, wußte er Auskunft: ,Schenk' ihr einen Schal, den braucht man nicht zu probieren. Alles andere hat sie ja schon.' Das schien mir sehr vernünftig.

Heiligabend saßen wir in Saarow-Pieskow vor dem Weihnachtsbaum, und Anny Ondra eröffnete mir mit verschmitzter Miene, daß sie doch eine kleine Überraschung habe. Dann überreichte sie mir ein Päckchen, in dem sich ein kleines Etui befand. Als ich es öffnete, war ich verwirrt und beschämt. Auf schwerem Samt lag eine kostbare Platinuhr. In meiner Tasche steckte der Schal. Ich wagte nicht, ihn hervorzuziehen…

Es waren glutheiße Tage, und Anny und ich waren glücklich, die in der Hitze flimmernde Stadt verlassen zu können. Die nächsten vierzehn Tage wollten wir draußen in Saarow-Pieskow am See und in den Wäldern verbringen. Abends saßen wir vor dem Haus und ließen uns den kühlen Sommerwind ins Gesicht wehen.

Eines Tages, als wir vor der stechenden Sonne Schutz im Swimmingpool suchten, ballten sich über dem nahegelegenen Kiefernwäldchen schwere, schwefelfarbene Wolken zusammen, die sich

rasch ins Blauschwarze färbten... Während wir noch das Natur-
schauspiel verfolgten, fielen stoßweise heiße Böen ein, immer
wieder von Augenblicken totaler Windstille unterbrochen. Als
bald darauf die ersten schweren Tropfen fielen, eilte Anny zum
Haus hinüber und räumte die Tische ab, trug Decken und Kissen ins Haus. Ich selber blieb im Wasser und sah, wie über mir
die schwarzen Wolken heraufzogen, aus denen jäh die ersten
Blitze herniederfuhren.

Als Kinder hatten wir gern die Sekunden zwischen dem Blitz
und dem nachfolgenden Donner gezählt, um die Entfernung eines Gewitters zu bestimmen; gedankenverloren im Wasser plät-
schernd, gab ich mich auch jetzt solchen Rechenspielen hin. Plötzlich aber war alles um mich herum taghell erleuchtet, und im
gleichen Augenblick kam schon der Donner: ein trockenes, erst
knisterndes und dann betäubend anschwellendes Krachen. Als
ich aufblickte, sah ich aus dem strohgedeckten Giebel meter-
hoch die ersten Flammen zucken. Bevor ich noch, nach einer
lähmenden Schrecksekunde, aus dem Becken heraus war, stand
das halbe Dach in Flammen. Im gleichen Augenblick kam Anny
aus dem Haus gestürzt.

Es war keine Rede, den Brand zu löschen, der in Minuten-
schnelle um sich fraß. So stürzte ich hinein, um wenigstens zu
retten, was in der Eile greifbar war... Als ich zurückkam, stand
sie noch immer, panisch die Hände ringend, auf dem Rasen. ‚Laß'
doch! Die Sachen sind doch nichts wert! Mach' mich nicht un-
glücklich!' Als der schwere, brandige Qualm schon aus den Fenstern kam, und ich immer noch an der schreienden Anny vorbei
ins Haus lief, sank sie plötzlich mit einem schrillen ‚Max!' auf
den Lippen zu Boden... Wenig später stürzte der Dachstuhl in
sich zusammen. Kurz danach waren unsere Nachbarn zur Stelle:
Thorak, Luis Trenker und Harry Liedtke. Aber es war nichts
mehr zu löschen.

Erst am Abend, als Schreck und Spannung sich gelöst hatten,
gestand Anny, daß ihr Ohnmachtsanfall gespielt war. Für sie sollte der Verlust des Hauses, mit dem uns so viele persönliche Erinnerungen verbunden, nicht der einzige Schlag in diesen Tagen
sein."

Soweit der Bericht Max Schmelings über seine Zeit in Saarow-Pieskow. Er verkaufte danach das Grundstück und zog sich, nach der fatalen Niederlage gegen Joe Louis – die Weltmeisterschaftsrevanche war zum Kampf der überlegenen weißen gegen die minderwertige schwarze Rasse von der Nazipresse hochstilisiert worden und der Verlierer, Schmeling, nach einer halben Minute k. o. gegangen – bei den Nazis in Ungnade gefallen, auf ein Gut in Hinterpommern, wenige Kilometer vor der polnischen Grenze, zurück.

In einem Interview nach der Wende mit dem Sportjournalisten Gunnar Meinhardt (im Jahre 1993) wandte er sich ein letztes Mal Bad Saarow zu. Er wird gefragt, ob er nicht noch einmal die frühere DDR besuchen möchte. Gern hätte er seinen Geburtsort Klein-Luckow in der Uckermark besucht, natürlich auch Berlin.

„Ich möchte auch gern Bad Saarow besuchen, wo ich mit meiner Frau in der Künstlerkolonie ein Haus hatte, was durch Blitzschlag ausbrannte. Das 11000 Quadratmeter große Grundstück gehört mir, ich bin im Grundbuch eingetragen. Was ich damit machen werde, weiß ich noch nicht genau. Ich werde es sicher verkaufen und das Geld für einen guten Zweck stiften. Dann möchte ich auch noch gern nach Müncheberg in der Mark Brandenburg, wo ich jahrelang mein Jagdgebiet hatte."

* * *

Die Titel von Max Schmeling:
1928 Deutscher Meister im Schwergewicht
1930 Weltmeister im Schwergewicht
1939 Europameister im Schwergewicht

Von 70 Kämpfen hat er 56 gewonnen, 3 unentschieden geboxt, 10 verloren. Zu einem trat der Gegner nicht an.

Heinz Schröder

(geb. 1926)

Da war einer sechsundzwanzig Jahre lang Bürgermeister, und dann kommen eines Tages ein Zahnarzt und ein Bauingenieur seiner Gemeinde und ein Präparator aus der im Ort beheimateten Militärmedizinischen Akademie, fordern im „Namen des Volkes" den Schlüssel des Gemeindeamtes und schicken ihn nach Hause. Nach sechsundzwanzig Jahren redlicher Arbeit für die Gemeinde ein solcher Abschied, das schmerzt – auch wenn dann die Amtszeit ganz korrekt demokratisch zu Ende geht und alle Fraktionen der neu gewählten Gemeindevertretung ihm Dank sagen und Blumen bringen. Denn es gab kaum etwas in den sechsundzwanzig schwierigen Jahren, was man ihm hätte vorwerfen müssen – außer einigen Irrtümern sicher und mancher aus Ohnmacht gegenüber mächtigeren Instanzen getroffenen Entscheidung. Selbst die illegalen Aktionen, für die er einst derb gerügt worden war – der Straßenbau auf dem alten Bahndamm von Petersdorf nach Bad Saarow zum Beispiel –, waren zum Besten der Gemeinde getan. Er hatte sich mit wechselndem Erfolg gemüht, vielen zu nützen und möglichst keinem zu schaden; seine Gemeinde war während der sechsundzwanzig Jahre reicher geworden, er selbst hatte keine Reichtümer erworben.

Begonnen hatte er seine Amtszeit mit dem „Trabant"-Vorgänger „P-50". Heute erinnert er sich heiter, wie er sich einst schämte, als er 1966 beim entstehenden Campingplatz Saarow-Strand ankam, um eine französische Touristengruppe, die in modernen Wohnwagen gekommen war, zu begrüßen, und sie die blau-weiße Pappschachtel bestaunten, die der Dienstwagen eines Bürgermeisters sein wollte; 1989 fuhr er einen „Polski-Fiat". Und er wohnte noch immer in der Mietwohnung, in die er, nach fast zehnjährigem Amtieren von der Kreisstadt aus, 1973 endlich einziehen konnte. Da wohnt er auch heute noch – nun beinahe ein Jahrzehnt schon Rentner, von allen, die in den sechsundzwanzig Jahren seiner Amtszeit mit ihm zu tun hatten, geachtet, und noch immer um das Gemeindewohl besorgt. Doch das Triumvirat, das ihn ablöste, und von dem erst der Präparator, dann der Zahnarzt Bürgermeister wurden, hat ihn nie bei anstehenden Entscheidungen nach seiner Meinung gefragt, schon gar nicht nach einem Rat. Man übersah ihn und mied in der Öffentlichkeit seine Nähe – bis der Kurdirektor aus Bad Orb kam, um Bad Saarow zum Kurort voranzubringen. Der begrüßte ihn bei einer Veranstaltung demonstrativ und herzlich als Altbürgermeister.

Heinz Schröder hat Staatswissenschaft studiert. Ganz sicher war es nicht sein Traumziel, in einer 4000-Seelen-Gemeinde Bürgermeister zu werden. Doch sein Staat fragte 1964 die Absolventen nicht nach ihren Wünschen; man schickte sie dorthin, wo gerade wer gebraucht wurde, die Tüchtigsten in die schwierigsten Verhältnisse. Die gab es in Bad Saarow, das mit seiner Gründung ein Badeort hatte werden sollen und von Anfang an ein Ort der Zentralen Militärlazarette geworden war – erst für die Reichswehr, dann für die Wehrmacht, und nach dem Zweiten Weltkrieg für die Besatzungsarmee und bald auch für die neue Armee des neuen Staates. Denn der Ort sollte allmählich doch noch zu seiner ursprünglichen Bestimmung kommen, sollte ein Kurort werden, ein Bad der Werktätigen – freilich, ohne die Dominanz der militärischen Einrichtungen anzutasten. Und von Heinz Schröder erwartete man, daß er diese Symbiose von Armeestandort und Kurort zustande bringen würde. Er hat sich redlich bemüht, das Unmögliche möglich zu machen.

Aber auf den Weg zum heutigen Kurort hat er die Gemeinde ganz ohne Zweifel doch gebracht. Immerhin kamen in den letzten Jahren seiner Amtszeit auf die 4000 Bürger von Bad Saarow-Pieskow pro Saison rund eine Viertelmillion Gäste. Eine Zentralschule ist gebaut worden und Kindergärten und die Kaufhalle und das Gorki-Haus mit Bibliothek und Klub- und Ausstellungsräumen und die Strandpromenade; in Saarow-Strand ist das Neptun-Bad entstanden und der Campingplatz und die Strandgaststätte, die an Sommertagen bis zu zweitausend warme Mahlzeiten verkaufte; dazu ein Kino und die Kinder- und Jugend- und Betriebsferienlager und manches mehr. – Doch, was ist das alles schon in fünfundzwanzig Jahren, wird mancher sagen, im Verhältnis zu dem, was in den letzten fünf Jahren im Ort entstanden ist. – „Wenig, sehr wenig,", meint auch der Altbürgermeister, doch er lächelt versonnen dabei. „Gemessen am Möglichen, war es vielleicht so ganz wenig doch nicht." – Denn die ganz große Chance bekam Saarow erst, nachdem Heinz Schröder so plötzlich Rentner geworden war: Als aus dem Armeelazarett eine Klinik wurde und die Gemeinde das fast fünfzig Jahre durch die Sowjetarmee besetzte Zentrum des Ortes wiederbekam, als der Mann aus Bad Orb Bad Saarows Chance erkannte und sie zu nutzen verstand, und als die Gemeinde sich endlich mit großer Mehrheit einen jungen Bürgermeister gewählt hatte, ideenreich und tatenfreudig wie der zum Kurdirektor berufene Mann aus dem Westen, der einem abberufenen Bürgermeister aus dem Osten in schöner Selbstverständlichkeit öffentlich seinen Respekt vor dessen ein Vierteljahrhundert lange Amtszeit bekundete.

Helmut Preißler

Walter Schumann

(1933–1990)

Als ich 1978 in Neu Reichenwalde eine verkommene Bauern-
kate umbaute, half mir mit vielen Dingen ein freundlicher Nachbar, ein Gärtner offensichtlich. Sein Blumen- und Gemüsegarten war tipptopp, die Obstbäume richtig geschnitten, ein
Gewächshaus im Entstehen. Ab und zu brachte er eine Staude,
die er umsetzen mußte oder auch zwei Eiben, die heute noch
prächtig wachsen. Irgendwie kam er mir bekannt vor, doch
da ich kein besonderer Fan von Unterhaltungssendungen bin,
erinnerte ich mich erst spät, daß ich ihn schon einmal auf der
Bühne gesehen hatte, als Solist des Friedrichstadtballetts, noch
im alten Haus an der Schumannstraße.

Tänzer gingen in der DDR ab dem 35. Lebensjahr in die Rente, da es unmöglich war, den schweren Beruf noch weiter auszuüben. „Aha, ein Frührentner, der sich nicht umschulen läßt", dachte ich. Nein, er blieb im Beruf, eine Umschulung war nicht
erforderlich. Er war schon seit langem ein gefragter Choreograph.
Ich sah oft, daß er in der schönen Sommersonne, nur in der
Badehose, mit Kopfhörern am Tonband irgend etwas aufs Papier schrieb. „Für das Weihnachtsprogramm", erklärte er mir,
„so etwas wie ein Tanz der Schneeflöckchen."

Mit vierzehn Jahren hatte er in seinem heimatlichen Döbeln
die Gärtnerlehre begonnen, aber sofort nach der Gesellenprü-
fung Unterricht im klassischen Tanz genommen und neben seinem Beruf am Döbelner Stadttheater im Ballett mitgewirkt. Ab
1953 war er dann für zwei Spielzeiten in Zwickau engagiert, und
dort stellte er sich einem Vortanzen des Friedrichstadtpalastes,
das mit einem Vertrag als Gruppentänzer für ihn glücklich aus-
lief. Nachdem er in einer Choreographie von Jens Keith allein
mit zwanzig Damen auftreten mußte und diesen Part glänzend
bewältigte, bildete er bald mit Renate Tschenet ein bekanntes
Solopaar. In der Revue „Bon soir, Paris" tanzte er mit Linda Gloria
sehr erfolgreich, die ihm für Paris eine wunderbare Karriere vor-
aussagte, doch er ging weder nach Paris, noch nach New York,
wohin er ebenfalls gerufen wurde. Lieber in Berlin der Erste, als

in einer Weltstadt einer unter anderen, mag er gedacht haben. Nach einem erfolgreichen Gastspiel des ganzen Ensembles in Damaskus wirkte er mit am Aufbau eines Großvarietés in Leningrad, der „Music Hall". Er machte dort seine Choreographien bekannt und beriet die Kostümgestalter. Er selbst hätte dabei am meisten gelernt, meinte er.

Ein neuer Abschnitt begann 1963 mit seinem Wechsel in das neu aufgebaute Fernsehballett und einem Vertrag als Solist mit Choreographieverpflichtung. Von Anfang an schrieb er für das Tanzduo Susan und Emöke und gesellte sich oftmals als Solist dazu. So traten die beliebten Stars nicht nur im Fernsehen, sondern auch auf ungezählten Veranstaltungen auf, sie tanzten auf den großen Pressefesten, auf Arbeiterfestspielen, vor Urlaubern an der Ostsee. Die wichtigsten Tätigkeiten aber waren die großen Arbeiten für den „Kessel Buntes", die große Abendunterhaltung im DFF, eine Revue mit Artistik und Komik, in der das Ballett eine tragende Rolle spielte. Von Auftritt zu Auftritt wuchs unter dem Ballettmeister Günter Jätzlau die Perfektion der Truppe, und an ihrem Erfolg hatte Walter Schumann großen Anteil.

Mit vollem Recht bekamen er und seine Mitsolistinnen Emöke Pöstenyi und Susan Baker den Kunstpreis verliehen, eine hohe Auszeichnung, die nicht jeder bekam. Aber der eigentliche Ruhm bestand im Bekanntsein. Wo er auch auftrat, er war umlagert und muß Unmassen von Porträtkarten signiert und verteilt haben. Bei einer Fahrt nach Polen ging der Zöllner mit Autogramm und Walters Ausweis zum Vorgesetzten, und Schumann dachte schon an schwierige Kontrollen. Aber der Chef verlangte nur ein Autogramm, kam selber an das Wagenfenster und wünschte gute Fahrt.

Auf ein Gastspiel in Moskau nahm die Truppe einen Tanz mit, der nach dem Volkslied „Kalinka" von Schumann gestaltet war. Er sprach sich gegen eine Aufführung dort aus, denn die Damen waren durchaus nicht altmütterlich-russisch gekleidet, trugen kostbare Tschapki, und auch der Tanz wies in erheblichem Anteil „westliche" Anklänge auf, die Musik war verjazzt. Sein eigentliches Bedenken jedoch war, daß niemand den Hopak so tanzen konnte wie die Russen selbst. Wie würden die Deutschen im ballettomanen Rußland bestehen? Er wunderte sich noch lange darüber, daß das Publikum raste. Der anwesende Chruschtschow, der höchste Mann im Staate, kam auf die Bühne, bedankte sich und ließ die Tänzer noch einmal aus den Kulissen kommen, um persönlich die Truppe zu verstärken und seine eigenen Künste zu zeigen.

Im Jahre 1978 ging Walter Schumann in die Tänzerrente und verbrachte seine Zeit hauptsächlich in Neu Reichenwalde im Garten und am Arbeitstisch. Doch regelmäßig, wann immer er nur konnte, ging er nach Marienhöhe, um der dortigen Hofgemeinschaft in ihrem Garten zu helfen, wo er aus den wunderbaren Sommerblumen geschmackvolle Sträuße band und vor die Saarower Kaufhalle fuhr, um sie dort den begeisterten Hausfrauen anzubieten. Die Einnahmen waren für die Hofwirtschaft von erheblicher Bedeutung. Wenn es so etwas gäbe wie einen Ehrenkranz des Hofes Marienhöhe, dann wäre er bestimmt Walter Schumann verliehen worden.

Mit dem Ort war er auf vielfache Weise verbunden. In einem Gärtnerverein wirkte er als Schriftführer, das Saarower Männerballett brachte er zum Schwitzen, als es die ersten Figuren für seine umjubelten Faschingsauftritte einübte, er kam angeregt und heiter von diesen Abenden zurück. Unvergessen aber wird den Dorfbewohnern ein Sportfest bleiben, auf dem Emöke, Walter und Susan auftraten, Monika Unferferth die Ansage übernommen hatte und Gabi Seyfert, die Eiskunstläuferin, die Auszeichnungen verteilte. Organisiert hatte diese für ein Dorf wohl seltene Veranstaltung natürlich Walter Schumann. Sicher nicht ganz uneigennützig, denn man raunte, Bürgermeister Wanzl hätte für den Fall, daß die Veranstaltung zustande käme, das beschleunigte Verlegen der Wasserleitung in Neu Reichenwalde in Aussicht gestellt. Ob das Gerücht stimmte, dazu hat sich keiner der Beteiligten geäußert. Jedenfalls kam die Wassertruppe zum Karfreitag 1978 und brachte das kühle Naß aus der Zentralleitung. Auch in der DDR hatten freundliche Gesten oft mehr Erfolg als barsche Kommandos.

Im gleichen Jahr fuhr er mit dem Fernsehballett nach Havanna, um dort während der Weltfestspiele aufzutreten. Aus diesem Besuch ergab sich eine dauerhafte enge Zusammenarbeit mit den kubanischen Kollegen. Gegenseitige Arbeitsbesuche waren die

Folge. Im Jahr 1988 war er noch einmal mit dem Ballett dort und brachte einen Auftrag mit, für das kubanische Ballett zu schreiben. Für den April 1990 war der Arbeitsbeginn in Havanna angesetzt. Doch dazu kam es nicht mehr. Das überlastete Herz brach.

An einem unwirtlichen Wintertag versammelte sich sein Ballett, viele Nachbarn und Einwohner aus dem Ort, seine Freunde aus dem DFF vor seinem Haus. Der Sarg kam, und eine lange, lange Prozession setzte sich durch die Felder zu dem kleinen Dorffriedhof in Bewegung, einen Mann zu begraben, der viele Freunde hatte, vielen Menschen Freude brachte und wohl keine Feinde kannte.

Sporting Club

Bereits der erste, 1909 für die damalige „Villenkolonie Schar-
mützelsee-Nord" veröffentlichte Prospekt des aufblühenden Ortes vermerkt: „Bei Einrichtung des Sportplatzes wird auf Anlage
guter fester Tennisplätze mit größter englischer Abmessung besonderer Wert gelegt." Man sieht, der Bau des ersten Tennisplat-
zes in Saarow war bereits ein Beitrag zur Vermarktung des Ortes. Sonst hätten ja ganz normale Tennisplätze gereicht. Aber
nein, sie waren nicht nur gut, sondern auch gleich fest – durchaus nicht selbstverständlich bei einer neuen Anlage – und vom
Allerfeinsten, was die Ausmaße anging.

Diese Kombination, Sport und Sportstätten auch als Instrument der Vermarktung des Kurortes zu betrachten, ist bis heute
beibehalten worden, mit Erfolg. Das hat dazu geführt, daß Bad
Saarow heute über Sportanlagen verfügt, die ihresgleichen in Europa suchen. 16 Tennisplätze zieren die Anlage des Sporting Club
Berlin in Bad Saarow, davon zwei Rasenplätze, die es sonst im
ganzen Osten nicht gibt. Die Golfanlagen gehören zu den fein-
sten in Europa, der absoluten Spitze in Deutschland. Durchaus
nicht selbstverständlich in einem 4000-Seelen-Ort.

Die ersten Tennisplätze waren nach der Unterbrechung der
Entwicklung Bad Saarows durch Ersten Weltkrieg und Inflation
bald fester Bestandteil des Sportlebens. „Eine Minute Weges führt
von der Strandpromenade zu den am Waldrand sauber angelegten Tennisplätzen, auf denen während der Saison ein bewährter
Tennislehrer die Jünger des weißen Sports unterrichtet", berichtet der Kurprospekt von 1931.

Bereits ein Jahr früher, nämlich 1930, fand das erste große
Bäderturnier in Bad Saarow statt. „In engem und freundschaftli-
chem Einvernehmen mit dem Lawn Tennis Turnier Club ‚Rot-
Weiß' Berlin-Grunewald" wurde dieser Wettbewerb zu einer fe-
sten Größe im Veranstaltungskalender von Bad Saarow. Für die
Turniere konnten bekannte deutsche Tennisspielerinnen und -
spieler verpflichtet werden, unter anderem auch Gottfried von
Cramm. Hierzu schrieb die „Neue Preußische Kreuzzeitung":

„In die Reihe der Bäderturniere tritt nun auch Bad Saarow, dieses landschaftlich so köstliche Badestädtchen an der östlichen Fernstrecke. ‚Rot-Weiß‘ brachte es fertig, trotz der großen Konkurrenz seine Turniercracks fast vollzählig nach Bad Saarow zu bugsieren. Man bedenke: Zu gleicher Zeit locken ein weiteres halbes Dutzend Turniere, und unsere sonst so auswahlfreudige Turnierklasse, die sich nach dem Berliner Prestigeturnieren sofort in alle Winde verstreut, wo es etwas zu gewinnen gibt, hat diesmal keine Seitensprünge gemacht."

Bei „Rot-Weiß" spielten seinerzeit neben dem jungen v. Cramm Größen wie Cilly Aussem, Henner Henkel und Hanne Nüsslein: Namen, die das tennisbegeisterte Publikum in Scharen an die Seitenlinien der vielen Sommerturniere lockte.

Die Spieler rollten vielfach in einer Kolonne schwerer Maybach- und Mercedeswagen über die Landstraßen in die Mark, genossen ihren Sport, kassierten vermutlich zum Verdruß der ortsansässigen Tennisspieler die Preise und freuten sich auf den Tanztee auf der viel gepriesenen Seeterrasse des Hotels Esplanade.

Die Verbindung zwischen dem LTTC „Rot-Weiß" Berlin und Bad Saarow hat das Nachkriegsinterregnum überdauert. Zwischen dem in Bad Saarow ansässigen Sporting Club Berlin und dem LTTC gibt es eine Kooperationsvereinbarung, die es den Mitgliedern beider Clubs erlaubt, die Anlagen des jeweiligen Partnerclubs zu nutzen. Darüber hinaus wird der Sporting Club Berlin ab dem Jahr 2000 die Qualifikation für die Internationalen Deutschen Damen Meisterschaften durchführen; jener Veranstaltung, die mit Abstand in Berlin den höchsten gesellschaftlichen und sportlichen Stellenwert einnimmt. Steffi Graf, Mitglied im LTTC, hat das Berliner Turnier sage und schreibe neunmal gewonnen.

Seit dem sportlichen Wiedererwachen Bad Saarows nach dem Abzug der Sowjets im Jahr 1994 richtete Bad Saarow bereits 1996 wieder ein erstes großes Tennisturnier aus: Karl-Uwe Steeb, Boris Beckers Kapitän der deutschen Davispokal-Mannschaft, hatte einen seiner letzten großen Auftritte vor deutschem Publikum in einem hinreißenden Match gegen den Franzosen Henri Leconte auf dem neuen Center Court des Sporting Club Berlin.

Bereits im selben Jahr veranstaltete der Sporting Club ein ATP-Turnier der Challenger Serie, das bekannte Nachwuchsspieler nach Bad Saarow brachte: der Sieger, Magnus Norman, spielt inzwischen in der Davispokal-Mannschaft Schwedens; die deutschen Jens Knippschild und Rainer Schüttler sind bereits unter den ersten 100 der ATP-Weltrangliste etabliert. Der Franzose Santoro steht auf dem Sprung unter die Top 20 der Weltrangliste.

Das Turnier spielte auch der Amerikaner Jeff Tarrango mit, der in der Tennisszene in erster Linie durch den Auftritt seiner Frau in Wimbledon für Aufsehen sorgte, als sie dort einen Schiedsrichter ohrfeigte und ihrem Mann damit eine längere Sperre einbrachte. In Bad Saarow hielt sich der Amerikaner an bekannte Verhaltensmuster.

ATP-Turnier Supervisor Rudi Berger und Turnierdirektor Peter Hesse verfolgten das Halbfinalmatch Tarrangos. Als sich abzeichnete, daß er das Spiel verlieren würde, war der anschließende Auftritt des Hitzkopfes abzusehen. Man schloß eine Wette über die Dauer des Auftritts ab, die dem erfahrenen Rudi Berger eine Flasche Sekt einbrachte; über eine halbe Stunde wetterte der mürrische und aufgeregte Verlierer – die Sonne stand falsch, sein Match war zu früh angesetzt, die Plätze zu stark gewässert worden und damit zu langsam, als Linkshänder war er vom Sonnenstand benachteiligt usw. Erst als das Gespräch auf seinen bei einer Party am Vorabend verlorenen Ehering gebracht wurde, zog der Hitzkopf etwas kleinlaut von dannen.

Am Finaltag wurde dann im Beisein von Axel Schulz unter den Ballkindern der Sieger einer Reise in das Tennis Camp Nick Bollettieris in Florida ausgelost. Seit dieser Zeit ziert ein gemeinsames Foto der beiden das Zimmer von Markus Thiem.

Vom Golfsport gibt es keine Berichte über größere Turniere aus den Gründerjahren in den 30ern. So fanden zwar im Juli 1931 während der Festwoche Bad Saarows auch Sommergolfwettspiele statt, doch man war lieber unter sich, und große Turniere blieben der neueren Entwicklung in Bad Saarow vorbehalten. Mehr dazu später.

Der Golfplatz befand sich in ansprechender Lage zwischen der Bahnlinie am Westufer des Scharmützelsees – übrigens mit eigenem Haltepunkt, Saarow Golf- und dem Hindenburg-Damm, heute Friedrich-Engels-Damm. Der bekannte Gartenarchitekt Richard Ludwig Lesser schrieb seinerzeit dazu: „...eine Golfanlage, die an behaglicher Intimität seinesgleichen um Berlin nicht hat!"

Der Platz wurde zu DDR-Zeiten mit einem Erholungsheim bebaut und ist nicht mehr erkennbar. Das Clubhaus erstrahlt aber inzwischen in neuem Glanz, nachdem der Eigentümer des Geländes, die Familie Pepper aus Berlin, übrigens Besitzer des Europa-Centers, sich dort am Scharmützelsee eingerichtet hat.

Aus den Gründerjahren existiert ein Bild von Max Schmeling beim Golfschwung. Aber der Boxweltmeister hält den Schläger eher linkisch, vernachlässigt den Schultereinsatz und erweckt den Eindruck, daß er lieber Joe Lewis gegenüberstehen würde.

Von Winston Churchill existiert ebenfalls ein Bild mit Golfschläger in der Hand, das manche Bad Saarow zuordnen. Aber abgesehen davon, daß ein Besuch Churchills in Saarow nicht gesichert ist, wird Churchill in England immer noch als ein außerordentlich unsportlicher Premier dargestellt, der Sport zugunsten seiner geliebten Zigarren kategorisch als schädlich abgelehnt hat.

Aber die Größen der Film- und Kulturszene Berlins, die die sogenannte Sommerfrische in Bad Saarow genossen, waren auch gerne Gast in dem schmucken Golf Clubhaus mit seiner gepflegten Terrasse. Käthe Dorsch, Anny Ondra, Gustav Fröhlich ließen sich ebenso gerne sehen wie Harry Liedtke und Gefolge. Es gibt hübsche Aufnahmen von dem fröhlichen Treiben dort, die das gesellschaftliche Ambiente der Anlage aus jener Zeit erahnen lassen. Nachempfinden kann man Letzteres inzwischen ohne Einschränkungen auf der spektakulären Seeterrasse des Kempinski Hotel Sporting Club Berlin. Auch stehen die heutigen edlen kulinarischen Begleitveranstaltungen der Golfturniere in hohem Kurs bei den Berlinern, zunehmend bei den Gästen aus aller Welt. Höhepunkt dieser Entwicklung wird die Mannschafts-Weltmeisterschaft der Amateurgolfer im Jahr 2000 in Bad Saarow, zu der bereits über 60 Nationalmannschaften ihre Teilnahme zugesagt haben.

Die beiden fertiggestellten Golfplätze sind meisterlich von

zwei sehr unterschiedlichen Experten erstellt worden. Der ältere Bonvivant, Arnold Palmer, die Golflegende aus Amerika, vergleichbar nur mit Max Schmelings nicht versiegender Popularität, hat seinen Platz mit riesigen Greens, verführerischen Fairways großzügig in die existierende alte Waldlandschaft eingepaßt; das Ergebnis verzaubert immer wieder die Besucher der Anlage.

Der frühere Weltmeister, Nick Faldo, asketischer Purist, hat seinen Platz als strenge golferische Herausforderung konzipiert. Man fühlt sich auf einen windigen Küstenplatz im Mutterland des Golfsports, Schottland, versetzt. Und wenn dann die Bedingungen so sind wie oftmals im rauhen Schottland – vor allem mit Wind! –, ist eine Runde in Par schon etwas ganz Besonderes. Das zeigen auch die Ergebnisse der hochkarätigen Golfturniere, die auf dem Faldo Platz inzwischen ausgetragen wurden.

Zur Eröffnung waren Faldo, Cjeika, Parvenik und Langer zum Grand Match – einem Skins für die Fachleute – angereist. Langer unterhielt vor dem Match mit seinem gekonnten Schlagrepertoire auf der Range ein großes Publikum.

Im Match selbst kam es dann noch besser. Faldo schlug seinen allerersten Ball auf seinem(!) Platz sogleich ins Rough; er war schier unauffindbar, ein Schicksal, das er mit vielen Golfern nach ihm auf seinem Platz inzwischen teilt. Cjeika spielte abwechselnd genial und dann wieder unkonzentriert, so daß es dem gleichmäßig aufspielenden Langer vorbehalten war, mit einer 68er-Runde den ersten Platzrekord aufzustellen und das Preisgeld mitzunehmen.

Bei den ersten Internationalen Deutschen Meisterschaften 1998 auf dem Faldo Platz spielte Langer zwar auch wieder eine 68, ging aber auch mit einigen schlechteren Runden vom Platz, so daß er „nur" auf einem für das zahlreiche Publikum enttäuschenden 13. Platz landete. Langer ereilte sein persönliches kleines Waterloo in einem der gefürchteten Sandhindernisse auf dem Faldo Platz: Er landete im tiefen Bunker am neunten Loch am Grün. Der Ball lag tief im Sand; Langer traf den Ball nicht voll, er blieb am Bunkerrand hängen. Ein Seufzer des Publikums drang an Langers Ohr, ein strenger Blick vor dem nächsten Versuch und, wie es die Golfgötter nun mal gelegentlich vorgeben, Langer traf wieder falsch, und der Ball flog mit flacher Flugbahn statt hoch aus dem Bunker viel zu weit, und das Unheil nahm seinen Lauf. Spätestens an diesem Loch hat Langer das Turnier verloren.

Der Platzrekord wurde inzwischen auf 66 verbessert und wird von einem Schotten, namens McKenzie, gehalten.

Langer ist übrigens vertraglich verpflichtet, den dritten Golfplatz auf dem Gelände des Sporting Club Berlin in Bad Saarow zu gestalten. Man darf auf das Ergebnis gespannt sein, denn das vorgesehene Gelände bietet vielfältige Möglichkeiten, dem Golfer einiges abzuverlangen, und Langer plant bekanntlich gerne mit viel Wasser!

Peter Hesse

Doris Thalmer
(1908–1998)

Für die eingeborenen Saarower gehörte sie zur Landschaft. Mit ihrem Pudel an der Leine genoß sie die warme Sonne bei einem Spaziergang auf der Dorfstraße, oder man traf sie auf dem Weg zum Waldfriedhof, in den letzten Jahren immer häufiger. Ihr Leben gehörte zu den schwierigen Schicksalen in unserem Jahrhundert, und dabei waren doch alle Voraussetzungen gegeben, in ihrem früh gewählten, geliebten Beruf erfolgreich und glücklich zu sein. Ihr Vater, ein Bankier, erlaubte ihr, schon mit fünfzehn Jahren, als Elevin ans Theater zu gehen. Albert Bassermann war ihr verehrter Schauspiellehrer, sie arbeitete bei Heinrich Greif und Erwin Piscator, und auch im Filmgeschäft hatte sie Ende der zwanziger Jahre bereits Fuß gefaßt. An der Seite von Dorothea Wieck und Herta Thiele erweckte sie erste Aufmerksamkeit in dem Streifen „Mädchen in Uniform".

Die so günstig angelaufene Karriere wurde mit der Machtergreifung durch die Nazis jäh unterbrochen. Doris Thalmer war „Halbjüdin". In einer gewissen politischen Naivität dachte sie daran, weiterhin mit dem Film in Verbindung zu bleiben, indem sie das in Familienbesitz befindliche Kino „Die Kurbel" in der Berliner Sybelstraße weiterbetrieb und in Saßnitz auf Rügen ein Kino, die „Rio-Lichtspiele", pachtete. Dort begann das Kesseltreiben gegen den ‚nichtarischen Betrieb' zuerst. Den Wehrmachtsangehörigen und den Mitgliedern der Naziorganisationen wurde verboten, das Filmtheater zu betreten. Ein klassischer Fall von politischem Boykott. So lag die Hoffnung auf der „Kurbel", die Betreiber hatten sich die deutschen Erstaufführungsrechte von „Paramount" und anderen amerikanischen Gesellschaften gesichert. Aber was half das, wenn die Reichsfilmkammer in ihrem Entjudungswahn für den Betreiber eines Kinos den Nachweis rein arischer Abstammung verlangte?

Nach der Pogromnacht am 9. November 1938 zog sie mit ihrem Ehemann Heinz Grabley auf das Land, in ein brandenburgisches Dorf in der Nähe von Rheinsberg. Die beiden hatten im Jahre 1935 geheiratet, für den Ehemann auch eine klare Haltung gegen die Nürnberger Gesetze. Es gab eben auch das Gegenteil zu der Handlungsweise eines Thorak. Sie beide verdienten ihr Brot mit schwerer körperlicher Arbeit in der Landwirtschaft, immer unter dem Druck der Angst, wie viele ihrer Verwandten verhaftet und nach Theresienstadt deportiert zu werden. Aber Doris war bei Kriegsende wohl noch nicht an der Reihe auf den Todeslisten des Eichmann und Konsorten. So überlebte sie die zwölf gestohlenen Jahre.

Der große kulturelle Hunger führte nach der Befreiung 1945 zur Gründung zahlreicher Wanderbühnen, und diese gaben ihr nun endlich Gelegenheit, den geliebten Beruf auszuüben. Bald meldeten sich auch feste Theater. Sie erhielt Engagements am Hans-Otto-Theater, dem heutigen Maxim Gorki Theater, an der Volksbühne am Rosa-Luxemburg-Platz, sie arbeitete zeitweise an den Landesbühnen Dresden, und bald schon holte man sie an die Staatliche Schauspielschule Berlin, die heute den Namen von Ernst Busch trägt. Dann engagierte sie Helene Weigel im Jahre 1964 an das Berliner Ensemble, wo sie bis ins hohe Alter in vielen Rollen auf der berühmten Bühne stand. Mit fünfundachtzig Jahren feierte sie und mit ihr das Ensemble ihr 70jähriges Bühnenjubiläum.

Unter ihren Gästen mögen viele Schüler gewesen sein. Jeder Schauspielschüler kannte sie und bemühte sich, bei ihr zu hören oder auch nur zu hospitieren. „Es gibt keine kleinen Rollen, es gibt nur gute oder schlechte Schauspieler", war einer ihrer stehenden Lehrsätze. Dieses Berufsethos vermittelte sie einer ganzen Generation von jungen Frauen und Männern als Grundlage des Wirkens auf der Bühne. Das perfekte Handwerkszeug war dann das zweite Standbein schauspielerischer Existenz.

Ob sie ein wenig stolz war, so berühmte Namen unter ihren Schülern gehabt zu haben, die heute das Theater- und Filmleben mitbestimmen, und von der Solidität auch der Arbeit ihrer verehrten Lehrerin sprechen? So Katharina Thalbach, Johanna Schall, Franziska Troegner, Armin Mueller-Stahl, Arno Wischnewsky und Manfred Krug. Bei allen, mit denen sie arbeitete, kam es ihr allein auf das Talent an. Wieviel Leuten, die hinter dem Vorhang wirkten, die als Bühnenarbeiter ans Theater gekommen sind, hat sie unentgeltlich Unterricht gegeben, und so mancher Beleuchter oder der sprichwörtliche Kulissenschieber ist durch sie ein guter Schauspieler geworden.

Der Theaterwissenschaftler Hans-Dieter Schütt schrieb in einem Nachruf zu ihrem Ableben die treffenden Worte: „Diese kleine, federnd-agile Frau hat Generationen junger Schauspieler Liebe und Ethos des Bühnenberufes gelehrt, privat und an der Schule in Berlin. Sie hatte das Herz einer Lehrerin: Sie besaß die selten gewordene Fähigkeit, sich glücklich zu fühlen im Erfolg ihrer Schüler. Leuchten im Schatten anderer, das kann eine große Lebensleistung sein."

Peter Grabley

Theresienhof

Ungefähr gegenüber dem Eibenhof liegt in Pieskow der Theresienhof, ein Anwesen von Bedeutung und wechselndem Schicksal. Den Namen hat das heutige Hotel von der zu ihrer Zeit berühmten, ja vergötterten Kunstreiterin Therese Renz. Zu Zeiten der DDR war der Theresienhof ein Erholungs-, Ferien- und Bildungsheim des Berliner Verlages, dem ein Kinderferienlager angeschlossen war. Jeder Besucher des Heims erhielt bei seiner Ankunft ein kleines Heftchen, in dem auf die Besonderheiten und Schönheiten der Landschaft aufmerksam gemacht wurde, Wanderwege wurden empfohlen, und in dieser Handreichung war auch ein kurzer Abriß der Geschichte des Theresienhofes, dem wir die nachfolgende Übersicht entnehmen:

Ursprünglich stand anstelle der heutigen Gebäude von Theresienhof eine kleine Wassermühle, in der die Bauern der näheren Umgebung ihr Getreide mahlen ließen. Die Karpfenteiche hinter dem Hauptgebäude dienten damals der Mühle als Staubecken.

Der „Hunderttagekaiser" Friedrich III. wurde auf den landschaftlich reizend gelegenen Besitz aufmerksam, erwarb ihn und ließ die Gebäude zu einem kleinen Schlößchen umgestalten. Er machte es dann der berühmten Kunstreiterin Therese Renz zum Geschenk. So erhielt das Fleckchen seinen Namen. Der Gatte von Therese Renz, geborene Stark, war der Kunstreiter Robert Renz, der Neffe des bekannten Zirkusbesitzers Ernst Renz. Dessen Unternehmen war vor dem Ersten Weltkrieg unter dem Namen „Zirkus Schumann" (später Friedrichstadtpalast) durch seine glanzvollen Wasserpantomimen nicht nur bei den Berlinern sehr beliebt. Therese trat noch als Siebzigjährige im „Wintergarten" auf. Im Jahre 1938 wurde sie zu Grabe getragen. Künstler und Mitarbeiter in ihren farbigen Kostümen und die Musikchöre aller in Berlin anwesenden Zirkusunternehmungen gaben ihr das letzte Geleit zu ihrer Ruhestätte auf dem Hedwigsfriedhof in der Liesenstraße im Berliner Norden.

In den Jahren 1904/05 ging der Theresienhof in das Eigentum

des Porzellanfabrikanten Schomburg aus Teltow über. Er machte sich durch rauschende Feste einen Namen. Während einer Reise der Hausherrin, einer Schwedin, ließ Schomburg in der Rekordzeit von sechs Wochen ihr eine ihrer Heimat entsprechende Wohnstatt erbauen, das sogenannte Schwedenhaus.

Kurz vor Ausbruch des Ersten Weltkrieges erwarb der Gewerkskrankenverein für 200 000 Mark das Gelände und verwandelte den Herrensitz Theresienhof in eine Erholungsstätte für seine Mitglieder.

Im „Tausendjährigen Reich" brachte im Jahre 1937 der „Reichsinnungsverband des Bäckerhandwerks" Theresienhof in seinen Besitz. Die umfangreichen Kosten für die Erneuerung und Erweiterung der Gebäude mußten die Kunden der Bäcker, also die Bevölkerung, aufbringen. Man erfand den „Hefepfennig". Vielleicht weiß noch mancher davon. Dem Heim wurde eine Bäckerfachschule angeschlossen, in der es zeitgemäß, d.h., recht „zackig" zuging. Es kam den Machthabern auf eine gute nazistische „Ausrichtung" der Bäckerlehrlinge und Gesellen an.

Dann kam 1939 der Hitlerkrieg. Die jungen Bäcker holte man zum Marsch ins Massengrab, mancher kehrte verstümmelt heim. Theresienhof wurde Lazarett. Ein Teil des Oskar-Helene-Heims wurde 1942 von Berlin-Dahlem nach Theresienhof verlagert, arme Opfer des Hitlerwahns, die beide Hände verloren hatten, fanden hier Aufnahme. Während des Krieges belegten aber auch Nazi-Oberbonzen des Reichsinnungsverbandes sowie ihre Partei- und Geschäftsfreunde, die mit der Bäckerei absolut nichts zu tun hatten, prächtige Wohnungen. Für sie war Theresienhof herrliches Ausweichquartier, und bei Wein und Sekt fühlte man sich hier wohler als im bombengefährdeten Berlin.

Als das Ende nahte und die Sowjetarmee an die Tore Berlins klopfte, hatte auch die Nazi-Prominenz und das kurzfristig in Saarow-Pieskow untergebrachte hitlerische Oberkommando der Wehrmacht die Ortschaften geräumt. Theresienhof nahm für kurze Zeit Truppen der Sowjetarmee auf, im Gefolge deren Sieges auch die Eigentumsverhältnisse geändert wurden. Theresienhof wurde Volkseigentum und dem Verlag als Ferien- und Erholungsheim zur Nutzung übergeben.

Die Folgen des nazistischen Raubkrieges waren am Theresienhof mit seinen Gebäuden und Einrichtungen nicht spurlos vorübergegangen. Die Land- und Viehwirtschaft wurde 1958 vom Berliner Verlag einer neu gegründeten LPG (Landwirtschaftliche Produktionsgenossenschaft) übergeben. Wohl wenige konnten sich in den ersten Nachkriegsjahren vorstellen, daß aus diesem „Erbe" einmal ein schönes Ferienheim werden könnte, wie es sich heute zeigt. Gewiß, es war nicht leicht. Viel Mühe und Arbeit waren notwendig, um alle Schäden zu beseitigen und Voraussetzungen für einen angenehmen Ferienaufenthalt zu schaffen. Jahr um Jahr kamen wir ein Stück voran. Die größten Schwierigkeiten haben wir längst überwunden. Das Ferienheim sollte zu einem Kleinod am schönen Scharmützelsee werden.

Zum Theresienhof muß man aber auch unser zweckmäßig eingerichtetes Kinderheim zählen, zu dem, in Richtung Pieskow, am ehemaligen Harry-Liedtke-Park vorbei, ein angenehmer, schattiger Tannenweg führt. Nicht nur im Sommer, sondern auch im Winter, werden hier in gesunder Umgebung Kinder von Kollegen liebevoll betreut. Das Heim wurde während der Inflationszeit von einem finanzkräftigen Bauherrn als Sommersitz errichtet, es gehört zur ehemaligen Künstlerkolonie Meckerndorf.

Ein Journalist, der sich mit seinem Pseudonym „Paule Panke" nannte, wurde in einer fröhlichen Runde von den anderen Feriengästen, meistens Kollegen und ihren Familienmitgliedern, gebeten, sich als Schnelldichter zu beweisen. Er zog sich ein paar Minuten zurück und kam mit folgendem Gedicht wieder:

Über den Wellen

Der eene braucht for seine Ferjen
fünfhundat Kilometa Fahrt
und dreiundzwanzich Fahrplanserjen
und Reiseführer jeda Art.
Und unentwejt bei allen Wettern
nimmt er den Krückstock in die Hand,
er muß auf alle Berje klettern
und kiekt von oben uff det Land.

Der andre will sich an die Küste
in Dünensand lang niederhaun
und meint: Zum richtjen Schönsein müßte
man werden renommierrotbraun.
Und sowat kann man sich nur koofen
am Wassa, det man Ostsee heißt;
und jeht er in Berlin denn schwoofen,
sieht jedermann: der war verreist.

Mir is det allet „tout mäm chose",
ob Heringsdorf, ob Hahnenklee,
bei mir tut's ooch ne Badehose,
een Boot und der Scharmützelsee.
Mein Boot is weiß mit blaue Streifen,
et heißt janz einfach „Numma drei",
doch fahr ick damit jroße Schleifen
und schneid' die Wellen mit entzwei.

Det is een Wippen und een Wiejen,
een dolla, nassa Wassaschwoof –
und fern an't Ufer sieht man liegen,
idyllisch schön – Theresienhof!
Dahin zieht et mir stets zurücke,
so wie zu Muttan jedet Kind,
wo ick zu meinem jroßen Jlücke
Jeborgenheit und Ruhe find!

Et stimmt, det wird man leicht bejreifen,
is man ooch erst sechs Tage da:
Wozu denn in die Ferne schweifen,
det Jute liejt doch meist so nah.
Und wie jesagt: 'ne lange Reise,
die brauch ick nich, um wat zu sehn,
ick liebe unsere Mark, ick preise
det Fleckchen Land, denn det is schön.

Josef Thorak
(1889–1952)

Der Bildhauer machte seinen Aufstieg mit der Hitlerherrschaft. Seine Vorliebe für Männer mit überstarkem Muskelbau, überlebensgroß für Straßen und Plätze konzipiert, prädestinierte ihn dazu. Man staunte über diese Kolosse, war aber von den Figuren nicht ergriffen. Sie blieben kalt und letztlich unmenschlich. Die Ursache für diese Unwirkung war das falsche Pathos, in dem die Naziideologie vom Übermenschen verkörpert werden sollte. Es wurde erwartet, daß sie eine „gesunde Erotik" ausstrahlen sollte, die der Züchtung von nordischen Menschen in den NS-Ordensburgen und im „Lebensborn" entsprach. Ein Atelier von gewaltigen Ausmaßen in Oberbayern wurde auf Befehl von Hitler gebaut, so daß er Figuren bis zu 16 Meter Höhe dort aufrichten konnte. Sie waren für die Siegesgebäude und -plätze in Berlin und für die Autobahnen bestimmt. Der cäsarische Größenwahn Hitlers fand in ihm einen gefälligen und beflissenen Diener. Dafür bedankte er sich mit einer Büste von Hitler, deren Abgüsse zahlreich in öffentlichen Räumen das offizielle künstlerische Bild des Führers formten.

Nach dem Krieg arbeitete er weiter, da er von der Entnazifizierungskommission als unbelastet eingestuft wurde, nunmehr für die katholische Kirche.

In Bad Saarow bewohnte er ein charakteristisches Haus. Sein Nachbar, Max Schmeling, berichtet über diesen Mann:

„Thorak war ein Tiroler wie er im Buche steht. Er hatte ein zerfurchtes, großflächiges Gesicht, und sein silbergraues Haar stand wie eine Löwenmähne über seinem Kopf. Obwohl er immer in Geldverlegenheit war und sich oft mit allerlei Töpferarbeiten und Schnitzereien über Wasser halten mußte, führte er ein überaus gastfreundliches Haus. Eine Anzahl von Gönnern finanzierten ihm nicht nur seine Genüsse, sondern gab ihm auch immer wieder neue Vorschüsse.

Ich erinnere mich noch an eines dieser Schlachtfeste. Aus dem Nachbardorf war ein Metzger herübergekommen und hatte eine Wurstsuppe für die Gesellschaft zubereitet. Käthe Dorsch und

Eugen Kloepfer waren aus Berlin angereist, und natürlich war auch die ganze Kolonie anwesend. Doch bald schon stellte jeder seinen Teller beiseite, das wäßrig graue Gebräu stellte sich als gänzlich ungenießbar heraus.

Frau Thorak war verzweifelt und rief den Schlachter an, der ein paar Minuten später zur Stelle war: ‚Was, um Himmels willen‘, fragte er entgeistert, ‚haben Sie denn Ihren Gästen vorgesetzt?‘ In der Küche zeigte er auf den ungeöffneten Topf mit Wurstsuppe. Thorak hatte die Töpfe vertauscht und statt der Suppe das Spülwasser serviert.

Einige Zeit vor dem Brand war die Frau unseres Gärtners auf dem Fahrrad über den Feldweg gekommen, um im Garten nach dem Rechten zu sehen. An diesem Tage war sie sichtlich verstört: ‚Mein Gott!‘ sagte sie, unwillkürlich leise sprechend, ‚was ist denn hier los?‘ Es stellte sich heraus, daß das Gelände in der Nacht von der Gestapo umstellt worden war. Wie sich ergab, galt die Aktion unserem Freunde Josef Thorak.

Thorak hatte nach dem frühen Tod seiner ersten Frau schon bald wieder geheiratet. Obwohl man allgemein ein wenig befremdet war, daß er nicht einmal das Trauerjahr abgewartet hatte, war doch jedermann beeindruckt, als der Künstler seine zweite Frau vorstellte. Die neue Frau Thorak stammte aus einer alten jüdischen Familie und war nicht nur eine reizvolle Erscheinung, sondern auch eine hervorragende Köchin, deren Kaiserschmarrn bald weit über Saarow-Pieskow hinaus berühmt war. Hochgebildet, beherrschte sie ein halbes Dutzend Sprachen akzentfrei. Bei der Machtübernahme hatte sie früher als wir alle gesehen, wohin die Dinge trieben. Schon bald hatte sie ihrem Mann klargemacht, sie würde ihm bei den neuen Leuten nur schaden. Es sei sicherlich besser, sich zu trennen. Thorak war anfangs wohl etwas betroffen. Aber dann hatte sein Ehrgeiz alle Bedenken beiseite geräumt, und wenig später waren die beiden, mit dem heimlichen Vorsatz zusammenzubleiben, geschieden worden. Nach außen hin änderte sich nichts. Sie wohnten im Nachbarhaus.

Die Nürnberger Gesetze von 1935 schufen dann plötzlich eine neue und bedrohliche Situation: Was bisher ein freies Zusammenleben gewesen war, galt jetzt als strafbedrohte Rassenschande zwischen Unverheirateten. Die Trennung, die alles hatte leichter machen sollen, erwies sich nun als Unglück. Ohne Scheidung hätten sie zusammenbleiben können, denn bestehende ‚Mischehen‘ wurden vorher noch geduldet.

Niemand hat später herausgefunden, wer der Denunziant gewesen war. Mit der Umstellung des Gebäudes wollten die Behörden nicht nur in Erfahrung bringen, ob der Bildhauer tatsächlich noch mit seiner geschiedenen Frau zusammenlebte, sondern auch, wer überhaupt im Hause Thorak verkehrte. Auf diese Weise waren wir in die Sache hineingezogen worden.“

Schmeling meldete sich bei Goebbels privat an und erreichte, daß die Gestapo abgezogen wurde.

„Thorak trennte sich endgültig von seiner Frau und machte auch bald die ersehnte Karriere. Er wurde neben Arno Breker der Staatsbildhauer des Dritten Reiches, und schon im folgenden Jahr schuf er die riesigen Statuen für Albert Speers deutschen Pavillon auf der Pariser Weltausstellung. Wie Breker der Lieblingsbildhauer Hitlers war, so wurde Thorak von Speer ausersehen, die Skulpturen für das Nürnberger Parteitagsgelände zu entwerfen.

Eines Tages, es muß Ende 1938 oder Anfang 1939 gewesen sein, kam sie zu uns, um sich zu verabschieden. Sie war auf dem Wege in die Emigration.

Nicht alle Brüche heilt die Zeit. Eines Tages traf ich Frau Thorak wieder. Sie hatte die Jahre in England überstanden und war in Bristol als Lehrerin an einem College tätig gewesen. Nach dem Kriege habe es einen Augenblick den Anschein gehabt, als würde sie ihr Leben dort wieder aufnehmen können, wo es einst zerrissen war.

Josef Thorak war die große Zeit nicht gut bekommen. Als Günstling des Regimes betrachtet, hatte er nach dem Zusammenbruch die Verbindung zu seiner Frau neu geknüpft und sie um Vergebung und Rückkehr gebeten. Er hatte dann Bescheinigungen von ihr für die alliierten Behörden haben wollen, daß er innerlich kein Freund des Regimes gewesen sei und sich auch nur unter Druck sowie gegen seine Überzeugung von seiner Frau getrennt habe.

Frau Thorak hatte um ihren Mann gekämpft. Sie hatte Briefe

geschrieben, antichambriert und jede verlangte Erklärung abgegeben. Am Ende war Josef Thorak entlastet. Doch als sie, stolz über den Erfolg und überschwenglich in die Werkstatt in Baldham kam und ihrem Mann mit offenen Armen entgegenlief, wehrte er verlegen ab, Josef Thorak hatte inzwischen, neue Karrieren witternd, eine einflußreiche Amerikanerin geheiratet."

Der Herausgeber bat den berühmten Bildhauer der Gegenwart, Werner Stötzer, seine Beurteilung der Bedeutung von Thorak zu geben. Zuerst weigerte er sich, dann aber sah er ein, daß man sich äußern müßte, denn dessen Arbeiten sind heute noch in Fotobänden u. ä. zu sehen. So schrieb er, anscheinend im Zorn:

„Zu jenem Thorak! Er war ein schlechter Bildhauer, ein sehr dummer Mensch, eigentlich ein Nichts! Woher weiß ich das? Ich sehe es an seiner Arbeit. Er war die Inkarnation der Dummheit, modelliertes Draufgängertum, ähnlich jenen Louis Trenker oder Leni Riefenstahl. Eigentlich ein großes Arschloch. Zu seiner Zeit ein Mensch, der durch Hitler Macht hatte, dadurch noch dümmer wurde und irgendwie vergessen ist."

Ludwig Turek
(1898–1975)

Der Erzähler, Film- und Funkautor Ludwig Turek hatte sein
Saarower Domizil auf dem Wasser, am Werl. Sein Eisenboot lag
gegenüber der Werft Pahl, und er lebte darauf, wie andere in
ihrem Haus. Wenn er in Berlin zu tun hatte, benutzte er seinen
nicht besonders gepflegten „Trabant". Als Zwanzigjähriger war
er dem Bund proletarischer Schriftsteller beigetreten, und sein
bewegtes Leben bot wirklich ausreichend Stoff für jede Zahl von
Geschichten, die er nicht nur lakonisch pointiert schrieb, sondern auch naiv und in mancherlei aktueller Abwandlung erzählen konnte.

Er hatte sich in allen möglichen Berufen versucht, war Knecht
und Schriftsetzer, Konditor, Landarbeiter und Zigarrenhändler,
er war im Krieg desertiert und saß dafür auf der Festung. Als
Mitglied der USPD und danach der KPD nahm er an der Nie-
derschlagung des Kapp-Putsches teil und war Gewerkschafts-
vertreter der Bergarbeiter an der Ruhr. Für seinen 1929 erschienenen Roman „Ein Prolet erzählt" erhielt er ersten Ruhm nach
seinem Erscheinen im Malik Verlag Wieland Herzfeldes. Er
wurde in der Sowjetunion in großer Auflage veröffentlicht. Ludwig fuhr dorthin, half bei der Ausbildung von Setzern, und vom
hohen Honorar ließ er sich in Moskau ein Boot bauen, mit dem
er dann über die Moskwa und Wolga bis nach Südfrankreich
segelte. Als er auf die Fertigstellung des Bootes wartete, schlug
er ein Zelt in Chimki Port, dem Moskauer Hafen, auf. Bei einem
fürchterlichen Regensturm nahm er die kleine Schreibmaschine
und schrieb die nachstehend abgedruckte Erzählung. Die „Is-
westija" beauftragte Alexej Tolstoi mit der Übersetzung ins Russische, dieser gab sie weiter an André Gide, der sie ins Französische übersetzte, dieser wieder sprach darüber mit Thomas Mann,
der sie in die deutsche Fassung brachte, die Wieland Herzfelde
als ersten Beitrag in seinem 1930 erschienenen Band „30 neue
Erzähler des neuen Deutschland" druckte. So ist sie, laut Turek,
auf uns überkommen. Und da sie kaum noch zu erhalten ist,
wollen wir sie hier wieder bekanntmachen und damit an einen

Seefahrer und Bootseigner auf dem Scharmützelsee erinnern, der ein großer Erzähler war.

Leben und Tod meines Bruders Rudolf

Wenn ich etwas über meinen Bruder Rudolf mir zu schreiben vornehme, so geschieht das, um ein Versäumnis nachzuholen. Ich habe vom Leben und Treiben aller meiner Geschwister schon irgendwo geschrieben, aber über meinen Bruder ist nur an zwei Stellen, und das von Amts wegen, etwas geschrieben worden. Das erste Mal war es der Geburtsschein und das zweite Mal drei Wochen später der Totenschein. Für mich war die Geburt des kleinen Rudolf eine wirkliche Überraschung, ich hatte als Elfjähriger nicht sein Entstehen bei meiner Mutter bemerkt. Eines Tages kam ich aus der Schule, als mich mein Freund, der an diesem Tage die Schule geschwänzt hatte, mit der Nachricht empfing, meine Mutter hätte ein Kind gekriegt. Als er mir das allzu beharrlich einreden wollte und über meine Ungläubigkeit in Zorn geriet, verabfolgte ich ihm eine Tracht Prügel. Ich betrat die Küche und sah auf dem Herd einen großen Topf mit Wasser stehen. Wenn ich aus der Schule kam, warf ich immer meinen ersten Blick auf den Herd und die Töpfe auf ihm. Diese Inspektion war notwendig, um festzustellen, was und wieviel es zu essen gab. Kein Essen stand auf dem Herd, nur eben dieser Topf mit Wasser. Sehr erschrocken schlich ich mich in die Kammer, wo mich ein intensiver Lysolgeruch noch mehr erschrecken ließ. Als ich nun versuchte, in die Stube einzudringen, hielt mich mein Vater gewaltsam zurück. Der Storch habe die Mutter in das Bein gebissen. Der Schwindel erzürnte mich, und da ich nun wußte, daß mein Freund doch recht gehabt hatte, nahm ich aus dem Küchenschrank ein Stück Brot und ging auf die Straße, mich mit meinen Freund auszusöhnen. Spät am Abend trieb mich der Hunger wieder nach Hause. Nun durfte ich das Brüderlein sehen. Nur eine Minute wurde der Bettzipfel gehoben. Ich verbrachte aber nur ein Viertel dieser Zeit mit dem Betrachten des Brüderchens, denn ich sah, wie elend meine Mutter war. Das bißchen Mensch schien mir nicht wichtig genug, die schwere Krankheit meiner Mutter zu rechtfertigen. Es war das fünfte

Kind, das sie gebar, und aus ihren Gesprächen mit dem Vater wußte ich, daß sie gesagt hatte, sie wolle lieber sterben, aber kein Kind mehr haben. Brauchst keine Angst haben, Liese, hatte er damals zu meiner Mutter gesagt, bist nun auch schon vierzig, wirst wohl keine mehr kriegen. Also war der kleine Rudolf auch für meine Eltern eine Überraschung. Deshalb vielleicht verhielt er sich so mustergültig still, bloß, um nicht noch unliebsamer aufzufallen. Drei Tage sagte er keinen Mucks; dann wurde er krank. Nun schrie er leise, fast ununterbrochen, Tag und Nacht. Er war an Brechdurchfall erkrankt. Deutlich entsinne ich mich, wie ich damals meiner Mutter Vorwürfe machte, daß die Milch sauer gewesen, und daß dies die Ursache der Krankheit des kleinen Rudolf sei. Sie sagte nur, ich solle doch nicht immer von der Milch naschen, und ich möchte sie doch zufrieden lassen. Meinen Vater bat sie, den Kinderwagen, in welchem Rudolf schlief, etwas weiter in die Ecke zu stellen, weil sie das ewige Schreien nicht mehr mitanhören könne. Er wird nicht mehr lange machen, Liese, sagte mein Vater. Da mein Vater arbeitslos war, besorgte er alles. Nach acht Tagen verließ die Mutter das Bett. Sie sah so elend aus, daß man sich hätte fürchten können. Das Schreien aus dem Kinderwagen wurde immer schwächer und schwächer, aber es dauerte noch an, bald gewöhnten wir uns daran. Wenn für zwei oder drei Stunden Ruhe war, gingen mein Vater und meine Mutter des öfteren hin, um nachzuschauen, ob der kleine Rudolf noch lebe oder ob er schon gestorben sei. Es mußte sehr schwer sein, dies festzustellen, denn oftmals waren meine Eltern der Meinung, daß nun alles vorbei sei, und nach zwei Stunden ertönte wieder leise, kaum hörbar, das Schreien. Als einmal vier Stunden kein Laut aus dem Wagen kam, nahm mein Vater die zu diesem Zweck bereit gehaltenen zwei Mark und ging einen Sarg holen. Zehn Minuten lief ich ihm nach, so schnell mich die Beine trugen, denn Rudolf lebte noch, er schrie wieder. Ich muß gestehen, daß ich über den Kinderwagen gebeugt darauf gewartet hatte. Zwei Tage schon war der kleine Rudolf nicht mehr gebadet worden. Er war so entsetzlich mager, daß ihn meine Mutter nicht mehr anfassen mochte. Als ich mich dazu erbot, verweigerte sie es mir mit der Begründung, ich könne das nicht. Auf meine Frage hin, warum kein Arzt geholt würde, antwortete mein Vater barsch, dies ginge mich nichts an, und übrigens sei er arbeitslos und habe dazu kein Geld. Da ich wußte, daß mein Lehrer einen „Ärztlichen Ratgeber" hatte, stahl ich diesen heimlich und schlug darin nach, daß gegen Brechdurchfall Eiweiß ein Mittel sei. Aus dem Hühnerstall eines Nachbarn holte ich drei Eier, in einer Tasse sammelte ich das Eiweiß. Während meine Mutter in der Küche hantierte, löffelte ich dem kleinen Rudolf fünf Teelöffel davon ein. Mein Plan war, ihm nur drei Löffel zu geben, aber da ich wußte, daß er nur noch knapp zwei Pfund wog und also seit der Geburt vier Pfund verloren hatte, meinte ich, es könne ihm nichts schaden, wenn er fünf Löffel bekäme; zumal ich der Überzeugung war, ein Mensch könne nicht von Fencheltee leben. Und Fencheltee war seit einigen Tagen die einzige ihm von meinem Vater gereichte Nahrung gewesen. Die Tasse mit dem Eiweiß verwahrte ich gut unter dem Bett. Am Abend kam mein Vater sehr spät von der Arbeitssuche nach Hause. Ich lag im Bett, schlief aber noch nicht, und so hörte ich, wie mein Vater meiner Mutter die Frage stellte, ob der Junge nun tot sei. Meine Mutter antwortete mit einer Gegenfrage: „Hast du Arbeit gekriegt?" „Nein!" Mit einem Seufzer sagte meine Mutter nun: „Ach, wenn doch der Junge bald sterben wollte, die Plage hab ich nun bald satt." Und mein Vater erwiderte: „Was sollen wir denn auch noch mit das Wurm? Schon die andern haben nichts mehr zu fressen." Augenblicklich beschloß ich im Stillen, am anderen Tag auf Wanderschaft zu gehen, dann dachte ich jedoch wieder an die Tasse mit dem Eiweiß unter dem Bett. Mit Überlegungen, was ich am besten tun solle, schlief ich ein. Wahrscheinlich hatte der kleine Rudolf die ganze Nacht geschrien, denn als ich erwachte, war mein Vater damit beschäftigt nachzusehen, ob er wohl gestorben sei. Für mich wäre es ein Schlag gewesen, wenn er nun doch gestorben wäre, weil ich beschlossen hatte, zum Versuch ihm fünf Löffel Eiweiß zu geben. An diesem Vorhaben wurde ich jedoch gehindert. In der Stube saß die Hebamme, sie war weniger darum gekommen, das Kind zu sehen, als sich das Entbindungsgeld zu holen. Meine Mutter konnte kein Geld bezahlen, und sie vertröstete die Hebamme auf unbestimmte Zeit. Nun betrat die Freundin meiner Mutter die Stube, worauf die Hebamme ging. Das Gespräch der beiden

Frauen war für mich sehr unverständlich. Ich schloß daraus die seltsamsten Dinge. Als die Freundin sagte: „Ich habe dir beizeiten geraten, es aus der Welt zu schaffen", schwor ich mir, keinen Schritt aus der Stube zu gehen, solange die alte Hexe nicht fort wäre. Aber noch mehr erschrak ich darob, daß meine Mutter mit großer Gelassenheit drauf erwiderte: „Wenn es aber herauskommt, ist man auch geliefert, die Schneider aus der Mittelstraße brummt doch heute noch." Obgleich ich kein Wort gesprochen hatte, mußten die Frauen doch meine maßlose Erregung bemerkt haben. Man befahl mir, das Zimmer zu verlassen. Ich weigerte mich, das zu tun. Und ich war fest entschlossen, es selbst auf eine Gewaltanwendung ankommen zu lassen und nicht zu weichen. Meine Mutter war noch zu schwach, um ihre Drohung wahr zu machen; und der alten Hexe wollte ich zeigen, was ich für ein Kerl sei. „Der Bengel ist doch ganz verrückt", sagte meine Mutter, und damit verließen die beiden Frauen die Stube, um ihre Unterhaltung in der Küche weiterzuführen. Da ich nun allein war, beschloß ich, dem kleinen Rudolf die zweite Portion Eiweiß zu geben. Sehr traurig war ich bei der Entdeckung, daß das Eiweiß von den Mäusen gefressen worden war. Sobald die Freundin fort wäre, wollte ich die Hühnerställe der Nachbarschaft nach Eiern absuchen. Aber noch bevor die Frau verschwand, kam meine Tante und brachte meine anderen Geschwister, die während der Krankheit meiner Mutter bei der Tante in Pflege waren. Meine Schwester und meine zwei Brüder verlangten nun stürmisch, den kleinen Bruder zu sehen. Sie waren sehr erfreut beim Anblick des kleinen Rudolf. Meine Schwester wollte ihn auf dem Arm tragen. Meine Mutter wehrte ab mit der Bemerkung: „Er ist zu schwer für dich, du kannst ihn nicht tragen." Nun weinte meine Schwester und wollte nicht schlafen, bevor sie nicht das Brüderchen auf dem Arm tragen durfte. Meine Mutter versprach ihr, daß sie morgen früh das Brüderchen tragen dürfe, wenn sie recht artig sei. Am anderen Morgen schon sehr früh wurden wir durch den laut ausgedrückten Wunsch meiner Schwester, den kleinen Rudolf tragen zu wollen, geweckt. Mein zweijähriger Bruder Artur schloß sich diesem Wunsche an, und beide waren aus den Betten gekrochen und bettelten meine Mutter und meinen Vater an, das Brüderchen tragen zu dürfen. Da mein Vater und meine Mutter noch nicht aufstehen wollten, beauftragten sie mich, meiner Schwester den kleinen Rudolf vorsichtig auf den Arm zu legen. Er war in ein dickes Kissen gewickelt, kaum konnten ihn die kurzen Arme meiner vierjährigen Schwester umspannen. Meine Schwester war überglücklich, jauchzend lief sie in der Stube auf und ab. „Nun, zeig doch mal das Brüderchen", sagte meine Mutter. Und gleich darauf mußte ich das Brüderchen meiner Schwester wieder wegnehmen; denn es war in der Nacht gestorben, und der kleine Körper war schon erkaltet. Wir konnten meiner Schwester nicht klarmachen und noch weniger meinen Brüdern, daß der kleine Rudolf gestorben sei; erst als wir ihnen erzählten, daß er sehr krank sei, beruhigten sie sich einigermaßen. Drei Tage stand die winzige Leiche in der Wohnstube auf dem Tisch, und immer noch hofften meine kleinen Geschwister, daß das Brüderchen bald gesund würde. Spät am Nachmittag kam ein Mann und ließ sich von meinem Vater eine Mark geben, wofür er sich erbot, das Begräbnis zu erledigen. Dieser Mann war ein Bekannter meines Vaters. Mit den Worten, daß er sonst eine Mark mehr nehme, schnallte er einen Riemen um den Sarg, hakte seinen Zeigefinger hinein, und da mein Vater mich beauftragt hatte, ihn zu begleiten, zogen wir los, meinen Bruder zu beerdigen. Der Weg zum Friedhof fand aber bald eine Unterbrechung dadurch, daß der alte Bekannte meines Vaters erst seinen Schnapsdurst in einer Kneipe stillen mußte. Nach zwei Stunden nahm die Beerdigung unter gewissen Schwierigkeiten ihren Fortgang. Der Mann taumelte von einer Seite auf die andere. Einmal stellte er den Sarg in eine Fensternische, um seine Notdurft verrichten zu können. Ich erbot mich, den Leichnam zu tragen, der Mann lehnte energisch ab mit der Bemerkung, ich denke wohl, daß er betrunken sei und seine Arbeit nicht verrichten könne. Weiter sagte er, daß er noch viel mehr trinken könne, ohne betrunken zu sein. Zur Bekräftigung dieser Worte nahm er sich aus der nächsten Schenke eine Flasche Schnaps mit, aber nicht, ohne vorher an Ort und Stelle erst einige Schnäpse zu trinken. Für die Sicherheit der Beerdigung hatte ich nun die größten Bedenken. Um einem Unglücksfall vorzubeugen, ging ich dicht hinter dem Mann, damit ich den Sarg beim Fallen an beiden Seiten abfangen konnte. Dieser Unglücksfall trat ein, etwa 10 Minuten nachdem wir die letzte Kneipe verlassen hatten. Glücklicherweise war der Mann nicht so schwer, so daß ich ihn und den Sarg, wenn auch unter großer Anstrengung, rechtzeitig auffangen konnte. Viel Sorge machte mir die sich in seiner Tasche befindende gefüllte Schnapsflasche. Es war eine Flasche von einem halben Liter Fassungsvermögen. Bald besann sich der Mann auf die Flasche; ich bat ihn, nicht mehr zu trinken. In einer wütenden Hetzrede gegen mich, die in eine laute Schimpferei ausartete, machte er mir klar, daß er x-mal so alt sei wie ich und es darum von mir eine unerhörte Frechheit sei, ihm, einem erwachsenen Menschen, Vorschriften machen zu wollen. Zum Protest trank er die Flasche auf einen Zug aus. Wir hatten noch etwa 10 Minuten bis zum Friedhof, aber unter diesen Umständen konnte es leicht eine halbe Stunde werden. Es war mir klar, daß ich nicht mehr lange imstande wäre, den Mann zu stützen. Der Sarg war sehr billig, seine Haltbarkeit darum ziemlich gering, bei einem Sturz mußte er zerbrechen. Ich sann auf eine List, um in den Besitz des Sarges zu kommen und die Beerdigung meines Bruders selbst in die Hand zu nehmen. „Onkel", sagte ich, „bist du mir böse?" „Warum?" knurrte er. „Weil ich gesagt habe, du sollest keinen Schnaps mehr trinken!" Ohne eine Antwort abzuwarten, erbot ich mich, ihm noch mehr Schnaps zu holen, wenn er sich dafür kurze Zeit setzen würde. Er ging auf diesen Vorschlag ein, da er wahrscheinlich selber ein großes Ruhebedürfnis verspürte. Meine Absicht war, während er im Graben saß, ihm den Sarg wegzunehmen. Er gab mir die Schnapsflasche und drohte mich zu verprügeln, wenn ich nicht sehr schnell zurückkomme. Ich ging zum Schein mit der Flasche und den von ihm erhaltenen Groschen ein Stückchen. Abseits wartete ich auf eine günstige Gelegenheit, mein Vorhaben auszuführen. Leise schlich ich zurück. Der Mann erbrach sich mehrere Male und stützte sich dabei zu meinem Leidwesen auf den neben ihm stehenden Sarg. Eine halbe Stunde verharrte er in dieser Stellung. Mein Plan ließ sich unter diesen Umständen nicht durchführen. Zum Friedhof führte ein Feldweg. Es dunkelte schon. Ich war bereit, den ersten Menschen, der den Weg passierte, um Hilfe zu bitten. Ein Mann kam. Bevor ich ihn ansprechen konnte, redete er zu dem Betrunkenen: „Na, Karl, hast du schon wieder die 2 Mark versoffen, die du verdient hast bei die Beerdigung?" Nun richtete sich der Mann auf: „Das geht dich doch gar nichts an. Du hast die Löcher zuzugraben, und ich leg die Toten hin, und was ich mit mein Geld mache, das geht dich nichts an, verstehste mich." Mit diesen Worten richtete er sich auf, nahm den Sarg wieder unter den Arm und schritt weiter. Zu meinem Erstaunen konnte er jetzt besser laufen wie vordem. Das Erbrechen hatte ihn etwas ernüchtert. Der andere Mann, gewiß ein Arbeiter des Friedhofes, der Feierabend gemacht hatte, wandte sich um mit den Worten: „Paß uff, Karl, daß du das richtige Loch erwischst, und leg die kleine Kiste nicht da rin, wo morgen die Großen hinkommen." Es war Nacht, als wir meinen Bruder Rudolf in die kühle Erde legten. Ich fürchtete mich sehr auf dem dunklen Friedhof. Der Mann ging sofort nach der Arbeit zurück. Trotz meiner großen Furcht blieb ich noch einige Minuten; von einem anderen Grab, auf dem sehr viele Kränze lagen, stahl ich einen Kranz und legte ihn auf das Grab meines Bruders Rudolf. Nun weinte ich. Vor Tränen in den Augen und wegen der Dunkelheit konnte ich die Nummer auf dem ziegelsteingroßen Registrierstein nicht genau lesen. Ich glaube, das Grab meines Bruders trägt die Nummer 36.

Axel Walter

(geb. 1960)

Der Bürgermeister von Bad Saarow stammt aus Thüringen. Nun ja, irgendwoher stammen wir alle, und wer ist schon in diesem Jahrhundert in seinem Ort, wo er heute arbeitet, geboren? Und doch, so scheint mir, hat er immer etwas Heimweh. Er sagt es natürlich nicht, ein Mann spricht nicht über so etwas, aber die guten Freunde merken sofort, wenn er sich wieder einmal auf den Weg macht, seine Eltern zu besuchen. Tage vorher spricht er von Thüringer Klößen, die, wie ich inzwischen glaube, eine wirkliche kulturelle Errungenschaft dieses Landes sein sollen. Seine Mutter kennt seine Vorlieben, so beginnt sie schon drei Tage mit den sorgfältigen Vorbereitungen, man kennt das aus diversen Heimatfilmen, aber es ist wirklich so. Zwar hat auch er gelernt, sie herzustellen, aber wenn der Junge zu Hause ist, soll er doch nicht in der Küche stehen. In Saarow kommt er nicht dazu, ich wollte sie immer mal probieren, doch entweder drückt er sich oder er hat wirklich niemals Zeit dafür.

So wird es wohl sein. Seit wir uns kennen, fehlten uns immer Zeit und Ruhe für solche Sachen. Das war so, als er in der von mir geleiteten Abteilung beim Rat des Bezirkes Frankfurt/Oder arbeitete, und so ist es geblieben. Die Abteilung hatte den langen Namen „Jugendfragen, Körperkultur und Sport", wohinter sich alles verbarg, was Jugendförderung in der DDR nur heißen konnte. Wir kontrollierten die Jugendförderungspläne der Kreise und großen Orte, wir fragten nach, ob die Jugendbrigaden der Betriebe genügend Unterstützung bekämen, und wenn es damit haperte, genügte oft schon die Ankündigung unseres Besuches. Die großen und kleinen Jugendobjekte blieben in unserem Blickfeld und brauchten staatliche Hilfe und Unterstützung. Die Jugendherbergen mußten ihr Geld bekommen, und, was noch viel wichtiger war, mußten in die Fünfjahrpläne eingeordnet sein, denn sonst fehlten die Investitionen. Jedes Jahr wurden „Messen der Meister von morgen" veranstaltet und durch uns organisiert, und die Gelder für die Erholung in der Freizeit, für Sport und Kultur des Jugendlebens mußten bereitgestellt werden.

Unser Mann für die Geldangelegenheiten war Axel Walter, schließlich hatten wir ihn dafür studieren lassen, und er hatte sich mit dem Examen als Diplom-Finanzwirtschaftler revanchiert. Dennoch war er durchaus kein Buchhaltertyp. Wenn er auftauchte, wußten die Vorgesetzten, daß er sich sachkundig gemacht hatte und wieder die Stellen entdeckte, wo die bereitgestellten Gelder nicht oder nicht zweckentsprechend ausgegeben wurden. Er stritt sich um diese Dinge bis auf die Spitze, er hatte die Verantwortung für den richtigen Einsatz der Mittel, und keine Mark kam bei ihm weg.

Ich vermute, daß diese Eigenschaft, mit den materiellen Werten äußerst pingelig umzugehen, die Wählerinnen und Wähler in der Kommunalwahl 1993 veranlaßte, ihm, dem parteilosen Kandidaten, ihre Stimme für das Bürgermeisteramt zu geben. Sie hatten das Gefühl, in der Bundesrepublik von heute müßte ein Mann an der Spitze der Gemeindevertretung stehen, der es ablehnte, Sprüche zu klopfen und statt dessen in der Lage war, eine Bilanz sachkundig zu lesen. Mit der ersten Sorte hatte die Gemeinde nach der Wende schlechte Erfahrungen gemacht, von der zweiten Sorte noch keinen kennengelernt. Diesem integren Kandidaten gaben sie dann auch in überwältigender Anzahl ihr Vertrauen.

Und nun mußte gesprungen werden, denn die Aufgaben auf dem Wege zum Ziel, Saarow zu einem aufstrebenden Kurort in der Region zu entwickeln, lagen zuhauf vor seiner Bürotür. Ideen haben manche, es kommt aber darauf an, die richtigen Ideen im richtigen Moment den Verbündeten und Freunden vorzulegen, um sie zu gewinnen. Die Gemeindevertretung als wichtigstes Organ der Gemeinde unterstützt ihn, weil er es versteht, sie zu begeistern und zu motivieren. Dazu kam der glückliche Umstand, daß ein neuer Kurdirektor gefunden wurde, der von ähnlicher menschlicher und fachlicher Statur war, der Mann mit der realisierbaren Vision von der aufstrebenden Region am alten Scharmützelsee, und ihnen beiden folgten viele Menschen, begabt mit Tatkraft, Heimatliebe und Naturverbundenheit. Sie gab es hier schon immer, aber nun waren Männer am Steuer, denen man sich anvertrauen konnte. So waren alle guten Voraussetzungen beisammen.

Der Bürgermeister in Bad Saarow ist ein Ehrenamt, aber diese Pläne kann man nicht neben seinem Beruf, sozusagen nach Feierabend betreiben, sie erfordern einen ganzen Mann den ganzen Tag und die Wochenenden dazu. Axel Walter ist Finanzfachmann, was lag da näher, ihm die schwierigste Rolle, die der Geldbeschaffung, anzuvertrauen. Man gründete eine GmbH mit hundertprozentiger Beteiligung der Gemeinde. Das gab es, wenigstens im Osten, bisher noch nicht. Walter ging in die Spur und ließ nicht locker, bis die Finanzquellen sprudelten. Der Kreis gab, das Land, der Bund, die Europäische Union. Die Fördertöpfe wurden angezapft, die Quellen sprudelten. Siebzig Millionen hat der Bürgermeister bisher aufgetrieben. Dazu kommen private Investitionen im Ort, die Bauleute rückten in Scharen an. Einer erfand einen neuen Namen: Bad Buddelhausen.

In diesem nunmehr auch staatlich anerkannten Kurbad stehen Anfang 1999 die Therme, das Theater am See, das Saarower Centrum, die Hafenanlage, das Parkhaus und eine spürbare Verbesserung der Infrastruktur, und des Bauens ist kein Ende. Zur Zeit wartet ein riesiges Bauloch auf ein großes Hotel, das den alten Namen „Esplanade" tragen wird.

Die Kolleginnen und Kollegen aus seiner Bürgermeisterzunft lächeln manchmal hinter der vorgehaltenen Hand über seinen Ehrgeiz. Wie anders kann sonst etwas entstehen? Und diese positive Eigenschaft teilt er mit dem Kurdirektor, Herrn Dr. Christian Kirchner. In diesem Punkt wetteifern die beiden, der eine aus dem alten Bundesland Hessen, der andere aus dem alten Bundesland Brandenburg. Ich glaube, Brandenburg ist älter. Na, egal, hier kann man sehen, worüber sich alle möglichen Historiker, Journalisten, Sonntagsredner, Staatspräsidenten und Landespolitiker die hochbezahlten Köpfe heißreden: Hier arbeiten zwei leitende Persönlichkeiten zusammen, und jeder bringt seine spezifischen Erfahrungen ein. Sie haben keine Zeit, sich zu streiten, worüber auch? Sie lehnen es ab, in den Biographien des anderen herumzurühren, was kommt auch dabei heraus?

Sie haben schon jetzt etwas aufzuweisen: Vierhundert neuentstandene Arbeitsplätze, die Anerkennung der Bevölkerung, moderne Einrichtungen, die von jung und alt, groß und klein angenommen, was heißen soll, genutzt werden. Jeder Freudenschrei im Bad ist eine Jastimme für die Gemeinschaft, die neu entsteht. Das kommt heraus, wenn man einen „Kurortrahmenplan" ernst nimmt und nach diesem Kompaß den richtigen Kurs hält.

Wenn er wieder einmal seinen geplanten Besuch in Thüringen absagen muß, geht er mit seinem Kollektiv, das heute Team heißt, in die Bowlingbahn und kämpft verbissen um jeden Strike und um alle Neune. Verständlich, denn das macht er sonst ja auch, jeden Tag.

Gerlinde Stobrawa

Christine Wolter

(geb. 1939)

Die studierte Romanistin hat lange Jahre im Aufbau Verlag als Lektorin für italienische Literatur gearbeitet und dabei eine Reihe wichtiger Einblicke in die literarische Landschaft ihres geliebten Italien aus Vergangenheit und Gegenwart durch die Herausgabe von Erzählungen aus der Renaissance sowie der Lyrik unseres Jahrhunderts gegeben. Neben dieser Arbeit begann sie schon früh zu schreiben und debütierte 1973 mit „Meine italienische Reise". Mit der Genauigkeit einer kühlen Beobachterin verbindet sie die leidenschaftliche Subjektivität in Sympathie und Kritik ihres literarischen Gegenstandes.

Die Freunde Bad Saarows werden in ihrem Roman „Die Alleinseglerin" vom Kampf um den übernommenen „Drachen" und die Beherrschung der Segelkunst mit den vielfältigen Problemen einer berufstätigen, alleinerziehenden Mutter beeindruckt sein und vielleicht nach den folgenden Seiten Lust verspüren, sich das Buch als uneingeschränktes Lesevergnügen vorzunehmen. Vielleicht gelingt es auch, den nach ihrer Vorlage gedrehten gleichnamigen Film anzuschauen.

„An einem dieser klirrenden Tage, einem Sonntag, fuhr ich hinaus an den See. Die Straßen spiegelten die buttergelbe Mittagssonne, die Autobusreifen rumpelten mit hölzernem Ton über das Eis. Es war höchste Zeit, nach dem Boot zu sehen. Eine Weile hatte ich der Einfachheit halber jeden Gedanken an den Drachen unterdrückt, aber nun waren schon mehr als zwei Monate vergangen, seit ich ihn zusammen mit Kutte über den herbstlichen See gesegelt und an einem Pfahl am fremden Ufer festgemacht hatte. Die dort hatten es genommen, die Karschinski-Brüder, nachdem der Werftmann mir knapp und unfreundlich gekündigt hatte.

Auch den Besuch beim Werftmann hatte ich lange hinausgeschoben. Diesen Bittgang. Aber da war nichts mehr zu machen, er hatte keinen Platz im Schuppen, er hatte keinen Platz vor dem Schuppen. Warum haben Sie es nicht verkauft? Der Werft-

mann hob die Brauenbüsche. Vorigen Winter hätten Sie es verkaufen müssen, im Winter. Das war der richtige Moment. Ich
hab es Ihnen doch gesagt: abstoßen, weg damit. Der abfällige
Ton galt dem Boot und der Seglerin. Ohne Mann. Die kriegte
das Boot nicht los.

Junge Frau, sagte er, nun tun Sie sich mal selbst um. Ich habe
keinen Platz.

Der Professor schützte nicht mehr. Ich war nur ich: Frau
Nichts, Frau Titellos. Junge Frau mit dem Ton auf der ersten
Silbe: Jungefrau. Der Werftmann hatte mit Leuten zu tun, die
sich Boote leisten konnten. Ich war nur an das Boot geraten,
leisten konnte ich es mir nicht. Der Werftmann hatte es zu etwas
gebracht, und er schätzte Leute, die es zu etwas gebracht hatten.
Der Professor war so einer gewesen, ein großer Mann, hohes
Tier, mit Auto, Drachen, Frauen, ein Professor, wie man ihn sich
vorstellte, immer großzügig, nie großkotzig. Jungefrau. Eine, die
arbeitete, die ganze Woche in der Stadt, wann wollte sie denn
segeln, und ohne Mann, und Geld hatte sie auch nicht, das sah
man sofort. Und dann so ein Boot.

Die Karschinskis vom anderen Ufer hatten es genommen. Jaja,
bringen Sies, hatte der eine der beiden Brüder Karschinski gesagt, wir werdens schon unterbringen. Zweihundert Mark können Sie gleich zahlen, den Rest später. Ich hatte gezahlt, ohne
auch nur zu fragen, wo es denn untergebracht werden sollte.
Wir hatten das Boot über den See gesegelt, um die Abschlepp-
kosten zu sparen, hinüber ans Ostufer, wo ein Haufen schreien-
der Männer gerade ein anderes Boot aus dem Wasser zog. Ich
hatte unter ihnen das teigige Gesicht des Karschinski-Bruders
erkannt und war zu ihm hingegangen, um die Ankunft des Drachen zu melden.

Machen Sies draußen am Pfosten fest, das kommt gleich dran,
Ihr Boot. Eine süßliche Fahne war mir entgegengewallt, und ich
hatte mich, um alles schnell hinter mich zu bringen, verabschie-
det. Die Rechnung würde er schicken. Die Anzahlung? Ja, die
Anzahlung war getätigt.

Mehr als zwei Monate waren vergangen. Ich hatte nichts gehört, ich hatte mich nicht gekümmert. Was sollte ich da auch.
Dieser Ausflug an den See war mehr als ein Vorwand, den Kopf

aus den Büchern zu heben. Es war schön draußen. Die Sonne schien, ein eisiger Wind wehte vom Wasser her. Der Bootsschuppen der Karschinskis aus schwarzfauligen Brettern schien in die Knie gesunken, nur von der Masse der Boote wie von einer Füllung gehalten. Das Uferstück davor war gerammelt voll mit Booten, mit Böcken, Bootswagen, Eisenbahnschwellen, Schienen, Blechbüchsen. Ich stolperte über Taue und Drähte, die von überall nach überall gezogen zu sein schienen und die Bootswagen samt ihren Lasten umsponnen. Kein Mensch war zu sehen.

Ich erkannte den Drachen und erkannte ihn nicht. So hatte ich ihn noch nie gesehen. Dieser gelbliche Splitterlack: war das die Haut seines schlankweißen Rumpfes? Dieses grindige Stück Rost unterm Bauch: war das der Kiel? Ich stand, mir war kalt, ich schlug den Kragen meines Stadtmäntelchens hoch, das nützte nicht viel. Wie es dastand, das Boot, ohne Hülle, ohne Verschnürung, schief, kaum abgestützt. Ein Wrack, an feindlichem Ufer gestrandet. Am Nachbarboot, einem breitleibigen Kreuzer, stand eine Leiter angelehnt. Aus der Kajüte ragte ein Ofenrohr, aus dem dünner Rauch trieselte. Ich klopfte gegen die Planken. Am Bordrand erschien ein gerötetes Gesicht, Seebärenphysiognomie mit weißen Bartstoppeln, dunkler Schippermütze und mehrfachem Rollkragen.

Könnte ich mal Ihre Leiter haben?

Der Alte betrachtete mich blinzelnd.

Ich möchte mals aufs Boot, sagte ich und legte den Daumen nach rückwärts.

Nee, sagte der Alte. Die Leiter brauche ich selbst. Dauernd kommt einer und will meine Leiter. Ich brauche sie selbst. Guck mal da vorn bei Erwins Kahn, da müßte 'ne Leiter sein.

Ich kroch unter Booten durch, stieg über Schienen und Bohlen, die aus dem vereisten Schlamm ragten, fand Erwins Boot mit der Leiter, entknotete mit klammen Fingern ein kompliziertes Sicherungssystem aus Draht und Tauen, bugsierte, schob, zog das Ding drachenwärts, stieg hinauf.

Zuerst sah ich die Plane, schwärzlich, wie verrottet, gefroren und mit faulem Laub bedeckt. Nicht reingefallen, sondern einfach reingeschmissen. Keinen Handschlag hatten die gemacht, um es abzudecken, einfach hingestellt und die Plane reingeschmissen. Wir machen det schon, hatte der Karschinski-Bruder mit dem gedunsenen Grinsen gesagt, als ich damals nach einem Platz bei ihm gefragt hatte. Das Boot, schlecht abgestützt, bewegte sich, als ich einen Schritt machte. Es stand schief, vorwärtsgeneigt, der Bug tiefer als das Heck. Erst jetzt sah ich die Eisschicht, die die ganze Kajüte ausfüllte. In blitzartigem Erschrecken wiederholte ich mir die Gesetze der Physik – Ausdehnung des Eises – gesprengte Felsen – aufgerissene Chausseen –, sah gebückt in die dunkle Kajüte hinein, um mit einem Blick alle Planken und Spanten besorgt abzutasten, und suchte schon, zittrig, nach einem Werkzeug. Zuerst fand ich nur einen rostigen Nagel (der mich immer im Boot geärgert hatte), dann eine im Boot herumliegende Metallfeile. Das Eis war dick und schwarz, es hatte die Bodenbretter umklammert, auch die Plane war darin festgefroren. In der Kajüte bedeckte es, wegen der Neigung, auch die höher liegenden Bänke und reichte bis vorn in die Spitze. Ich hackte. Hackte wild, verzweifelt und ängstlich, denn bei jedem Schlag konnte ich ein Brett oder eine Planke beschädigen, wenn das Eis nachgab. Unter dem draußen herumliegenden Schrott fand ich dann ein geeignetes Werkzeug, eine Art Winkeleisen, mit dem ich weiterarbeitete.

Der Alte vom Nachbarkahn äugte. Eis? fragte er und nickte. Kann das Boot auseinanderreißen, das geht ganz schnell; wenn erst das Wasser im Holz sitzt und gefriert, dann kannst du das Boot verfeuern.

Bis jetzt, sagte ich, und sagte es auch laut und tröstend zu mir selbst, denn Zuspruch hatte ich nötig, bis jetzt sieht es nicht so aus, als wäre was passiert.

Ich hackte und warf Eisstückchen über Bord, ohne aufzusehen. Unter der Eisschicht gluckste schwarzes Wasser. Ich würde das Boot an diesem Nachmittag nicht leerkriegen, der Frost schnitt in die Finger, es wurde dunkel, ich gab auf. Auf der Heimfahrt bemerkte ich mit einem verzweifelten Wutgefühl, daß ich schon wußte, was ich am nächsten Sonntag machen würde; daß ich auch voraussehen konnte, wie ich die Feierabende der Woche verbringen würde: nicht mit zufriedener Stoppelarbeit in Texten und Anmerkungen, sondern durch die Stadt hastend, auf der Suche nach einem wahrscheinlich unauffindbaren und höchst nötigen Material (was das kosten würde, daran wollte ich lieber noch nicht denken) zum Abdecken des Drachens.

Jetzt mußt du allein fertig werden. Es ist soweit. Weg vom Ufer, ins offene Wasser. Der Wind erfaßte den Seerand und blies ihn davon, bis er zu einem Streifen wurde, Grün mit Weidengrau, Schilfblau und Kiefernschwarz.

Der Steg war leer. Er war nicht mehr da. Dort hatte er gestanden in Zeiten, die nun schon ein weit zurückliegendes Früher für mich selbst waren. Dort hatte er gestanden mit diesem unmerklichen Kopfschütteln, oder in der Veranda seines Hauses mit dem Fernglas und hatte zugesehen, wie wir kreiselnd dahintrieben, ich und ein Kompagnon, uneins und doch so gleich: wütend, ratlos, ehrgeizig und diese Eigenschaften immer nur im anderen erkennend. Er hatte sich abgewandt, war über den Steg zurück an Land gegangen, mit seinen kurzen, elastischen Schritten, von Bohle zu Bohle.

Vom Ufer weg. Seewärts. Der Steuermann bestimmt den Kurs, der Vorschotmann warnt vor Böen und Kollisionen.

Auf den Stegen rings am Ufer saßen die Nachbarn. Nicht meinetwegen. Nachmittags, wenn das Ufer im Schatten der Bäume lag, sonnten sie sich auf ihren Plattformen und brachten Kuchen und Kaffee hinaus, ihre Anlegestellen in Balkons verwandelnd, Wasserbalkons, Seeveranden. Das Klatschen des Drachensegels hatte sie aufblicken lassen. Mit wem ist sie denn? Wie sie hin und her springt. Lustig, ihr zuzusehen. Es ist immer lustig, vom Festen aus zuzusehen, wie sich einer im Schwankenden abmüht. Hats ja so gewollt. Größenwahn ist auch dabei. Fährt los, allein, bei solchem Wind. Und es gäbe doch Leute, die da einsteigen würden. Alleinseglerin.

Ich hörte nichts. Das Ufer war fern. Ich hatte die Ohren voll Wind, die Augen voll Wind, den Körper voll Wind. Ich war ein Segel. Der Mut kam nach der Angst; aber die Angst kam wieder, nach dem Mut. Das rauschte ab, riß in den Schoten, das schlingerte, flatterte, hedderte. Feige Manöver folgten, Flucht in den Windschatten des Ufers, Segelreffen. Einen zittrigen Augenblick lang wünschte ich mir einen zweiten Mann, egal wen. Oder es sein zu lassen.

In der Bucht war es ruhig. Der Wind gab sich harmlos und machte Versprechungen. Draußen auf dem See zog die „Rohrdommel" vorbei und ließ seitlich den Gischt auffliegen. Es war eine neue „Rohrdommel", aber sie ähnelte der alten, auf der ich in einem weit entfernten Frühjahr segeln geübt hatte mit jenem Kompagnon, der mir jetzt, rückschauend, schemenhaft erschien, immer mehr ein Spiegelbild meines damaligen Ich. Wie waren wir über den See geritten, damals, vor der Drachenzeit, vor dem bindenden Kauf, der uns trennte. Und wie wenig hatte ich dazugelernt.

Am Steuer der neuen „Rohrdommel" saß der Doktor, weißbärtig und wirklich derselbe, märchenhaft gleich dem damaligen, dem Skatfreund meines Vaters; war nicht verschwunden, war nicht gestorben, war nicht einmal gealtert. Der Doktor, der meinen Vater „Professor" genannt hatte und der von ihm „Arturo" getauft worden war, was klang wie Operettenpirat, saß allein am Steuer seiner Jolle und rauschte, weißbärtig, weißgischtend, davon, poseidonisch; ließ mir ein Winken zurück: Nicht abfallen!

Wieder hinaus.

Auf die Stimmen des Winds hören. Allein mit ihm, ihm antworten. Jetzt kommst du mir so, dann antworte ich dir so. Keine anderen Reden an Bord, keine Geständnisse und Geschichten; nur Rauschen, Summen, Plätscherschlag, Schwirren. Die Planken schwirrten, wenn ein Motorboot vorbeifuhr; sie begannen zu vibrieren und gaben einen hohen, sirrenden Ton von sich, das hatte ich nie gehört früher. Der Wind strich mir ums Gesicht, griff in mein Haar.

Vom See winkten andere Segler, einsam wie ich. Die Einzelfahrer kannten einander: Ehrgeizlinge, die es allein schaffen wollten; Eigenbrötler, die sich selbst genügten; Alleingebliebene, die sich abgefunden hatten. Sie sahen stolz aus, als hätten sie über etwas gesiegt, sie segelten große Boote, die eigentlich zu groß waren für sie. Sie kannten sich gut, aber nur aus der Ferne, sie grüßten einander mit gemessener Geste, Hochachtung auf Distanz, grüßten auch den neuen Einzelsegler im Drachen. Ich sah hinüber zu diesen Athletenkörpern, zu diesen Alleskönnern, die an Bug und Heck gleichzeitig werkten, die ankerten, los-

machten, knoteten, spleißten, Latten einzogen, Wasser pump-
ten und gleichzeitig den optimalen Kurs hielten. Sie segelten
schneller als die anderen und härter am Wind und waren früher
draußen und kamen später zurück. Wenn die Familienfahrten
an ihnen vorbeizogen, lächelten die Einzelsegler: diese Jollen mit
dem prall-behäbigen Kurs ihrer sozialen Sicherheiten; Väter am
Steuer, Sonnenbrand und Unterhemd, zwischen Kindern, Gum-
mitieren und an Strippen hüpfenden Spielbooten, während Weib-
lich-Fülliges nur mit dem Rücken präsent war, den Rest in die
Kajüte bückte, über Spirituskocher, Töpfe, Kartoffelpürree aus
der Tüte. Die einsamen Segler lächelten und wandten sich ab.
Auch von den Gästefahrten, die das Ufer entlangtrudelten, sonn-
tags meist, und die Ausflugsdampfern ähnelten mit ihren Fleisch-
massen an Deck, unsportlich hingeplättet, während zwischen
Wanten und Stagen Höschen und Handtücher an Leinen flatter-
ten – eher Zeltplätzen ähnlich denn Segelbooten. Die Einzelfahrer zogen in der Seemitte dahin, umgeben von den kurzfristigen
Königreichen ihrer Absonderung. Ich grüßte zurück und versuchte, die Hand ähnlich maßvoll zu heben.
Wenn ich doch auch, dachte ich.«

Hedda Zinner
(1905–1994)

Im Jahre 1978 schickte sie mir ihr Buch „Auf dem roten Teppich" mit einer Widmung, in der sie auf gewisse „Sorgen", die
ich mit ihr hatte, anspielt. Aber das war eine Übertreibung, Sorgen bereitete sie niemandem, sie war immer auf dem roten Teppich, wußte sich in der Gesellschaft zu bewegen, konnte sich
aber aufregen, wenn wieder einmal ein Besserwisser den Schriftstellern erklärte, wie sie zu schreiben hätten. Ihr Werkverzeichnis umfaßt viele Arbeiten, die meisten kamen erst nach 1945 in
die Theater und Buchläden, wenn man von einigen Hörspielen
für den Moskauer Rundfunk absieht.

Sie leitete, quasi als Vorwort, ihr letztes Buch mit einer Kritik
ein, die in der „Frankfurter Allgemeinen Zeitung" erschienen
war und in der es heißt: „Hedda Zinners Lebenslauf ist wie nach
Maß gemacht für eine vorbildliche sozialistische Literatin der
alten Schule. Kaum war sie mündig, war sie auch schon ein
Mitglied der KPD, hatte ihre bürgerliche Herkunft mit allem
Drum und Dran abgestreift, schrieb als junge Frau im verworre-
nen Berlin Reportagen für die ‚Rote Fahne' und Gedichte und
Songs zum kämpferischen Schnellverbrauch für Arbeiterver-
sammlungen.

Der Mann, den sie heiratete und mit dem sie 1935 von Prag
aus nach Moskau emigrierte, war Kommunist und Schriftsteller
wie sie, Fritz Erpenbeck, auch er ein makelloser Genosse. Aus
der Agitatorin, Journalistin, Kabarettistin und Liedersängerin
wurde nach und nach eine brauchbare Erzählerin und Dramati-
kerin.

Hedda Zinner war schon 1945 nach Berlin zurückgekommen
und kam, als es soweit war, dem sozialistischen deutschen Staat
gerade recht. Auch wenn sie auf etlichen Hochzeiten tanzte, ebenso zeitgenössische wie historische Romane schrieb, dazu im Stil
von Friedrich Wolf Dramen mit und ohne DDR-Thematik und
gelegentlich ein Opernlibretto oder eine politische Revue, war
doch stets auf sie Verlaß. Ihr bevorzugter Stoff ist die Frauen-
emanzipation. Von der Suffragette Louise Otto-Peters handelt

ihr Roman „Nur eine Frau" und von ihrer eigenen Befreiung aus den Fesseln der Wiener Beamtenfamilie und vom Komment des kaiserlich-österreichischen Milieus die Roman-Trilogie ‚Ahnen und Erben'.

Das ‚Neue Deutschland' hat in seiner Würdigung für Hedda Zinner einen Grundsatz ihres Freundes Johannes R. Becher zitiert: Der Schriftsteller muß alle Möglichkeiten und Medien seiner Kunst erproben und erobern. Das hat Hedda Zinner getan. Und was die Kunst dabei war: Sie ist, unternehmungslustig von Branche zu Branche, beschwingt von Ast zu Ast, immer hübsch auf dem Teppich geblieben."

Sie widerspricht dem Verfasser der Würdigung nicht, bemerkt aber, daß man die Welt vom Teppich aus anders sieht, als wenn man am Rande steht. Was mag sie damit gemeint haben? Der Leser ihrer Autobiographie merkt es bald, wenn er die ersten Seiten liest. Der erste Name, der auftaucht, ist der ihres Mannes Fritz Erpenbeck. In der Moskauer Emigration und auch nachher in Berlin gehörte er zum engeren Kreis um Pieck, Ackermann, Becher und Ulbricht. Mit ihm flog er nach Berlin, als in der Stadt noch gekämpft wurde. Auf Weisung von Pieck flogen Hedda und ihr kleiner Sohn Jonny bald hinterher und konnten ihr Zimmer in der Gemeinschaftswohnung endlich verlassen. Was würde Berlin bringen?

Vor allem viel Arbeit, für den Mann in der Redaktion der „Deutschen Volkszeitung" und anderen Blättern, für Hedda Zinner als Schriftstellerin und Rednerin auf Veranstaltungen in Westdeutschland. Ihre ersten Hörspiele brachte der NWDR, wo sie auch Regie führte. Von allen ihren Werken war wohl der größte Erfolg das Theaterstück „Der Teufelskreis", das den Leipziger Reichstagsbrandprozeß zum Gegenstand hatte. Viele Einzelheiten hatte sie vom Hauptangeklagten, Georgi Dimitroff, persönlich erfahren, den sie während des Krieges in Ufa kennengelernt hatte, er war dort ihr Chef an einem Institut gewesen.

Es war eine beeindruckende, in sich völlig geschlossene Aufführung, die im Theater am Schiffbauerdamm Ende 1953 unter der sorgsamen, überzeugenden Regie von Fritz Wisten, dem Intendanten der Berliner Volksbühne, stattfand. Ich erinnere mich gut, welchen nachhaltigen Eindruck der Theaterabend auf meine Frau und mich machte. Das Stück wurde auch im Ausland viel gespielt, an den größeren Theatern der DDR sowieso.

Ihr Berliner Nachbar, der Kreislaufforscher Prof. Dr. Baumann, machte sie auf ein Haus in Diensdorf aufmerksam, das er gemietet hatte. Der Feriendienst des Gewerkschaftsbundes hatte sich eine kurze Zeit dafür interessiert, doch es war zu klein, um wirtschaftlich betrieben werden zu können. Sie beschreibt es so:

„Das Haus in Diensdorf war unser kleines Paradies, auch wenn wir früher nur über das Wochenende hinausfahren konnten, es brachte uns Erholung für die ganze Woche. Später, als Fritz Rentner war, verlebten wir den ganzen Sommer draußen. Schon wenn man die Gartenpforte öffnete und der Blick über den Rasen rechts und links des Weges fiel, der zum See hinunterführt, auf das Wasser, das von oben wie ein Meer aussieht, fühlte man sich ruhiger, und der ganze Kleinkram der Stadt glitt von einem ab.

In einer Art Schweizer Landhausstil erbaut, fiel das Häuschen sofort auf. Vor allem das Strohdach, damals das einzige seiner Art in der Umgebung. – Welchen Kummer uns gerade dieses Strohdach bereiten sollte, wußte ich zu jener Zeit noch nicht. Es gefiel den Mardern ebenso wie uns, und sie glaubten, ältere Rechte zu besitzen. Den Kampf mit den Mardern führten wir durch viele Jahre, er hörte eigentlich niemals auf. Sie rissen große Löcher in das Stroh, und in der ganzen Gegend gab es nur einen Strohdachdecker, den zu bekommen noch größere Anstrengungen erforderte, als die Marder zu vertreiben. Wir wandten uns an Prof. Dr. Dathe, den langjährigen Direktor des Tierparks, ob er uns nicht helfen und was man gegen Marder tun könne? Dathe lächelte und meinte: ‚Das beste wäre ein Steinadler. Wo ein Steinadler ist, dahin kommen keine Marder. Aber ich kann euch leider keinen leihen.‘

Fritz angelte nicht nur, um Fische zu fangen, sondern mehr um des Angelns willen. Seine Mitarbeiter hatten ihm zu seinem 60. Geburtstag eine Zeichnung geschenkt, die Karikatur eines Anglers. Darunter stand: ‚Für die pflegliche Benutzung des Fischbestandes im Scharmützelsee.‘ Ab und zu kamen er und seine Freunde wirklich mit Fischen nach Hause. Ich heuchelte dann Freude und dachte im stillen daran, daß ich die Fische putzen mußte.

Diensdorf wurde für Fritz und mich nach Jahren ständiger Veränderungen, der Emigration und des Wohnungswechsels zu einer Art Refugium. Wir arbeiteten nirgends so gut wie dort, etliche unserer Bücher sind dort entstanden, und wir begriffen Johannes R. Becher, der quer gegenüber, am anderen Ufer des Sees, ein kleines Häuschen besaß und behauptete, nirgends so schöpferisch zu sein wie hier."

Gertrud Zucker

(geb. 1936)

Geboren wurde sie in Berlin-Weißensee, weil dort die Hochschule steht, an der sie unbedingt studieren wollte. Gleich nach
dem Abitur fängt sie damit an bei Paul Rosié und Arno Mohr
und vor allem bei Werner Klemke.

Mit zwanzig heiratet die Kunststudentin Gertrud den Medi-
zinstudenten Gerd; das klingt so schön zusammen: Gerd und
Gertrud – und sie wird Frau Zucker; das klingt auch nicht
schlecht. Mit einundzwanzig ist sie zum ersten Mal Mutter, und
das wird sie dann zweimal noch. Durch vier Jahrzehnte blieb sie
Frau Zucker – und mütterlich auch und bis heute jung und lebendig und überwiegend heiter. So jedenfalls kenne ich sie. So
strahlt es aus allen Büchern, die sie illustriert hat.

Im Jahr 1975 hat der Kinderbuchverlag der DDR, in dem die
meisten ihrer Bücher erschienen, in zwei sehr schönen biblio-
graphischen Büchern seine Autoren und Illustratoren vorgestellt.
Die Bildkünstler präsentieren sich in meist originellen Selbst-
portraits. Gertrud Zucker zeigt sich „inmitten ihrer Werke" – so
steht es unter dem Bild. Nein, man sieht sie nicht eingerahmt
von ihren Büchern – es waren damals immerhin schon knapp
fünfzig, die sie illustriert hatte! Sie zeichnet sich in feinen, leicht
und sparsam hingezauberten Strichen, umgeben von drei Kin-
derköpfchen – ihren „Werken", die ihr wichtiger waren und sind,
als ihre vielhundert Zeichnungen und Malereien – obwohl auch
diese ganz offensichtlich mit viel Leidenschaft und Lust und Liebe
geschaffen wurden. – Wer dieses Selbstportrait mit Kindern sieht,
erkennt die Gertrud Zucker von heute noch wieder, auch ihre
Kinder, falls er sie kennt; alle anderen sehen einfach drei Kinder,
beileibe keine Barbiepuppen, sondern drei kesse Gören, die man
liebhaben muß – drei von den vielen frech-fröhlichen bis ernst-
traurigen, wundersam anrührenden Kindergesichtern, mit denen sie die kleinen und großen Helden so vieler Bücher lebendig
und für die Leser anschaulich machte.

Ich mag sie alle und die vielen anderen Bilderbuchhelden: Die
Ilse-Bilse, Taps und Tine und den Wilddieb Waldemar, die ge-

panzerte Doris, die Kuh Marieken und den Dackel Oskar, das Mäuschen Rita Nagezahn, den Riesen Timpetu und das quirlige Schulgespenst – und andere originelle Figuren mehr. Aber besonders angetan hat es mir eines der Mädchen. Die Geschichte von dem „Mädchen, das Gesine hieß", hat Karl Neumann vor drei Jahrzehnten erzählt; Gertrud Zucker hat der Gesine ein Gesicht gegeben, das man schwer vergessen kann. Ich vermute, die Erwachsenen, die jetzt so um die Vierzig sind, haben das Mädchen in ihrer Kindheit so liebgewonnen, wie ich, als ich so alt war, wie sie jetzt sind.

Was ist das für ein wunderschönes Kinderbuch! Mit guten Gründen wurde es 1966 mit dem Preis des Ministeriums für Kultur ausgezeichnet. Welch stilles, liebes Gesicht hat dieses Mädchen, das fremdes Leid nicht untätig ansehen konnte und half – und sich und die Mutter dadurch in Gefahr und Not brachte. Auf dem Einband des Buches schaut Gesine vor einem grünen Wiesenstück nachdenklich und versonnen in den Sommertag. Ein Hauch von Trauer liegt über allem: Mit harten Strichen ist das Gras bizarr und unruhevoll in das Grün hineinschraffiert; die wenigen kornblumenblauen Blüten blitzen wie zerspringende Sterne – und ein Schmetterling fliegt aus dem Bild hinaus…

Und die Federzeichnungen, die das Erzählte im Buch anschaulich machen! Der erschöpfte Gefangene, mühsam nur aufrecht, und das Kind, das ihn ansieht: Im Profil gezeichnet, ein einziger Strich nur, und doch sichtbar die Frage: Wer bist du? Was hat dich so elend gemacht? – Ein paar Seiten weiter schaut sie dem Heißhungrigen zu, wie er in den halben Laib Brot hineinbeißt, den sie ihm brachte. Im Text heißt es: „Ganz still, ganz glücklich hockte Gesine neben ihm… Der Mann kaute und schluckte." – Bei flüchtigem Hinsehen illustriert die Zeichnung schlicht diese Sätze; doch im Bild ist gezeigt, was zwischen den Zeilen steht: Die Andacht im Gesicht des Mannes, die Hingabe an den köstlichen Brotlaib; und wie sinnend sieht Gesine zu ihm hin! Und dann das Erschrecken, drei Seiten weiter, verborgen vom Ginsterbusch, während der Gendarm den Spielzeugeimer zertritt, in dem sie das Pflaumenmus brachte zum Brot: Diese großen Augen, die nur schwer begreifen – dieser kindliche Schmerz!…

Dieses Buch ist mir eines der liebsten unter den vielen schö-

nen Kinderbüchern jener Jahre. Ich weiß nicht, wie oft es nach-
gedruckt wurde; mein Buch ist aus der 13. Auflage, 1983 gedruckt.
In der Regel waren es im Kinderbuchverlag – nach meiner Erfahrung – etwa 20 000 Exemplare pro Nachauflage. Und jedes
einzelne Buch hat ja mehrere Leser. Also haben viele hundert-
tausend Kinder und Eltern in der DDR diese Geschichte von
dem Mädchen, das Gesine hieß, erfahren – und ich will glauben,
daß sie alle dadurch – und wäre es auch nur ein ganz klein wenig! – nachdenklicher wurden, behutsamer, barmherziger, ein
ganz klein wenig menschlicher. – Ohne das anziehende Gesicht
auf dem Einband hätte mancher von ihnen nicht zu diesem Buch
gegriffen, und mancher hätte es ungelesen beiseite gelegt, wenn
nicht die Zeichnungen ihn angeregt hätten und neugierig gemacht. – Es ist großartig und viel zu selten bedacht und gerühmt,
wie die guten Illustratoren mit ihrer Zuwendung zu guten Büchern helfen, daß die Menschen zu ihnen finden, daß die Bücher
gelesen werden. Mit ihren Bildern machen sie den Geist und die
Seele der Geschichten und Gedichte sichtbar, wecken sie das
Interesse, machen sie Lust auf die Lektüre. Und wie wichtig ist
das besonders für Kinder, für die jungen Leser, die mit Literatur
und Dichtung erst umgehen lernen! – Wir Autoren, besonders
jene, die Bücher für Kinder schreiben, aber auch die Eltern – wir
alle haben guten Grund, die Illustratoren hoch zu schätzen und
zu preisen.

Ich verdanke Gertrud Zucker neben der Freude an so vielen
Zeichnungen und Malereien, daß zwei meiner Manuskripte durch
sie zu schönen Büchern geworden sind. Das erste war eine Anthologie mit Gedichten für Kinder, die ich aus den vielen Büchern der Lyriker der DDR ausgewählt hatte. „Das Windrad" ist
1969 erschienen; damals kannten wir uns noch nicht, lebte sie
schon und ich noch nicht in Bad Saarow. Und 1989, kurz vor der
Wende, erschien dann unser Bilderbuch „Wir wandern durch den
Winterwald". Wer Zuckers Enkelkinder vereint sehen will, der
findet sie, gemeinsam mit einem Dackel, auf dem Einband dieses Buches, zu fünft auf einem Rodelschlitten – nicht akkurat
portraitiert, aber so fröhlich und rund und schön wie diese. Auch
vom Schutzumschlag der Lyrik-Anthologie lacht uns ein Gesicht
entgegen: Ein Apfel- oder Sonnengesicht, bunt beflügelt zu ei-

nem Windrad. Ich finde, es ist – neben „Ilse-Bilse" – das schönste Buch mit Gedichten, das der Kinderbuchverlag damals herausgegeben hat. Die Illustrationen sind vortrefflich; selten hat es zu Gedichten so unterschiedlicher Autoren und Themen so einfühlsame und verbindende Bilder gegeben. Wie habe ich mich gefreut, als ich es zum ersten Mal durchblätterte! Und nach wenigen Monaten schon kam die zweite Auflage. – Aber dann war ganz plötzlich Schluß – es erschien keine Nachauflage mehr. – Erinnern wir uns noch, wie das war mit den großartigen Fernsehfilmen mit Manfred Krug und Armin Mueller-Stahl und anderen, als die in den Westen gegangen waren? – In unserer Anthologie standen Gedichte von Sarah Kirsch und Reiner Kunze und Günter Kunert – sehr schöne Gedichte. Aber diese Dichter waren „weggelaufen"… – Ach, wie haben wir uns und unserer Sache geschadet durch Dummheit und Intoleranz, durch Erdulden von Arroganz und Mißbrauch der Macht!

Doch zurück zu den schön illustrierten Büchern und den dankbaren Autoren: Von dem Dichter Franz Fühmann hat Gertrud Zucker einen Brief bekommen, in dem er sich für die duftigen, märchenhaft schönen kleinen Gemälde zu seiner Nacherzählung vom „Sommernachtstraum" bedankt. Hoffentlich haben ihr auch die Autoren ein Dankeschön gesagt, deren Bücher durch sie zu den „Schönsten Büchern" des jeweiligen Jahres gekürt wurden: 1965 war es Jens Gerlachs Gedichtsammlung „Grünes Laub, bunte Blätter", 1967 Achim Roschers „Ilse-Bilse", 1983 Peter Abrahams „Weshalb bekommt man eine Ohrfeige?" – Ich fürchte, ich habe noch ein paar Titel übersehen, denn Hans Falladas „Geschichten vom verkehrten Tag" gehört mit Sicherheit zu den schönsten Kinderbüchern, die ich kenne, und Fred Rodrians „Ein Pferd schwebt durch den Himmel" zu den schönsten des Jahres 1989. Allerdings weiß ich nicht, ob man 1989 noch die schönsten Bücher der DDR ausgewählt und gewürdigt hat – ein Jahr darauf landeten sie alle, die schönsten und die schönen Bücher der DDR-Produktion, in den Müllcontainern und auf den Schutthalden; im günstigsten Falle kamen sie in die Keller der Bibliotheken, aus denen sie allmählich wieder hervorgeholt werden.

Nach 1989 hat Gertrud Zucker weiter gearbeitet, fleißig wie zuvor, obwohl sie kaum noch Abnehmer fand für ihre Arbeiten, von Auftraggebern gar nicht zu reden; die Verlage der DDR waren abgewickelt, bis zur Bedeutungslosigkeit geschrumpft oder von Buchkonzernen im Westen aufgeschluckt. – Aber dann hat sie der Verlag „Volk und Wissen", der um sein Überleben kämpfte, gebeten, eine „Muttersprache" zu illustrieren. 1991 ist sie erschienen, so bunt und lustig und einfallsreich illustriert, daß sie auf der Buchmesse in Frankfurt am Main eine urkundliche „lobende Anerkennung" fand. Auch ein Buch meines Nachbarn Götz R. Richter, dessen Savvy und Kimani und Msuri und die anderen kleinen afrikanischen Helden seiner Bücher die meisten DDR-Bürger von einst, die heute um die Dreißig und Vierzig sind, noch als großes Leseerlebnis in der Erinnerung haben, hat sie in den letzten Jahren illustriert. Auch ein Kindergeburtstagsgedicht von mir. Wir haben es „Der Geburtstagszoo" genannt. Ein Kind schenkt einem anderen seine Spielzeugtiere zum Geburtstag, und zu jedem weiß es ein paar Verse, zum Hahn diesen:

> Ich schenk dir einen bunten Hahn.
> Er kräht und zeigt den Tag dir an,
> noch eh ihn deine Augen sehn.
> Mag dir sein fröhlich-frisches Krähn
> die bösen Träume rasch verjagen
> und alle guten tagwärts tragen.
> Dein Leben sei zu jeder Zeit
> so lustig, wie sein Federkleid!

Das wünsche ich zum Schluß allen Lesern dieser Zeilen. Und wenn das Leben mal nicht so lustig ist, blättern Sie in einem der Bücher, die Getrud Zucker illustriert hat! Es hilft garantiert; ich habe es ausprobiert.

Helmut Preißler

Die Autoren des Lesebuches

Behn, Manfred, Filmwissenschaftler, Berlin

Behnisch, Helga, Drogistin, Kreistagsabgeordnete, Bad Saarow

Beyer, Frank, Filmregisseur, Neu Reichenwalde

Dr. Boeck, Dieter, Musikwissenschaftler, Bad Saarow

Brüning, Elfriede, Journalistin und Schriftstellerin, Berlin

Cremer, Brigitta, Physiotherapeutin, Bad Saarow

Drinda, Horst, Schauspieler, Wendisch-Rietz

Prof. Dr. Erpenbeck, John, Biophysiker, Schriftsteller, Berlin

Fontane, Theodor, Dichter, Schriftsteller, Journalist

Dr. Grabley, Peter, Chemiker, Volkswirt, Bad Saarow

Grabley, Ursula, Schauspielerin

Hesse, Peter, Sportmanager, Silberberg

Höcker, Karla, Musikschriftstellerin

Honigmann, Barbara, Schriftstellerin, Strasbourg

Prof. Hopp, Hanns, Architekt

Hoppe, Nora, Gärtnerin, Marienhöhe

Kempcke, Wilhelm, Museologe

Kohlhaase, Wolfgang, Schriftsteller, Neu Reichenwalde

Lasker-Schüler, Else, Dichterin, Schriftstellerin

Liedtke, Harry, Schauspieler

May, Gisela, Schauspielerin, Sängerin, Berlin

Moese, Willy, Grafiker, Karikaturist, Berlin

Novojski, Walter, Literaturwissenschaftler, Eichwalde

Paule Panke, Journalist

Preißler, Helmut, Dichter, Schriftsteller, Bad Saarow

Rehahn, Rosemarie, Journalistin, Berlin

Richter, Götz R., Schriftsteller, Bad Saarow

Prof. Dr. med. Schleich, Carl Ludwig, Anästhesist, Schriftsteller

Schmeling, Max, Boxweltmeister, Hamburg

Stobrawa, Gerlinde, Politikerin (MdL), Petersdorf

Prof. Stötzer, Werner, Bildhauer, Altlangsow

Sylvester, Regine, Filmwissenschaftlerin, Berlin

Turek, Ludwig, Schriftsteller

Ullrich, Renate, Geschäftsführerin, Reichenwalde

Prof. Dr. Witt, Günter, Kulturwissenschaftler, Leipzig

Wolter, Christine, Schriftstellerin, Mailand

Zinner, Hedda, Schriftstellerin

Prof. Dr. med. Zucker, Gerd, Dermatologe, Bad Saarow

Zucker, Gertrud, Buchillustratorin, Bad Saarow

Nicht gekennzeichnete Beiträge sind vom Herausgeber verfaßt.